대학인의 글쓰기

지은이 **가톨릭관동대학교 글쓰기 교재 편찬위원회(필자–가나나 순)**

김정남 가톨릭관동대학교 기초교육대학 교수

성현주 가톨릭관동대학교 기초교육대학 교수

이은주 가톨릭관동대학교 기초교육대학 교수

이진모 가톨릭관동대학교 기초교육대학 교수

대학인의 글쓰기

1판 1쇄 발행__2012년 08월 10일
1판 5쇄 발행__2016년 03월 10일

엮은곳__가톨릭관동대학교 글쓰기 교재 편찬위원회
지은이__김정남 성현주 이은주 이진모
펴낸이__양정섭

펴낸곳__도서출판 경진
등 록__제2010-000004호
주 소__경기도 광명시 소하동 1272번지 우림필유 101-212
블로그__http://kyungjinmunhwa.tistory.com
이메일__mykorea01@naver.com

공급처__(주)글로벌콘텐츠출판그룹
대 표__홍정표
편 집__송은주
디자인__김미미
기획·마케팅__노경민
경영지원__안선영
주 소__서울특별시 강동구 천중로 196 정일빌딩 401호
전 화__02-488-3280
팩 스__02-488-3281
홈페이지__www.gcbook.co.kr

값 15,000원
ISBN 978-89-5996-154-2 93710

대학인의 글쓰기

가톨릭관동대학교 글쓰기 교재 편찬위원회

도서출판 경진

知의 에로스와 글쓰기 교육

현재 대부분의 대학에서 글쓰기 교육은 실용의 도구로 인식되고 있다. 이는 여러 대학에서 글쓰기를 교수하기 위해 펴낸 교재만 보더라도 쉽게 알 수 있다. 보고서·자기소개서·기안문·각종 서식에 이르기까지 실용의 이름으로 나열된 백화점식 교수안들이 그것이다. 글이란 무엇이며, 왜 써야 하며, 어떻게 써야 참다운 글이 되는가에 대해서는 단 한 마디 언급도 없다. 마치 직능교육처럼 변질되어 버린 글쓰기 교육은 글이 지니고 있어야 할 고유의 인문적 가치를 근본적으로 훼손하고 있다.

단순하게 규범문법을 익히고 글쓰기의 형식 논리를 이해한다고 해서, 가치 있는 글을 쓸 수 있는 것은 아니다. 오히려 문법적으로 틀림이 없고, 글쓰기의 형식적 틀은 잘 갖추었지만, 자기 사유가 조금도 없는 글을 우리는 무수히 보아왔다. 이는 학생들이 작성한 보고서(논문)를 보면 잘 알 수 있다. 기실 이러한 과제물들은 이런 저런 자료들을 긁어모아 기계적으로 조립한 텅 빈 글들이다. 학생들은 '보고서 작성'의 과정을 '인터넷 검색'과 동일한 개념으로 받아들이고 있는 실정이다.

물론 맞춤법도 가르쳐야 하고, 글쓰기의 형식논리도 몰라서는 안 된다. 그러나 이것이 우리가 발 딛고 있는 세계를 구체적으로 이해하려는 의지보다 중요한 것은 아니다. 세계를 이해하고, 분석하고, 더 나아가 비판할 수 있는 능동적 사유의 힘을 길러주는 것은, 그 어느 것보다 중요하다. 이것이 바로 知의 에로스(eros)다.

이러한 관점에서 이 책은 글쓰기의 근본적이고 실질적인 이해와 연습을 도모하기 위하여, 워크북(work book)의 형태로 제작하였다. 책의 차례는 모두 6장으로 구성되는데, 우선 1장~3장은 글쓰기의 절차에 맞춰 집필하였다. 대상을 새롭게 보고 문제의식을 갖는 '주제 정하기', 글의 논리적인 구성과 개요 작성을 학습하는 '구성하기', 바른 문장 쓰기와 문단의 전개방법, 설명·논증의 방법을 학습하는 '문장의 기술'을 통해, 글쓰기의 기본적인 자세와 글의 논리적 흐름과 체계를 이해할 수 있다.

4장은 정치·경제·사회·문화 전반에 걸친 이슈에 대해 밀도 있게 접근한 글을 읽으면서, 1장~3장에서 배운 내용을 구체적으로 학습하고, 현실에 대해 분석·비판하는 능력을 키우며, 이를 통해 자신의 사유를 확장하는 실제 글쓰기가 이루어질 수 있도록 편찬하였다. 더불어 자기소개서와 같은 실용적인 글의 경우에도 천편일률적인 요령을 제시하는 것이 아니라 '잘못된 예'와 '잘된 예'를 대조하면서 자기소개서를 작성하는 데 실질적인 도움을 줄 수 있도록 구성하였다.

5장에서는 논문과 리포트와 같은 학술적인 글의 형식과 논리를 학습하게 된다. 여기에서는 학술자료의 수집과 그 활용에서부터 논문의 체계와 구성, 각주 및 참고문헌 작성 방법 등에 이르기까지 논문 및 리포트의 작성 방법을 구체적인 예를 통해 이해할 수 있도록 하였다. 또한 6장에서는 글쓰기 훈련을 바탕으로 이루어지는 발표와 토론을 다루어, 자신의 견해를 논리적으로 설명하고 설득하는 프레젠테이션 능력과 합리적인 의사소통의 수단으로서 토론 능력을 신장시키기 위한 방법론을 학습한다.

글은 누구나 쓸 수 있지만 아무나 쓸 수 있는 것은 아니다. 학생들을 어떻게 사유하게 만들 것인가. 이것이 바로 이 책을 편찬하게 된 동기이다. 우리가 글을 이해한다는 것은, 글에 사용된 어휘의 사전적 의미·문맥적 의미를 정확하게 받아들이는 것뿐만 아니라, 그것이 지칭하는 구체적 현실이 무엇인지를 파악하는 것까지를 의미한다. 결국 글 읽기/쓰기는 세계의 실상을 인식하고자 하는 사유의 욕망과 힘을 키워주는 데 그 핵심을 두어야 한다. 이것이 지루하고 캄캄한 어둠 속을 살아가는 젊은이들에게, 기발하고 때로는 불온한 사유의 빛이 되지 않겠는가.

2012년 8월

가톨릭관동대학교 글쓰기 교재 편찬위원회

목차

4장 다양한 글 읽기와 분석

5장 학술자료의 활용과 글쓰기의 윤리

6장 발표와 토론

부록: 한글 맞춤법과 표준어 규정

1장

주제 정하기

1. 새롭게 보기

2. 문제의식 갖기

1. 새롭게 보기

나는 무엇을 보았는가

1) 대상에 대한 관점

우리가 사물을 바라보는 방향이나 입장을 관점(觀點)이라고 한다. 사진을 찍을 때 어느 위치에 서서 찍느냐에 따라 그 결과가 달라지는 것처럼 대상(세계)은 어디에서, 어떻게 바라보는가에 따라 그 모습이 달라진다.

위의 그림은 '오리-토끼(duck-rabbit)' 비트겐슈타인의 애매도형이다. 사람들에게 이것을 보여주고 무엇을 그린 그림이냐고 물으면 '오리'라고도 하고 '토끼'라고도 할 것이다. 그러니까 왼쪽 방향을 보고 있는 오리 그림인지, 오른쪽 방향을 보고 있는 토끼 그림인지, 그것을 결정짓는 것은 오로지 보는 사람의 마음에 달려 있다. 이 그림의 선 모양이 어떤 방향으로 향하고 있는지를 인지하고 그 형상의 이미지를 결정짓는 것은 그림이 아니라 보는 사람의 마음 안에 존재한다. 관찰자가 부여하는 '관점의 틀'

이 무엇이냐에 따라서 그림의 내용이 달라지기 때문이다.

사람들은 주변에 있는 사물들이 객관적으로 존재한다고 믿고 그것들은 모두 확고한 의미를 지니고 있다고 생각하는 경향이 있다. 그런데 이 오리-토끼의 매직카드를 보면 그게 아니라는 것, 그림보다는 그림을 바라보는 관찰자의 능동적 역할이 더 크다는 사실을 깨달을 수 있다. 이렇게 사물을 자르는 칼자루가 내 눈 속에 마음 속에 쥐어져 있다는 것을 아는 순간, 그것만으로도 우리는 세상을 보는 눈이 달라질 수 있다.

양상(樣相)이니 지향성(指向性)이니 하는 논리철학이나 인지심리학의 어려운 용어는 몰라도 된다. 이 매직카드를 통해서 인간은 동전을 넣어야 움직이는 자동판매기처럼 outside-in의 존재가 아니라는 것을 확인하면 된다. 그리고 사람의 마음은 바깥에서 자극이 없어도 능동적으로 움직이는 inside-out의 존재라는 것을 직접 눈으로 실험해 보면 된다.

▶▶▷ 이어령, 「오리-토끼/ Duck-Rabbit Illusion」, 『젊음의 탄생』, 생각의 나무, 2008. 84~105쪽. (재구성)

좋은 글은 글을 쓴 사람의 관점이 분명하게 드러나는 글이다. 글쓰는 '나'의 시각(입장)이 얼마나 현실적이고 구체적으로 반영되고 있는가, 명확하게 표현되고 있는가가 중요하다. 이를 위해서는 세계에 대한 관심, 상상력, 이미 경험한 것에 대한 사고의 확장이 필요한데, 이 말은 세계(대상)를 새롭게 인식하고 표현하라는 뜻이다. 그런데 일상 속에서 새로운 의미를 발견하기란 그렇게 쉽지 않다. 사물에 대한 고정관념이 작용하기 때문이다.

우리가 가지고 있는 대표적인 착각 가운데 하나가 '무지개는 반원'이라고 믿는 것이다.

예문

무지개는 원형

비가 그치면 무지개가 자주 나타난다. 태양광선이 물방울을 통과하면서 여러 각도로 굴절되기 때문에 생기는 현상이다. 아랫부분이 지평선에 가리기 때문에 레인보우(Rainbow)라는 말처럼 활(bow) 모양으로 여기기 쉽지만 실제로는 원형이다. 높은 곳에서는 완전히 둥근 무지개도 볼 수 있다. 아침이나 저녁 등 태양의 고도가 낮으면 무지개가 높이 뜨기 때문에 원형이 많다.

▶▶▷ 《조선일보》, 1997.5.23. 중에서

빛은 방사형으로 방출되기 때문에 이러한 빛의 반사 결과인 무지개가 반원일 수 없다. 그렇지만 우리의 관점에서는 대개 반원의 모습을 띠고 있으므로 무지개가 반원이라는 시각적 경험을 사실로 믿게 되는 것이다. 우리는 이처럼 고정된 관점에서 관찰한 결과를 대상의 전체라고 오해하는 경우가 의외로 많다. 이러한 고정관념들은 사실을 왜곡할 뿐만 아니라 사고의 틀을 매우 좁게 만든다. 반복되어 습관화된 인식의 과정은 대상에 대해 이미 알고 있는 것, 이미 생각하고 있는 것 이상의 결과를 가져다주지 않는다. 그렇기 때문에 대상에 대해 끊임없이 새롭게 인식하려는 노력이 필요하다. 그 일은 고정된 사고의 틀을 깨뜨리는 것에서 시작된다.

2) 고정관념 깨뜨리기

우리가 당연하다고 여기는 것들 중 상당수가 고정관념이나 선입견에 의해서 만들어진 것들이다. 이것을 깨뜨리는 효과적인 방법이 당연시되는 것들에 대해 "왜?"라는 질문을 던져 보는 것이다. "왜?"라는 의문을 가지고 들여다보게 되면 그 대상에 대해 보다 많은 것을 관찰할 수 있게 된다. 그 결과 잘못 알고 있었던 것들이나 다른 사람이 미처 발견하지 못했던 모습들도 찾아낼 수 있게 되는 것이다.

상식을 뛰어넘는 발상의 전환이라는 의미로 자주 언급되었던 '콜롬버스의 달걀'에 대한 다음과 같은 이야기는 '고정관념 깨뜨리기'라는 행위 자체도 얼마나 고정되어 있는지를 일깨워 준다.

예문

콜럼버스의 달걀, 그 상식의 허(虛)

어떤 기업광고에서 '콜럼버스의 달걀'을 소재로 하여 상식을 뛰어넘는 발상의 전환을 강조하는 것을 보았다.

콜럼버스의 아메리카 대륙 상륙이 무어 별거냐고 시비가 붙자 즉석에서 달걀 세우기 논쟁이 벌어졌다. 콜럼버스가 달걀을 집어들고 픽하니 그 밑둥을 깨고 세웠다는, 소문으로 전해지는 유명한 이야기이다. 일이라는 것이 해놓고 보면 별것 아닌 듯싶지만 언제나 '최초의 발상전환'이 어렵다는 매우 자존심 강한 메시지가 여기에 담겨 있다.

그런데, 우리는 이 '콜럼버스의 달걀'에 대하여 문제성을 느껴본 적은 없는가? 그 기업과 광고작성자에 대한 비판을 하려는 것이 아니라 우리의 문명사적 의식 전반에 깔린 무의식의 성격에 문제를 제기해보고자 함이다. 여기서 주목하고자 하는 점은, 이 콜럼버스의 달걀이 이제는 상식을 넘는 발상이라기보다는 도리어 상식이 되어버린 역사적 과정과 현실이라는 것이다.

달걀의 겉모양은 어떻게 생겼는가? 그것은 타원형이다. 따라서 이는 애초에 세울 이유가 없도록 설계되어 있는 것이다. 둥지에서 구르더라도 그 둥지의 반경을 벗어나지 않도록 고안된 생명의 섭리가 여기서 드러난다. 만일 원형이었다면 한번 굴러버리는 경우 자칫 둥지에서 그대로 멀리 이탈되기 십상이며, 각지게 되어 있다면 어미새가 품기 곤란했을 것이다. 그 타원형은 그래서 생명을 지키는 원초적 방어선이다.

따라서 이것을 세워보겠다는 것은 그런 생명의 원칙과 맞서는 길밖에 없다. 먹기 위해서가 아니라면, 둥지에서 벗어나지 않도록 만들어진 생명체를 자신이 원하는 자리에 고정시켜 장악해야겠다는 생각은 '콜럼버스의 달걀'을 가능하게 만드는 뿌리이다. 그래서 그것은 상식을 깬 발상전환의 모델이라기보다 생명을 깨서라도 자신의 구상을 달성하겠다는 탐욕적, 반생명적 발상으로 확대된다.

▶▶▷ 김민웅, 「'콜럼버스의 달걀'에 대한 문명사적 반론」, 『콜럼버스의 달걀에 대한 문명사적 반론』, 당대, 1996. 87~89쪽.

스스로 질문하고 대답하는 과정에서 주의할 것은 이러한 일련의 과정에 작용하는 논리가 합리성의 테두리를 벗어나서는 안 된다는 점이다. 새로운 인식의 방향과 과정이 합리적이어야만 그 결과도 타당성을 인정받을 수 있게 된다.

연구과제

1. '시골, 농촌'이라는 말을 들으면 무엇이 떠오르는가. 제시문과 비교하면서 관점의 차이를 이야기해 보자.

순박한 농촌

자연과 전원이 어우러진 농촌의 풍경이 아무래도 그럴듯해 보이는지 시골에 대한 동경이 꽤 깊은 듯싶은데, 말끝마다 붙어오는 '순박한 농촌'과 '푹푹한 인정이 숨쉬는 고향'이란 수식어가 의심스럽다. 거기에는 그악스럽게 살다가 가끔 농촌을 구경 갈 때 야박하지 않도록 시골 사람들이 흙속에 묻혀 죽은 듯 살아달라는 도시인들의 음모가 도사리고 있다. 순박함으로 포장하고 우직함으로 추켜세워 잔뜩 신뢰를 보낼 것 같지만 그들은 그런 가치를 결코 자신들의 미덕이라고 생각해 본 적이 없는 사람들이다. 그들에게 시골은 바라보기 위한 공간이 아니라 일상을 살아가야 하는 공간이라는 사실은 무시된다. 거기서 살아가는 사람들이 영악스럽지 않아야 때가 되면 언제든 이용할 수 있기 때문이다. 그동안만은 그저 가끔 놀러가 바라보기 위해서 고향은 늘 어머니 품속 같다고 말할 뿐이다.

▶▶▷ 김진송, 「말의 음모」, 『한겨레21』, 384쪽.

2. 아래 글은 공학도에 대한 '새로운 개념'을 제시하고 있다. 공학도에 대한 일반화된 이미지와 무엇이 어떻게 다른지 알아보고, 미래는 왜 '르네상스 엔지니어'를 요구하는지 생각해 보자.

'르네상스 엔지니어(Renaissance Engineer)'란 최근 유럽의 공학 교육에서 미래의 엔지니어 상으로 제시된 개념이다. 이제까지의 엔지니어가 기술적 진보에 매여 있었다면, 미래의 엔지니어는 기술적 전문가라는 좁은 틀을 벗어나야 한다는 것이다.

르네상스 시대에 엔지니어는 장인이자 예술가였고 지식인이었다. 예컨대 15세기 초 이탈리아의 건축가 필리포 브루넬레스키는 단순히 집을 짓는 장인이 아니었다. 그는 금세공, 조각, 건축, 원근법, 성채 건축, 수리 공사, 역학 및 기구 제작에 능숙했다. 또 그는 당대의 인문주의자들과 교류했으며 그들이 발굴, 번역한 고대의 기술 문헌을 바탕으로 새로운 기술 교과서를 제작하기도 했다. 이어 르네상스를 대표하는 레오나르도 다빈치가 등장했다. 그는 화가이면서 기술자였고 또 과학자였다. 그는 지질학, 광학, 음악, 식물학, 수학, 해부학, 공학 및 수리역학 분야의 관찰 기록과 자전거, 탱크, 잠수복, 낙하산, 비행기 등 시대를 앞서는 수많은 발명의 설계도를 남겼다. 15~16세기를 거치면서 브루넬레스키와 다빈치 같은 엔지니어들의 기술적 지식과 방법이 중세적 지식 체계를 변화시켰으며, 이 과정에서 엔지니어들은 길드의 압박에서 벗어나 자유로운 신분으로 상승했다.

르네상스 엔지니어라는 개념은 엔지니어가 새로운 미래를 상상하고 만들어 가야 한다는 생각을 표현하고 있다. 이는 엔지니어들이 자신들의 작업에 영향을 끼치는 경제적·정치적·문화적 요인들을 성찰하고 그에 개입함으로써 사회적 개혁가·지도자의 역할을 충실히 수행해야 한다는 요구이다.

▶▶▷ 신형기 외, 『모든 사람을 위한 과학 글쓰기』, 사이언스북스, 2006. 중에서

3. 최근 인터넷 검색어 1위가 무엇인지 알아보고 왜 그 말이 사람들에게 관심거리가 되고 있는지 이야기해 보자.

3) 다양한 관점

동일한 일도 어떤 관점에서 보느냐에 따라 전혀 다르게 이해될 수 있다. 근래에 자주 시행되는 각종 설문조사는 특정 사회문제에 대한 다양한 견해를 알아보는 방법 가운데 하나이다. 이러한 조사를 통해 하나의 사안에 대한 계층별, 연령별, 성별, 직업별로 다른 관점을 파악할 수 있다. 보다 직접적으로 다양한 목소리를 듣기 위해 공개토론회나 공청회를 열기도 한다.

예문은, 불법 포획된 돌고래 처리문제에서 돌고래쇼 존속 논란으로 확장된 문제에 대해 시민 공개토론회와 여론조사가 이루어진 일련의 과정을 전하면서 동물과 인간의 관계에 대하여 생각해보게 한다. 주제와 관련해서는 물론이고 하나의 사건을 바라보는 시각이 얼마나 다양할 수 있는지를 일깨우는 글이다.

예문

제돌이와 돌고래쇼 논란 이후

불법 포획된 돌고래 제돌이의 처리 문제로 시작된 돌고래쇼 존속에 관한 논란은 동물원의 미래에 대한 시민토론회로 발전하였다. 사람이 아닌 동물의 복지에 관한 문제로 공개토론회를 연 것은 서울시 역사상 처음 있는 일이었고 그 사실 자체가 매우 큰 의미를 지닌다고 생각한다. 시민토론회와 여론조사 결과에 따라 돌고래쇼는 생태설명회라는 이름으로 재개되었다 한다. 돌고래쇼에 찬성하는 시민이나 반대하는 쪽 모두에게 만족스럽지 못한 결정일 수 있으나 보기에 따라서는 양쪽이 조금씩 양보해서 받아들일 수 있는 차선의 선택일 수도 있다.

더 중요한 것은 돌고래쇼 논쟁을 계기로 그 논의 수준을 도시에서의 인간·동물 관계 전반으로 높여야 한다는 점이다. 우리가 원하든 않든 간에 인간·동물 사이의 바람직한 관계를 재정립하는 일이 동물만 아니라 인간을 위해서도 긴요한 일이 되어가고 있기 때문이다. 그 이유는 무엇일까.

유사 이래 동물은 인간과 밀접한 관계를 맺어 왔다. 그러나 근대화와 산업화에 따른 도시화는 동물과 관련된 독특한 형태의 사회·문화적 이슈를 양산하고 있다. 거대도시 서울시와 연관된 동물 관련 이슈의 예 몇 가지만 들어보자.

도시인은 알게 모르게 동물들과 일상적으로 접촉하면서 살고 있다. 시민들은 길고양이, 비둘기,

너구리, 까치, 참새 등 도시에 정착한 동물들과 매일 길에서 만난다. 이들을 삭막한 시멘트 정글 안에 함께 살아가는 친구로 볼 수도 있지만 동시에 이들은 인수공통질병의 발원지가 될 가능성도 있다. 동물원, 아쿠아리움, 동물쇼, 경마, 텔레비전의 동물 프로그램 등 동물을 이용하는 산업은 동물에 대한 사랑을 키워준다. 반면 동물을 존중해야 할 생명체가 아닌 희롱의 대상으로 보게 하고 야생동물에 대한 소유욕을 부추기는 부정적 측면도 무시할 수 없다. 개고기와 관련된 사회적 갈등은 전통문화, 공중보건, 동물복지에 대한 관점들이 얽히고설킨, 너무나 첨예한 이슈이다. 돌고래쇼 문제는 우리가 풀어나가야 할 인간·동물 관계에서 비롯한 수많은 이슈 중 일부에 불과하며, 이런 이슈들은 도시민의 정신적·육체적 건강과 직접 연관된다는 사실이 명백하다.

동물과 관련된 다양하고 복잡한 사회·문화적 이슈를 다루기 위해서는 자연과학적 접근만으로는 한계가 있다. 인간·동물 관계에 대한 역사·인문·사회·문화적 성찰에 의한 통합적 접근이 절실해 보인다. 예를 들어 우리 조상들은 동물을 어떻게 생각하였고 인간·동물 관계는 역사 속에서 어떻게 발전해 왔는가? 현대 도시인은 동물에 대해 어떤 인식을 가지고 있는가? 도시에 거주하는 동물과 사람은 언제, 얼마나 자주, 어떤 방식으로 서로 접촉하고 있는가? 동물쇼, 텔레비전의 동물 프로그램을 보거나 동물원을 방문한 경험은 도시인이 동물을 보는 관점에 어떤 영향을 주는가? 이런 질문들에 대해 함께 연구하고 논의하는 기회가 있다면 돌고래쇼 논쟁과 같은 이슈가 발생할 때 좀 더 현명한 길을 찾는 데 도움이 될 것이다.

▶▶▷ 이항(서울대 수의학과 교수), 《한겨레신문》, 2012. 5. 16.

연구과제

1. 위의 예문을 보면, 동물원, 아쿠아리움, 동물쇼, 텔레비전의 동물 프로그램 등은 근대 이후 등장한 볼거리들이다. 이런 예들을 활용하여, 시대가 변하면서 인간과 동물의 관계가 어떻게 변해왔는지 구체적으로 이야기해 보자.

2. 다양한 입장에서 논쟁이 되고 있는 시사적(時事的)문제를 찾은 후, 관동대학교 학생들은 그 문제에 대해 어떻게 생각하는지 다양한 관점에서 분석할 수 있는 〈설문조사 보고문〉을 만들어 보자.

3. 하나의 선을 보고 우리는 수평선을 상상할 수도 있고, 지평선을 상상할 수도 있다. 일직선을 보고 연상되는 것들을 자유롭게 이야기해 보자.

4. 아래 그림을 보면 무엇(어떤 이야기)을 떠올리게 되는지 발표해 보자.

동일한 문제에 대해서 찬성하는 입장과 반대하는 입장을 취하게 되는 경우도 많다. 우리 주변에서 일어나는 많은 문제들은 대개 긍정적인 요소와 부정적인 요소를 동시에 가지고 있다. 그렇기 때문에 어느 하나의 입장을 절대화하면 끝없는 대립과 갈등만 남게 된다. 극단적인 대결을 통해 어느 한 쪽의 입장으로 귀결된다 하더라도 반대편의 입장을 취했던 사람들이 쉽게 승복하지 않을 것이기 때문에 또다시 갈등이 일어날 위험은 늘 존재한다. 상반되는 관점에서 동일한 문제를 바라볼 때는 문제가 가진 긍정, 부정의 모든 요소를 살펴 자신과 반대되는 논리까지 끌어안을 수 있을 때 실천적 대안을 내놓을 수 있다.

예문

흡연은, 때로 나를 구한다

음식점, 카페 등 밀폐된 공간에서의 흡연을 강력히 규제하는 것, 찬성이다. 시내버스 정류장, 터미널에서의 금연도 규제해야 옳고, 복잡한 거리에서의 보행흡연도 제한하는 게 옳다. 흡연의 규제를 확대 시행하는 방안이 최근 다투어 마련되고 있는 것, 대체로 마땅하다.

그러나 여전히 국민의 5분의 1 이상이 상시적 흡연자인데도 그들을 위한 대책은 금연의 일방적인 압박뿐이라는 것은 유감이다. 때론 폭력적으로 느껴질 정도다. 광활한 들 한가운데에서 혼자 담배를 피울 때에도 죄짓는 기분이 든다. 나는 "죄"를 피운다고 생각한다. 국가재정을 뒷받침하기 위해 국가가 앞장서서 담배를 만들고, 폐해는 되도록 숨기면서 흡연을 '권장'해온 지난 역사에 대한 고려나 성찰은 전혀 없다. 케이티앤지(옛이름 담배인삼공사)는 성업중인데, 모든 죄업은 흡연자들에게 오로지 돌아갈 뿐이다.

그들은 "죄인" 또는 "기형"이다. 지하철이나 하수도 환풍구를 들여다보면 담배꽁초가 수북하다. 고층빌딩 앞 화단 귀퉁이도 그렇다. 버릴 데 없으므로, 행여 누가 볼세라 '죄의식'을 느끼면서 꽁초를 버리는 불쌍한 기형의 손, 손, 손들이 떠오른다. 그들은 이중의 고통을 받는다. 휴대용 재떨이를 가지고 다니면 좋겠는데 금연에 힘을 쏟느라 그런 것에 마음을 기울이는 정책은 거의 전무하니, 간편하게 휴대할 모양 좋고 값싼 재떨이 하나 구할 길 없다. 흡연자는 '잡아서' 벌금만 물리면 다 된다는 식이다. 그러면서도 여전히 담배소비세는 지방정부의 중요한 재원으로 놔둔다.

시가를 물고 있는 처칠과 굴뚝처럼 담배연기를 품어내던 아이젠하워가 떠오른다. 독설가 오스카

와일드는 언제나 호주머니에 불룩하게 담뱃갑을 넣고 다녔으며 시인 오상순이나 영화감독 유현목은 살아생전 하루 3갑 이상의 담배를 피웠다고 듣는다. 몰리에르는 담배를 가리켜 '신사의 정열'이라고 예찬했고, 린위탕(임어당)은 "파이프 담배를 피우는 사람은 절대 아내와 다투지 않는다"고 지적했으며, 작가 김동인은 "근심이 있을 때 한 모금의 연초는 그 근심을 반감하고, 권태로울 때 그것은 능률을 올리게 하며, 피곤할 때 그것은 피곤을 사라지게 한다"고 말한 바 있다. 젊을 때 늘 보아왔던 청춘영화에서 주연배우들이 너나없이 멋진 포즈로 담배를 피우던 모습이 눈에 선하다. "멋지다"고 사람들은 말했고, 젊을 때 나도 그런 줄 알았던바, 국가와 사회가 흡연을 부추겨온 역사는 길고 길다.

그래서 나는 묻고 싶다. 고된 노동이 끝났을 때, 창조적인 작업의 고통스런 단애와 직면했을 때, 인생을 실패했다고 여길 때, 나 혼자뿐이라는 절상의 고독과 마주쳤을 때, 죽고 싶을 때, 담배 한 개비가 주는 위로와 치유, 또는 부활을 위한 신비한 발화, 향기로운 성찰을 정책입안자들이 한번이라도 고려해본 적이 있는가. 누군가에게 담배는 그런 것이다. 천만 흡연자들이 몸에 안 좋은 것을 알면서도 여전히 담배에 불을 붙이고 있는 것은 나름대로 자신만 알고 있는 내적 개연성을 갖고 있기 때문이다.

흡연을 권장하자는 것은 아니다. 그러나 흡연자를 위한 정책적 배려도 있어야 옳다는 것이다. 담뱃값을 올리거나 온 세상을 금연구역으로 정하는 방법만으로는 흡연의 문제가 해결되지 않는다. 자살을 시도했다고 벌금을 물릴 수는 없다. 과음했다는 것만으로 '국민건강'을 고려해 거리에서 추방할 수도 없는 노릇이다. 오로지 '금지'하는 것만으로 성공한 정책은 본 적이 없다. 인간은 불가사의한 영혼을 지닌 문화적인 동물이다. 담배는 비의적인 영혼과 다양한 문화, 팍팍한 삶의 언저리에 두루 놓여 있다. 피우려는 자의 권리도 배려해야 한다.

▶▶▷ 박범신(작가), 《한겨레신문》, 2012. 6. 5.

금연정책은 모두를 위한 것

서울시는 지난 6월1일부터 광장과 공원, 버스정류소를 포함한 1950개 금연구역에서 흡연을 하면 본격적으로 과태료를 부과한다고 밝혔다. 서초구와 강남구 등 자치구에서는 유동인구가 많은 강남대로와 양재대로 등도 금연구역으로 지정해 단속에 나서고 있다.

우리나라에서 금연구역을 최초로 규정한 법은 1995년 제정된 국민건강증진법이다. 지난해 이 법이 개정되면서 '지방자치단체는 조례로 관할구역 안의 일정한 장소를 금연구역으로 지정할 수 있게 됐다. 실외공간을 금연으로 규제하고 과태료를 부과할 법적 근거가 마련된 셈이다.

흡연자들은 볼멘소리로 이런 정책이 일방적으로 흡연자를 몰아붙이는 것이 아니냐고 항의한다. 담배회사의 지원을 받는 한 담배소비자단체는 실외 금연구역이 확대되니 흡연실을 설치해달라고 주장한다. 그러나 금연정책을 선도적으로 추진하고 있는 서울시만 봐도 몇 군데의 광장과 버스정류장, 일부 금연거리를 빼고는 대부분 흡연할 수 있는 공간이다. 극히 일부인 금연구역에 또다시 흡연구역을 설치해달라는 말은 설득력이 떨어진다.

담배 연기에는 온갖 발암물질과 독성물질이 들어 있다. 짧은 노출로도 심장질환이 있는 사람에게 심근경색이나 협심증을 유발할 수 있고, 천식발작을 일으킬 수도 있다. 또한 담배 연기는 당장 질병을 유발하지 않는다 해도 주변 사람들에게 불쾌감을 주는 게 명백하다. 자신이 원하는 것을 하기 위해 타인에게 불편을 감수하라는 생각은 성숙한 시민의 태도라고 보기 어렵다.

서울시는 최근 보건복지부에 음식점에서의 완전금연 실시 시기를 앞당겨줄 것을 촉구했다. 실외에서의 간접흡연보다 더 심각하고 치명적인 것이 실내 흡연에 따른 피해라는 점을 고려한다면 서울시의 주장은 백번 타당하다.

이 대목에서 우리가 잊어선 안 될 것이 바로 아파트에서의 간접흡연이다. 아파트는 다중이 이용하는 주거공간인데, 열어놓은 창문이나 배수구를 타고 위아랫집에서 피우는 담배연기가 새어 들어와 이웃 간의 다툼으로 번지는 경우가 종종 있다. 서울시는 2007년부터 '금연아파트' 사업을 벌여왔다. 주민 50% 이상이 찬성하면 공용공간인 주차장, 복도, 놀이터 등을 금연구역으로 지정하는 이 사업으로 간접흡연 피해를 호소하는 주민이 사업 전과 견줘 73.8%에서 35.5%로 줄었다고 한다. 담배 연기 안 마시며 집에서 편하게 쉬고 싶은 것이 과도한 욕심으로 치부되지 않기를 바란다.

작가 박범신씨는 지난 6일 〈한겨레〉 칼럼에서 흡연을 규제하는 것을 반대하는 것은 아니지만 규제 일변도의 정책에서 벗어나 흡연자를 위한 정책도 펴달라고 주장했다. 그럼 여기서 우리는 흡연자를 진정으로 위하는 정책이란 무엇일까 생각해봐야 한다. 과연 흡연자에게 마음껏 담배를 피우게 하는 것이 그들을 위한 정책일까?

금연구역 확대는 4000만의 비흡연자를 간접흡연으로부터 보호하고 1000만의 흡연자가 언젠가는 금연 결심을 하도록 돕는 정책이다. 학생들이 원하는 대로 수업시간에 마음껏 게임을 하고, 수업을 마음대로 빼먹게 해주는 것이 청소년을 위하는 길이 아니듯, 흡연자를 진정으로 위하는 정책은 흡연자가 편하게 흡연하도록 돕는 정책이 아니라, 금연정책이 될 수밖에 없다.

▶▶▷ 서홍관(국립암센터 본부장·금연운동협의회장), 《한겨레신문》, 2012.6.7.

강력한 금연정책으로 실내는 물론 공원, 버스정류장에서 흡연을 할 수 없게 되었다. 흡연자들은 입사할 때나 직장생활에서도 불이익을 감수해야 한다. 서울시에서는 시내 모든 음식점에서 금연을 의무화하는 법 개정도 추진 중이다. 강력한 금연정책을 지지하는 쪽은 국민건강이라는 공익을 위해 필요한 일이라고 주장한다. 하지만 흡연자들을 배려하지 않은 과도한 정책이라는 반론도 있다. 위의 두 견해를 들어봐도 입장의 차이를 조율하는 것은 쉽지 않아 보인다.

연구과제

최근 찬반 논의로 갈등을 빚고 있는 문제를 찾아 어느 한 쪽의 입장에서 다른 쪽 견해의 타당성을 따져 보자.

4) 관점 바꾸기

사물을 보는 방법을 바꾸면 사물의 모양이 달라지는 것처럼 대상에 대한 관점을 바꾸게 되면 전에는 미처 생각하지 못했던 새로운 것을 발견할 수 있게 된다. 마당놀이 형식으로 공연했던 〈놀부전〉은 오랫동안 흥부의 관점에서 해석되어 오던 전통적인 이야기를 놀부의 관점에서 새롭게 해석한 관점 바꾸기의 대표적인 사례이다. 이러한 관점 바꾸기를 통해 흥부 중심의 권선징악의 가치 이면에 숨어 있던 여러 가지의 현대적 가치들을 드러낼 수 있었던 것이다.

연구과제

1. 『춘향전』에서 고을 수령인 변학도가 관기인 춘향에게 수청 들기를 요구했다. 춘향의 관점에서 보면 이러한 수청 거부는 절개를 지키기 위해 당연히 해야 할 일이었다. 관점을 바꾸어 춘향의 '수청 거부'를 변학도의 관점에서 이야기해 보자.

2. 제시문은 카프카의 「공동체」이다. 공동체의 속성과 의미에 대해 다섯 친구의 입장과 여섯 번째의 입장에서 이야기해 보고, 그것을 우리 사회로 확장해 보자.

우리는 다섯 친구이다. 우리는 언젠가 한 집에서 뒤이어 차례로 나왔는데 우선 하나가 나와 대문 옆에 섰고, 그 다음에는 두 번째가 와서, 아니 왔다기보다는 미끄러져, 수은방울처럼 가볍게 대문을 나와 첫째로부터 멀지 않은 데 섰고, 그 다음은 셋째, 그 다음은 넷째, 그 다음은 다섯째가 그랬다. 결국 우리는 모두 한 줄로 서 있었다. 사람들이 우리를 주목하게 되어 우리를 가리키며 말했다. 「이 다섯이 지금 이 집에서 나왔다」고. 그때부터 우리는 같이 살고 있다. 어떤 여섯 번째가 자꾸만 끼여들려고만 하지 않는다면 평화로운 생활이리라. 그는 우리한테 아무 짓도 하지 않는다, 그러나 우리는 그가 귀찮다, 그러니 그것으로 충분히 무슨 짓인가를 하는 것이다, 싫다는데도 그는 왜 밀고 들어오는 것일까? 우리는 그를 모르며 우리들한테로 받아들이지 않겠다. 우리 다섯도 전에는 서로 몰랐으며, 굳이 말한다면, 지금도 서로 잘 모른다, 그러나 우리 다섯에게서 가능하고 참아지는 것이 저 여섯 번째에게서는 가능하지 않으며 참아지지도 않는다. 그밖에도 우리는 다섯이며 여섯이고 싶지 않다. 그런데 도무지 이 끊임없이 같이 있음이란 것이 도대체 무슨 뜻이 있단 말인가, 우리 다섯에게도 그것은 아무런 뜻이 없다, 그러나 이제 우리는 이미 같이 있고 앞으로도 그럴 것이다, 그렇지만 새로운 결합은 원하지 않는다. 다름이 아니라 우리의 경험상. 어떻게 그 모든 것을 여섯 번째에게 가르친단 말인가, 긴 설명은 벌써 우리 테두리에 받아들임을 의미하는 거나 다름없을 테니 우리는 차라리 아무런 설명도 하지 않고 그를 받아들이지 않는다. 제아무리 입술을 비죽이 내밀 테면 내밀어보라지, 우리는 그를 팔꿈치로 밀쳐내 버린다, 그런데 우리가 아무리 밀쳐내도 그는 다시 온다.*

* 문장부호는 카프카의 『변신 시골의사』(전영애 옮김, 민음사, 1998.)에 따름.

상대방과 입장을 바꾸어보면 의외로 쉽게 해결될 수 있는 문제가 문화적 편견이다. 문화적 관습은 각각의 구성원들에게는 충분히 그럴 만한 보편타당성을 가지고 있다. 그런데 자신의 문화적 입장만을 전체 인류의 보편성으로 주장하는 독단이 갈등을 만들게 된다. 프랑스 여배우 브리짓 바르도(Brigitte Bardot)가 보신탕을 먹는 한국인들을 야만인이라고 주장한 사례가 쉽게 떠오를 것이다. 개를 식용으로 사용하느냐 그렇지 않느냐는 문화적 차이다. 문제는 이러한 차이를 문명과 야만이라는 잣대로 나누고, 자신의 문화적 입장만을 중심에 두려는 문화적 편견에서 비롯된다. 그런데 흥미로운 것은 원숭이 골이나 푸아그라(Foie gras)를 먹는 프랑스인들이 더 야만적이라는 논리가 강력한 반박 논리로 통용된다는 사실이다. 이 또한 문화적 편견이며, 이러한 편견들 속에서는 갈등과 대립만 남게 된다.

다음 예문은 문화인류학자 마빈 해리스가 미국 서북 원주인 사이의 겨울축체 또는 그 축제 때에 교환하는 선물이나 선물나누기를 의미하는 '포틀래치(potlatch)'에 대해 문화생태학적으로 접근하고 있는 글이다.

예문

포틀래치(potlatch)는 루스 베네딕트의 저서 『문화의 제유형(Patterns of Culture)』에서 잘 알려져 있는 관습이다. 이 책에는 밴쿠버 섬 원주민인 콰키우틀족 사이에서 행해졌던 포틀래치에 관한 기록이 자세히 기술되어 있다. 베네딕트는 이 포틀래치가 콰키우틀족 문화의 전반적인 특징을 보여주는 과대망상적인 생활양식의 일면일 것이라고 생각했다. 포틀래치는 신이 그들에게 내려주신 '술잔'을 이르는 말이었다. 이후로 포틀래치는, 문화란 불가사의한 힘들과 미치광이들이 창조해 낸 것이라는 믿음을 갖게 해 주는 기념비적인 것이 되었다. 『문화의 제유형』을 읽은 후 많은 전문가들은, 위신을 얻으려는 충동이란 것이 실제적이고 현실적인 요인들과 관련지어 생활양식을 이해해 보려는 시도들을 엉망으로 만들어 버렸다는 결론을 내리게 되었다.

그러나 나는 여기에서 콰키우틀족의 포틀래치가 단순한 과대망상적인 변덕 때문에 생긴 것이 아니고, 분명히 경제적, 생태학적 조건들에 의해 만들어진 결과임을 밝히고 싶다. 경제적, 생태학적 조건들이 없어지자, 존경받고 싶은 욕구나 지위를 얻으려는 충동은 전혀 다른 생활양식의 관행으로 표현되었던 것이다. 무절제한 소비 대신에 절제 있는 소비양식이 생겼고 흥청망청 써버리는 낭비는 금지되었으며, 지위를 얻기 위한 경쟁자도 사라져 버렸던 것이다.(중략)

포틀래치는 콰키우틀족 추장들 가운데서 높은 지위를 열망하는 망상에 사로잡힌 추장들에 의해 개최된다고 루스 베네딕트는 설명하고 있다. 다른 문화의 표준으로 판단한다면, "그런 추장들의 호언장담은 수치스러운 과대망상같이 보일 것이다."라고 그녀는 평가하고 있다. "콰키우틀족의 이런 모든 투기 행위의 목적은 오직 상대방보다 우월한 지위에 있음을 보여주고자 하는 것뿐이었다." 그녀의 견해에 의하면, 동서북 태평양 연안의 모든 원주민들의 경제체제는 이 망상을 위해 존재하는 것뿐이었다.

나는 베네딕트 여사의 이 견해가 틀렸다고 생각한다. 콰키우틀족의 경제체제가 지위경쟁에 이바지했던 것이 아니라, 그 반대로 지위경쟁이 경제체제에 이바지했던 것이다.

이 지구상의 여러 지역에 흩어져 있는 원시사회들은 콰키우틀족의 선물 공세가 지니는 기본요소들 중 파괴적인 요소를 제외하고는 모두 지니고 있다. 포틀래치의 근본이 되는 핵심 요소를 벗겨 볼 때, 그것은 경쟁적 축제임과 동시에 지배계급이 아직 완전히 확립되지 않은 부족들 가운데서 부의 생산과 분배를 명확히 실현시켜주는, 거의 보편화된 메커니즘이다.

멜라네시아와 뉴기니아는 비교적 원시적인 사회조건 아래에서 열리는 경쟁적 축제들을 연구하기에 최적지이다. 이 지역의 전역에는 빈번한 축제를 열어 자신들의 높은 지위를 확인하는 이른바 '대인(大人, bigman)'들이 있다. 그들은 일생 동안 여러 차례 축제를 연다. 축제를 열기 전에 우선 제기되는 것으로 야심만만한 대인들이 축제에 필요한 재산 축적에 모든 노력을 집중하게 된다.

예컨대 카오카어(KaoKa語)를 사용하는 솔로몬 군도인들 중 높은 지위에 오르고자 하는 자들은 먼저 아내와 자식들로 하여금 다른 사람들보다 더 넓은 면적의 경작지를 경작하게 하여 출세를 향한 준비를 시작한다. 호주의 인류학자 호그빈(Ian Hogbin)은 대인이 되고 싶어 하는 카오카인은 친척과 자기 연배의 친구들로 하여금 고기잡이를 돕게 하고 그 후 조금 있다가 암퇘지를 애걸하여 얻어 자기의 돼지떼를 늘리며 돼지가 새끼들을 낳으면 이웃들에게 위탁하여 기르게 한다고 설명하고 있다. 머지않아 친척들과 친구들은 이 젊은이가 부자가 되어가고 있는 것을 깨닫게 된다. 그들은 그의 넓은 경작지와 많은 돼지떼를 보고, 돌아올 축제는 기억에 남을 만한 성대한 축제가 될 수 있도록 더욱 힘을 배가시켜 그를 도와주었음을 기억해 주기를 바란다. 마지막으로 그들은 모두 힘을 합해 초호화판 주택을 세운다. 남자들은 최후의 낚시원정을 떠난다. 여자들은 얌(Yams: 감자류)을 거둬들이고 땔감을 모으는 한편 바나나 열매와 코코넛을 모은다. 손님들이 도착하면 (포틀래치의 경우처럼) 재물들이 정교하게 진열되어 모든 사람들이 보고 놀랄 수 있게 한다.

마빈 해리스, 『문화의 수수께끼』, 박종렬 옮김, 한길사, 1995. 중에서

연구과제

1. 마빈 해리스는 '포틀래치'에 대한 루스 베네딕트의 관점이 편견이라는 것을 어떤 방식으로 보여주고 있는가.

2. 우리가 사용하는 일상어 가운데 문화적 편견이 작용하는 말(들)을 찾아보고 그러한 편견이 만들어진 배경을 알아보자.

2. 문제의식 갖기

무엇에 대해 쓸 것인가/글을 쓰는 목적이 무엇인가

주제란 글의 중심적인 내용 혹은 글쓴이가 말하고자 하는 참된 의도를 뜻한다. 앞서 설펴본, 하나의 소재(제재)에 대한 다양한 관점에서 '무엇에 대하여' 쓸 것인가에 해당하는 범주, 대상, 목적을 구체화하고 심화한 것이 주제이다. 주제는 이미 제시된 화제를 재해석하고 구체화하는 경우와 스스로 설정해야 하는 경우가 있는데, 모두 범위를 좁히고 자신의 관점을 명확히 해야 한다는 점이 가장 중요하다. 하나의 소재(제재)에서도 글쓰는 사람의 관점에 따라 다양한 주제 설정이 가능하므로 글의 독창성은 주제 정하기에서 시작된다고 할 수 있다.

1) 좋은 주제의 요건

첫째, 우선 주제를 정할 때에는 글의 초점과 시각이 효과적으로 드러날 수 있도록 범위를 한정해야 한다. 범위가 너무 넓으면 그 내용을 감당할 수 없으므로 자신의 관심영역과 능력을 제대로 파악하여 구체적이고 명확하게 주제를 잡을 수 있도록 한다.

둘째, 주제 영역에 대한 자료 찾기와 읽기가 충분히 이루어져야 한다. 학술적, 전문적 자료는 물론 신문기사, 인터넷 검색 등을 통해 다양한 자료를 찾고 읽는 과정에서 주제가 구체적으로 정리될 수 있다.

셋째, 첫 번째와 두 번째 작업을 반복하면서 글에서 주장하고자 하는 바를 한 문장으로 정리할 수 있어야 한다. 이것을 주제문(Topic sentence)이라고 한다. 구체적이고 제한적인 주제문을 예상할 수 있어야 통일성과 깊이가 갖춰진 글을 쓸 수 있다.

2) 주제문 작성

주제가 설정되면 주제문을 작성하는 일이 필요하다. 이 주제문에서 글쓴이는 문제의식에 대한 자신의 주장(입장)을 펼치는 것이다. 주제문은 정확하고 구체적인 것이어야 한다. 예를 들어 '이상과 현실은 일치되는가?'와 같은 의문문이나 '한국인은 당파적인 국민이다.'와 같이 감정이 개입된 것, '미국은 한국보다 살기 좋은 나라이다.'라는 막연한 문장은 주제문으로 적당하지 않다.

이 단계를 예와 함께 정리해 보면 다음과 같다.

소재, 제재(막연한 쓸거리) – 성범죄

▼

화제 나열 – 새롭게 보기: '성범죄'에 대한 고정관념 깨기/ 다양한 관점/ 관점 바꾸기

① 성매매가 성범죄에서 다루어지는 이유
② 성범죄 재범률과 다른 범죄 재범률의 차이
③ 위안부를 바라보는 시각과 성범죄 피해자를 바라보는 시각의 공통점과 차이점
④ 한국의 혼전 순결에 대한 인식과 성범죄를 바라보는 시각
⑤ 성범죄에 대한 강력 대응의 실효성
⑥ 청소년 성의식과 성범죄의 상관성 – 청소년 성매매와 성범죄
⑦ 성범죄 처벌 방식의 차이 – 외국과 한국 비교

▼

자료 찾기와 읽기: 도서관 이용 방법, 자료 찾기의 실제는 교재 5장 참조

▼

주제 정하기: 무엇에 대해 쓸 것인가/ 글을 쓰는 목적이 무엇인가
여러 개의 화제 중에서 하나 선택: ① – 범위 한정, 내용의 구체화
: 자발적 성매매와 성범죄의 관계

▼

주제문 작성: 자발적 성매매도 OOOOO한 이유에서 성범죄로 다루어야 한다. (또는)
자발적 성매매는 OOOOO한 이유에서 성범죄로 다루면 안 된다.

연구과제

1. 아래 소재들로 주제설정 방법에 따라 주제를 한정해 보고, 주제문을 작성해 보자.

1) 패스트푸드

2) 20대 (대학생)

3) 다문화주의

4) 포털사이트 뉴스 (인터넷 문화)

2장

구성하기

1. 구성의 원리

2. 개요 작성하기

1. 구성의 원리

논리적 흐름

글의 주제가 정해지면 정해진 목적을 달성할 수 있도록 내용을 갖추어야 한다. 그 내용을 효과적으로 선택하고 배열하는 작업이 구성하기이다. 글의 뼈대 만들기라고 이야기되는 이 작업이 성공적으로 이루어지려면 주제가 돋보이도록 글의 흐름을 만들어야 하는데 여기에 작용하는 것이 논리이다.

글을 구성하는 방법은 다양한데, 아래 형식은 참고 이론으로 알아 두면 된다. 구성하기에서 중요한 것은 형식에 맞추어 틀을 만드는 것이 아니라, 구체적으로 항목화한 내용을 주제에 맞게 논리적으로 배열하는 능력이다. 구성 방식에는 나열식 구성, 인과식 구성, 논지 확장식 구성 등의 이름이 붙여질 수 있는데, 글의 목적에 따라 구성방식이 새롭게 결정된다고 보면 된다.

1) **나열식 구성**: 시간순·공간순으로 내용을 배치할 때나 내용이 대등하게 연결될 때 효과적이다. 여행기나 답사문을 쓸 때, 다양한 관점이나 정보를 제공하는 것이 목적일 때 적합하다.
2) **인과식 구성**: 원인을 밝히거나 결과를 분석하여 주제문에 도달하고자 할 때 적합하다.
3) **논지 확산형 구성**: 글쓴이의 의도와 논리에 따라 점층적·단계적으로 글이 심화·확장되는 성격을 띨 때 적합하다.

아래는 〈애완견〉을 소재로 한 편의 글을 쓰고자 하여 항목화한 화제들이다. 이 항목들을 보고 주제를 설정한 후, 필요한 항목들을 선택·재배열하여 위의 방식을 응용한 목차를 만들어 보자.

·애완견과 행복하게 살아가기 ·유기견 보호 시설과 입양 법안 ·유행 상품이 된 애완견 ·아파트 애완견은 공공의 적 ·질병에 노출된 애완견의 사육실태 ·애완견 가짜 혈통서와 검역서 ·노후생활과 애완 동물 ·애완동물 산업 ·성대수술, 중성화수술, 각종 미용수술 ·애완견 직거래 시장의 합법화 ·애완견이 아동 발달에 미치는 영향 ·마음의 병 치료	·지능형 로봇 강아지 개발 ·애완견이 주는 정서적 안정감 ·애완동물 인식표 및 등록제 ·살아 있는 완구, 애완견 ·동물관련 법제 미비로 발생하는 애완견 문제 ·애완견 의류, 식품 구매 실태 ·생명 친화적 관계 맺기 ·병든 애완견 처리 실태 ·인생의 동반자인 애완견 ·버려지는 개와 애완견 판매 시장 ·애완견 복제와 소형 애완견 만들기

【예1】

〈애완견 기르기의 장점을 강조하는 입장〉에서 글을 쓴다고 했을 때 선택할 수 있는 항목들은 ㉮처럼 정리될 수 있다. 이 항목들을 ㉯에서 논리적인 흐름을 고려하여 재배열하였다. 나열식 구성방식을 응용하여, 2항과 3항을 시간 순으로 배치하였다.

㉮	㉯
·애완견과 행복하게 살아가기 ·노후생활과 애완 동물 ·애완견이 아동 발달에 미치는 영향 ·애완견이 주는 정서적 안정감 ·생명 친화적 관계 맺기 ·인생의 동반자인 애완견 ·마음의 병 치료	1. 도입부 2. 애완견이 아동 발달에 미치는 영향 1) 생명 친화적 관계 맺기 2) 애완견이 주는 정서적 안정감 3. 노후생활과 애완 동물 1) 마음의 병 치료 2) 인생의 동반자인 애완견 4. 애완견과 행복하게 살아가기

【예2】

〈애완동물 기르기가 산업화되면서 나타나는 문제〉라는 주제로 ㉰와 같은 항목을 선택한 후 ㉱처럼 논리적 흐름을 만들어 볼 수 있다. 이것은 나열식 구성방식이 응용된 것인데, 분류·구분에 신경 쓰면서 빈칸을 채워보자.

㉰

· 애완동물 산업
· 유행 상품이 된 애완견
· 질병에 노출된 애완견의 사육실태
· 애완견 가짜 혈통서와 검역서
· 애완견 복제와 소형 애완견 만들기
· 살아 있는 완구, 애완견
· 중성화수술, 성대수술, 미용 수술
· 애완견 의류, 식품 구매 실태
· 버려지는 개와 애완견 판매 시장

㉱

1. 문제제기: 유행 상품이 된 애완견
2. 애완동물 산업
3. 판매자의 문제
 1) 애완견 가짜 혈통서와 검역서
 2) ____________________
 3) ____________________
4. 소비자의 문제
 1) 애완견 의류, 식품 구매 실태
 2) ____________________
 3) ____________________
5. 마무리

【예3】

아래 ㉲의 항목들은 어떤 주제에서 선택된 것인지 파악하고, 그 주제를 돋보이게 할 수 있는 구성방식을 택하여 ㉳에서 논리적인 흐름을 만들어 보자.

㉲

주제: ____________________

· 질병에 노출된 애완견의 사육실태
· 애완동물 인식표 및 등록제
· 병든 애완견 처리 실태
· 동물관련 법제 미비로 발생하는 애완견 문제
· 버려지는 개와 애완견 판매 시장
· 유기견 보호 시설과 입양 법안
· 애완견 가짜 혈통서와 검역서
· 애완견 직거래 시장의 합법화

㉳

연구과제

1. 제시된 글의 주제와 흐름을 파악하고(목차 추출), 어떤 구성방식을 택하고 있는지 이야기해 보자.

영어강의도 사회문제다

십수 년 전에 우리 사회에 잠시 풍파를 일으켰던 영어공용화론은 이제 잠잠해졌지만 그 생명이 완전히 끊어진 것은 아니다. 숙였던 고개를 다시 들기 위해 늘 기회를 노리고 있을 뿐만 아니라, 어쩌면 사회적 의제가 되기 어려운 방식으로 벌써 상체를 들어올린 성싶다. 무엇보다도 대학에서 하는 영어강의를 염두에 두고 하는 말이다. 몇년 전부터, 내가 소속된 대학을 비롯하여 이름 있는 대학들이 앞다투어 영어강의의 비율을 높이고 있고, 학교 밖에서도 그 비율로 대학을 평가하려는 풍조가 나타났다. 나로서는 그 폐해가 적지 않다고 보며, 자칫하다간 벌써 위기를 겪고 있는 우리 인문학이 패망의 길로 몰릴 수도 있다고 생각한다. 그 조짐은 이미 나타났다.

영어강의가 대대적으로 시행되기 시작할 때, 그 내용이 부실할 것을 걱정하는 목소리가 많았지만 정작 중요한 문제는 다른 데 있다. 먼저 염려해야 할 것은 학문 활동과 우리말의 관계이다. 누구나 알다시피 인간의 지식과 생각은 그것이 어떤 것이건 결국은 말로 정리되고, 말을 통해 가장 효과적으로 전달된다. 게다가 말은 정리와 전달의 수단일 뿐만 아니라, 생각과 지식을 발견하고 만들어내는 발판이기도 하기에, 결국은 지식과 생각 그 자체라고까지 말할 수도 있다. 생각이 발전하고 지식이 쌓이면 말도 발전한다. 내 경우를 예로 든다면, 내 전공 분야에서 선배 교수들이 반세기 전에 쓴 책을 지금 읽으려 하면, 프랑스어나 영어로 된 책을 읽기보다 더 힘들 때가 종종 있다. 그것은 선배들의 능력이 부족해서라기보다는 당시의 우리말이 그들의 지식과 생각을 담거나 격려할 준비가 되어 있지 않은 데 더 큰 원인이 있다. 그 후 우리 사회는 지식에 대한 열정이 드높아 학문이 짧은 시간에 적잖은 발전을 이루었으며 우리말도 성장하는 쪽으로 크게 변화했다. 사회의 발전이 그에 힘입은 것은 말할 것도 없다. 이제 중요한 논문과 강의가 오직 외국어에 의지하게 된다면, 이 발전은 중단될 것이다. 아니 중단되기만 하는 것이 아니라 마침내는 조선시대처럼 언문의 위치로 떨어질 것이다.

한 집단이 오래 사용해온 언어, 이를테면 모국어는 그 언어 사용자들의 생활과 문화 전반에 걸쳐

측량할 수 없이 많은 경험을 축적하고 있다. 외국어에 의존하는 강의는 이 깊은 경험을 이용할 수 없다는 데도 문제가 있다. 학술활동은 연구행위와 교수행위로 나뉜다지만 강의도 연구행위의 중요한 부분이다. 강의하는 사람은 수업을 준비하면서 그 실마리만 붙잡았던 생각을 강의중에 학생들과 공동 주체가 되어 생각하는 가운데 그 생각을 정리하고 발전시켜 새로운 의견을 만들어낼 때가 많다. 이것은 누구나 지니고 있는 모국어적 직관의 덕택이다. 외국어 강의가 이 직관을 처음부터 포기하고 있다는 것은 그 강의가 주로 프레젠테이션의 형식으로 이루어진다는 것이 그 증거이기도 할 것이다.(물론 외국어 강의를 철저한 교안 준비의 한 방법으로 이용하는 교수가 없지 않다는 점도 밝혀둔다.) 외국어 강의는 선생과 학생이 함께 자기 생각을 발전시키는 현장이 되기 어렵다.

어떤 부당한 일을 놓고 '그것은 평등의 원칙에 위배된다'고도, '누구는 인삼 뿌리 먹고 누구는 배추 뿌리 먹나'라고도 말할 수 있지만, 그 두 말의 구체적 효과가 다르고, 그 앞에서 우리 몸의 반응이 다르다. '인삼 뿌리'와 '배추 뿌리'가 학술활동의 도구로 사용되기는 어렵겠지만, 어떤 첨단의 사고도, 어떤 섬세한 말도 이 뿌리들에 이르지 못할 때, 학문은, 적어도 인문학은, 죽은 학문이 된다. 이 사태를 사회적 비극이라고 하지 않을 수 없다.

▶▶▷ 황현산,〈영어강의도 사회문제다〉,《한겨레신문》, 2010.1.8.

2. 아래는 '낙태'라는 동일한 소재로 구성한 목차이다. ㉮와 ㉯는 글의 목적과 성격이 어떻게 다른지 이야기해 보자.

㉮	㉯
1. 도입부	1. 도입부
2. 한국의 낙태 현실	2. 외국과 한국의 낙태 실태 비교
3. 낙태의 필요성	3. 낙태율이 높을 수밖에 없는 한국문화
1) 원치 않는 임신: 성폭력	1) 미혼모에 대한 사회적 편견과 차별
2) 출산,양육에 대한 여성결정권 보호	2) 기형아 출산, 양육에 지원 미비
4. 낙태의 문제점	3) 불법 낙태 처벌의 허술함
1) 산모 건강의 위험	4) 임신을 추상화하는 성교육
2) 무시되는 태아의 생명	5) 입양의 어려움
3) 의료계의 윤리적 문제	4. 낙태를 할 수밖에 없는 한국문화 비판
5. 마무리	

2. 개요 작성하기

글의 설계도

구성이 완성되면 그것을 바탕으로 개요를 작성한다. 이것을 아웃 라인(out-line)이라고 하는데, 글 전체의 짜임을 위해 반드시 필요하다. 개요 작성은 글을 쓰는 자신을 위한 것이므로 형식에 얽매일 필요는 없으나 분류 체계에 따라 각 부분에 필요한 요소를 갖추어서 정리해 두면 글쓰기가 수월해 진다.

개요를 작성할 때는 이야깃거리의 순서와 단계, 논점의 크고 작음과 주종관계에 따라서 아래와 같은 부호나 숫자를 붙이는데, 이에는 일관성이 있어야 한다.

1. 도입부(=머리말, 서론)	1. 도입부(=머리말, 서론)
2. 비교문화적 관점에서 본 '남성다움'	2. 비교문화적 관점에서 본 '남성다움'
1) 수렵 채취 사회	2.1. 수렵 채취 사회
2) 원시 경작 사회	2.2. 원시 경작 사회
3) 집약 농경 사회와 목축 사회	2.3. 집약 농경 사회와 목축 사회
3. 산업 자본주의 사회에서의 '남성다움'	3. 산업 자본주의 사회에서의 '남성다움'
1) 근대 서구 사회에 나타난 '남성다움'	3.1. 근대 서구사회에서의 '남성다움'
2) '남성다움'의 존속 기제	3.2. '남성다움'의 존속 기제
4. 현대 한국 사회에서의 '남성다움'	4. 현대 한국 사회에서의 '남성다움'
5. 남성 운동의 전망	5. 남성 운동의 전망

I. 도입부(=머리말, 서론)	1.	1.	I.
II. 비교문화적 관점에서 본 '남성다움'	2.	2.	II.
1. 수렵 채취 사회	1)	2.1.	1.
2. 원시 경작 사회	(1)	2.1.1.	1)
3. 집약 농경 사회와 목축 사회	①	2.1.1.1.	(1)
III. 산업 자본주의 사회에서의 '남성다움'	2)	2.1.2.	2.
1. 근대 서구 사회에 나타난 '남성다움'		2.2.	
2. '남성다움'의 존속 기제			
IV. 현대 한국 사회에서의 '남성다움'			
V. 남성 운동의 전망			

도입부(서론, 머리말)에서는 글쓰는 사람의 문제의식, 제기된 문제의 배경, 글의 목적 등을 정리한다. 본론에서는 전체 글의 구성에 맞추어 논리적·유기적으로 연결이 되는지를 점검하면서 세부적인 내용들을 배치한다. 이 때 문장식으로 작성할 수도 있고, 요점 정리하듯 명사구로 정리할 수도 있다. 문장식 개요는 실제 글을 쓸 때 문장이 안정적으로 만들어질 수 있다는 장점이 있으며, 요점식 개요는 글 전체를 한 눈에 파악할 수 있어 자료를 읽으며 계속 수정하고 보완하기에 효과적이다. 마무리(결론, 맺음말)에서는 서론에서 제시했던 문제의식이 어떻게 해결되었는지를 정리한다.

아래 예시는 구성된 〈목차〉로 만들어 본 〈개요〉이다.

〈목차〉
제목: 인간의 장기 은행 – 죽음에 대한 실용적인 정의
주제문: 뇌사자의 장기이식은 미화하거나 정당화할 수 없다

1. 문제제기(도입부, 서론, 머리말)
2. 뇌사의 정의와 국내외 현황
   1) 뇌사의 정의와 특징: 사망과의 차이
   2) 뇌사의 국내외 현황
3. 뇌사자 장기이식의 정당성 비판
   1) 이원론과 신체의 고유성의 증발
   2) 뇌사라는 새로운 사망 정의의 불확실성
   3) 생명에 대한 실용주의적 접근
4. 마무리(결론)

【개요 예】

제목: 인간의 장기 은행 - 죽음에 대한 실용적인 정의

주제문: 뇌사자의 장기이식은 사람을 실용적 가치로 바라보는 비인격적인 속성을 가지고 있기 때문에 미화하거나 정당화할 수 없다

1. 서론 (문제제기) - 뇌사자의 장기이식은 정당화될 수 있는가

- 뇌사에 의한 사망 판정과 뇌사자의 장기이식에 대한 공감(전 세계적 추세)

: 살신성인, 의미 있는 삶의 마감, 공익적 재산의 값진 환원, 인류애의 발현으로 담론화

↔ 뇌사자의 장기이식 거부나 머뭇거리는 태도를 뇌사 상태 환자의 소생불가능을 인식하지 못하는 무지, 재활용이 가능한 자원의 폐기나 낭비로 언급

- 장기의 상업적 매매 허용과 장기이식 공급의 공정한 방식과 장기이식의 분배 정의로 문제가 확장되는 추세

→ 뇌사자의 장기이식은 정당화될 수 있는가? 뇌사를 사망의 새로운 정의로 채택하는 것이 정당한가?

2. 뇌사의 정의와 국내외 현황

1) 뇌사의 특징과 사망

- 뇌사란 인공호흡기에 의존, 호흡은 하되 뇌가 죽어 있는 상태

- 깊은 혼수(Koma)에 빠져 있고, 자발적인 호흡을 할 수 없으며, 동공이 고정되고, 뇌간 반사가 소실되어 있는 상태

- 인공호흡기로 심장이 뛰고 있으므로, 숨이 끊어지지 않고 맥도 잡히며 신체도 차가워지지 않은 '살아 있는 신체에 죽은 뇌(a dead brain in a living body)'의 상태

- 전통적인 사망의 정의가 심장사라면, 뇌사는 새로운 사망 정의

- 소생 불가능: 뇌는 대부분 단백질로 이루어져 있는데, 뇌가 죽었으므로 이 단백질이 변성하게 되고, 시간이 지나면서 뇌 전체가 흘러내리기 됨. 뇌사자와 식물인간을 구분하는 중요한 요소

- 자발적 호흡 불가능
- 장기이식에 대해 뇌사자 자신의 유언이 없을 경우, 의사들은 빠른 시일 내에 환자 가족들에게 동의를 구하려 함

2) 뇌사의 국내외 현황(現況)

- 하버드 의과 대학 - 뇌사 판정: 24시간 환자를 관찰→6시간 관찰: 뇌사 판정 현황
- 국내: 뇌사 판정기준 제시(1983) → 뇌사입법안(1999) → 2000년부터 실시: 현황자료

3. 뇌사자 장기 이식의 정당성 비판

1) 이원론과 신체의 고유성 증발

- 사망의 새로운 정의와 뇌사자의 장기이식은 육체와 뇌를 구분하는 이원론에 근거, 신체의 고유성 무시

2) 뇌사라는 새로운 사망 정의(定義)의 불확실성

- 뇌사는 사망에 대한 정의가 아니라 사망을 판정하는 하나의 협소한 기준에 불과

: 사망에 대한 여러 기준들 가운데 하나가 될 수 있을 뿐, 절대적 정의가 될 수 없다.

- 생사를 구분하는 한계선은 (뇌사 옹호자들이 주장하는 것처럼) 확실한 것이 아니다.

3) 생명에 대한 실용주의적 접근

- 뇌사 판정은 이 시대에 지배적인 실용주의적 가치관이 그 배후
- 새로운 사망의 정의는 이전에는 생체해부에서나 가능했을 이상적인 상태로 싱싱하게 보존된 기관이나 조직들을 얻기 위해 혼수상태의 환자에게 호흡기를 착용하게 하여 인간의 신체마저 언제라도 사용가능한 부품으로 인간을 전락
- 가장 문제적인 부분: "인공호흡기를 달아도 환자가 소생할 가능성은 없다는 것이 뇌사의 정의라면, 환자가 소생할 가능성도 없는데, (돈을 들여서까지) 인공호흡기를 왜 계속 가망 없는 환자에게 달게 하는 것일까?" 하는 것: 새로운 사망 정의에 의해 (생명 유지 장치를 이용하여) 싱싱한 장기나 조직을 지닌 보고(寶庫)나 은행으로 환자를 취급하려고 하기 때문이다.
- 뇌사자는 사실상 인격체로서이 죽음을 맞이할 권리를 박탈당한 채 신선한 장기를 보관하는 일종의 냉장고로 간주된다.

4. 결론(마무리, 맺음말)- 우리 시대 죽음을 대하는 비겁한 태도

- 죽음으로부터의 도피

죽음의 새로운 정의(뇌사)는 죽음과 맞서지 못하는 우리 시대의 비겁함과 맞물려 있다.

- 그대로 죽을 수 있는 권리

사망의 새로운 정의는 "환자를 어떻게 다루어야 할 것인가"에 관심을 모으는 것이 아니라 "환자가 죽었느냐" 혹은 "환자를 어떻게 이용할 것인가" 하는 데 집중되어 있다.

- 인간의 존엄과 인간적인 생명이 무엇인가에 대한 고민 필요

Cf. Hans Jonas, "Gehirntod und menschliche Organbank: Zur pramatischen Umdefinierung des Todes," in *Technik, Medizin und Ethik: Zur Praxis des Prinzips Verantwortung*(Frankfurt am Main: Suhukamp, 1985), pp. 219~241. 재구성

개요가 완성되면 그 순서에 따라 글을 써 나간다. 글을 쓸 때에는 제목을 먼저 정할 수도 있고 글을 완성한 후에 제목을 정할 수도 있다. 제목은 글의 내용을 이해하는 데 필수적인 요소이며 글의 첫인상이기 때문에 신중하게 정해야 한다. 제목 붙이기는 글의 주제나 내용과 관련된 것('자본주의와 공산주의'), 글의 목적과 관련된 제목('학교야, 학교야 뭐하니?'), 전체 내용을 비유하는 것('살아남은 자의 슬픔') 등 이해하기 쉽고 선명한 제목, 암시적이고 포괄적인 제목 모두 가능하다.

연구과제

다음 개요를 바탕으로 실제 글을 써 보자.

제목: 텔레비전 광고의 또 다른 힘

주제문: 텔레비전 상품광고가 소비를 자극하는 기능을 넘어, 사고의 단순성, 단편성, 맹목성을 조장하고 있으므로 광고 내용에 대한 적절한 통제가 필요하다.

1. 서론

- **문제의식:** 사회적 신화를 만들어 우리의 사고를 지배하는 텔레비전 광고, 이대로 괜찮은가?
- **글의 목적:** 텔레비전의 특정 상품광고가 만들어 내고 있는 사회적 신화를 분석해 낸다.
- **분석(예시)대상:** ① 광고와 매출의 상관성을 알아볼 수 있는 자료들(구체적으로 조사)

② 상품과 관련 없는 자극적인 이미지의 광고 → 구체적으로 찾기

③ 신화가 되어 버린 광고 - '난 나야'(광고문구), 자동차, 아파트 광고(능력, 성공, 행복의 기준) → 구체적인 조사

2. 텔레비전 광고의 강력한 힘

1) 자극적 영상을 통해 인상적 전달 → 사고의 단편성, 단순성 조장

2) 맹목적 믿음을 조장 → 사회적 신화의 위험성: 예시 대상 분석하기

3. 결론: 텔레비전 광고에 대한 적절한 통제가 필요하다.

3장

문장의 기술

올바른 문장 쓰기

문단의 이해

기술의 방법

1. 올바른 문장 쓰기

1) 정확한 단어의 선택

글쓰기의 기본은 정확한 단어의 선택에 있다. 글을 쓰려 하나 좀처럼 글이 써지지 않는 것은, 우선 생각이 구체화되지 않았거나 그 생각과 일치하는 단어를 찾지 못했기 때문이다. 언어와 사고는 상보적 관계에 있으므로 글을 쓰기 위해서는 우선 자신의 생각을 구체적으로 표현할 수 있는 풍부한 어휘력이 필요하다.

다음은 '생각'에 해당하는 유의어를 나열한 것이다.

1: 마음, 속생각, 의향(意向), 견해(見解), 심중(心中), 심념(心念), 심상(心想), 심의(心意), 의중(意中), 수감(隨感), 소사(所思), 소견(所見), 소념(所念), 생심(生心), 생의(生意), 회포(懷抱)

2: 소망(所望), 소원(所願), 희망(希望), 바람

3: 관념(觀念), 사고(思考), 사상(思想), 사색(思索), 사변(思辨), 사유(思惟), 사의(思議)

4: 묘수(妙手), 수, 묘안(妙案); 착상(着想), 구상(構想), 안출(案出), 상념(想念), 상(想), 아이디어(idea)

5: 기억(記憶)

6: 추억(追憶), 회상(回想)

7: 고려(考慮), 고찰(考察), 심사숙고(深思熟考), 숙고, 사료(思料), 사량(思量), 상사(想思), 상계(商計), 고사(考思), 상량(商量), 상찰(想察), 감안(勘案)

8: 의도(意圖), 의향(意向), 목적(目的)

9: 사랑, 사모(思慕), 애모(愛慕)

10: 간주(看做)

11: 각오(覺悟), 결심(決心), 결의(決意)

12: 배려(配慮), 치념(馳念), 사념(思念), 감념(感念), 심상(心想)

13: 추측(推測), 추정(推定), 촌탁(忖度), 요탁(料度), 췌량(揣量), 측량(測量), 추량(推量), 계려(計慮), 상정(想定)

14: 머리; 머릿속, 뇌리(腦裡); 해골(骸骨)

이와 같은 유의어 목록을 충분히 활용할 수 있는 능력이 형성되어 있다면 그만큼 효과적인 언어표현이 가능할 것이다. '생각'이라는 추상어 대신 다양한 맥락에 따라 구체어를 활용하여 문장을 만들 수 있기 때문이다. 글의 기본이 되는 것은 단어이다. 단어들이 모여 문장을 만들고 한 편의 글을 이룬다. 그러므로 글은 단어가 어떻게 쓰이고 있느냐에 따라 그 완성도가 달라진다. 글이 좋고 나쁘다는 것은 상당 부분 어휘력에 의해 좌우되는 것이다. 따라서 정확한 문장을 만들기 위해서는 문장을 구성하는 기본 단위인 단어를 적절하게 선택하고 문법에 맞게 배열할 수 있어야 한다.

일반적으로 단어의 선택에 유의할 사항은 다음과 같다.

① 표현하려고 하는 생각에 가장 근접한 단어를 선택한다.

② 이해하기 쉬운 단어를 선택하여야 한다. 현학성을 자랑하다보면 글은 공허하고 난삽해진다.

③ 논리적인 사유를 전개하는 문체(style)는 구어체보다는 문어체가 적합하다.

④ 추상어보다는 구체어를 활용할 수 있어야 한다.

⑤ 단어의 사전적·지시적 의미뿐만 아니라 다양한 비유적·함축적 의미를 고려할 필요가 있다. 문예문이 아닌 논리적 글쓰기 영역에서도 풍부한 사유를 전달하기 위해서는 나름의 레토릭이 필요하다.

⑥ 같은 단어의 반복적인 사용은 글을 지루하게 하므로 지시대명사를 사용하거나 적절한 유의어로 대체해 주어야 한다.

⑦ 상투적인 속담·격언뿐만 아니라 사은유(死隱喩, dead metaphor)에 해당하는 진부한 표현이나 군더더기에 불과한 관형어나 부사어는 피해야 한다.

⑧ 현학을 자랑하기 위해 한자어나 외래어를 남용하는 일이 있어서는 안 된다.

⑨ 유행어나 비속어를 사용하면 글 자체가 비속해질 뿐만 아니라 사고력이나 어휘력을 키우는 데 치명적인 방해요인이 된다.

연구과제

다음 문장에서 단어의 쓰임이 잘못된 부분을 지적하고 바르게 고쳐 쓰시오.

1. 좋은 하루 되세요.

▸▸▸ ______

2. 제 생각은 틀립니다.

▸▸▸ ______

3. 정선5일장은 매월 2일, 7일, 12일, 17일, 22일, 27일 이렇게 한 달에 6번 장이 열립니다.

▸▸▸ ______

______

4. 인류의 장래를 생각해서라도 환경 보호를 앞장서야 한다.

▸▸▸ ______

5. 앞으로 내수 경기는 소폭의 신장세를 나타낼 것으로 생각되어집니다.

▸▸▸ ______

6. 이곳에서는 담배를 삼가해 주십시오.

▸▸▸

7. 우리는 이번 월드컵에서 주최국다운 면모를 발휘했다.

▸▸▸

8. 학자 중에 학자라고 자처하던 그가 논문 표절 혐의를 받고 있다는 소식을 듣고, 나는 한동안 마음에 안정을 찾지 못했다.

▸▸▸

9. 일 주일 전 내가 여동생과 학교 벤치에 앉아 있는 광경을 목격한 그녀는 내게 애인이 생긴 줄 알고 잘못 오해하고 있었다.

▸▸▸

10. 나는 원래 되고자 했던 진로와는 무관한 학과에 진학하게 되었다.

▸▸▸

11. 저 분이 우리에게 글쓰기를 가르키는 교수님이다.

▸▸▸

12. 유족들은 애끓는 슬픔을 참지 못하고 울음을 터뜨렸다.

▸▸▸

13. 나는 이 간악한 현실의 은폐막 이면에 자리잡은 자본의 전횡이라는 모순을 파헤치고자 각고의 노력을 경주하고 있습니다.

▸▸▸

14. 우리는 대학 구조조정에 관해 전문가에게 자문을 구하기로 했다.

▸▸▸

15. 석유 부족난으로 에너지에 대한 대책이 시급해졌다.

▸▸▸

16. 그녀만 보면 웬지 가슴이 두근거린다.

▸▸▸

17. 홀몸도 아닌데 먼 걸음을 하셨네요.

▸▸▸

18. 우리 사회가 지향하는 목표는 복지국가입니다.

▸▸▸

19. 그는 일체 술을 마시지 않는다.

▸▸▸

20. 그의 발언은 정가에 뜨거운 파장을 불러일으켰다.

▸▸▸

2) 바른 문장 쓰기

단어의 통사적 배열 규칙이 곧 문법의 근간을 이룬다. 바른 문장은 구조가 복잡하거나 부자연스럽지 않아야 하며, 선택된 어휘가 적합해야 하고, 내용이 논리적으로 이해될 수 있어야 한다. 문장쓰기에서 유의할 점을 다음의 부정확한 문장들의 유형을 통해서 알아보자.

(1) 문장 성분 간의 호응

모든 문장에는 주어와 서술어가 있다. 그런데 주어와 서술어가 서로 잘 호응하지 못해 어색한 문장이 되거나 제대로 뜻이 전달되지 않는 경우가 있다.

예문 1

환경영향평가가 아직 끝나지 않아 공사가 언제 시작되고 언제 개통될지 알 수가 없는 상태이다.

▸▸▸

예문 2

문제는 형형색색의 현수막과 허황된 공약으로 정치에 대한 불신만을 키운다.

▸▸▸

예문 3

구체적인 목표의식 없이 닥치는 대로 책을 읽었다. 돌아보건대 지금의 나를 형성하는 데 밑거름이 되었다.

▸▸▸

예문 4

인간은 자연을 지배하기도 하고 복종하기도 한다.

▶▶▶

예문 5

이 화장품은 피부보습과 피부노화를 지연시켜 줍니다.

▶▶▶

예문 6

축구 국가대표팀은 중동의 강호 이란팀을 맞아 불확실한 패스와 조직력이 뛰어나지 못해 패했다.

▶▶▶

(2) 수식어와 피수식어의 결합으로 인해 의미가 애매해진 문장

문장을 복잡하게 만들다 보면 문장 구조가 쉽게 분석될 수 없을 정도로 모호해지는 경우가 있다.

예문 7

파란 색 티셔츠를 입은 여학생의 친구

▶▶▶

예문 8

슬픈 사연을 간직한 경주 불국사 무영탑

▶▶▶

(3) 조사를 잘못 쓴 문장

국어에는 여러 종류의 조사가 있는데, 유의해야 할 조사는 보조사인 '-은/는'이다. 특히 주격 조사가 쓰일 자리에 보조사가 쓰였을 때, 미묘한 어감의 차이가 발생한다.

예문 9

· 그는 노래만 잘 한다.

· 그는 노래는 잘 한다.

· 그는 노래를 잘 한다.

· 그는 노래도 잘 한다.

예문 10

오늘날 인간은 당면하고 있는 문제가 환경을 어떻게 보존해야 하는가 하는 점이다.

▸▸▸

예문 11

K-pop은 이제 전세계인들이 열광하는 대중음악으로 자리잡았다는 것은 이미 잘 알려진 사실이다.

▸▸▸

예문 12

일본어 조사 의(の), ~에의(~への)의 사용

· 나의 살던 고향은 꽃 피는 산골

▸▸▸

· 프리드리히 니체가 저술한 『권력에의 의지』

▸▸▸

(4) 피동형의 잘못된 사용

피동형의 잘못된 사용은 영어나 일본어의 영향을 받아 생겨난 어법이다. 특히 서술어에 '-지다'나 '-되다'와 같은 말들이 자주 사용된다.

예문 13

· 이러한 정치적 혼란은 극복되어야 한다.

▶▶▶ ____________________

· 정부의 일방적인 정책은 다시 검토될 필요가 있다.

▶▶▶ ____________________

· 열차가 곧 도착될 예정입니다.

▶▶▶ ____________________

· 수출경기의 호조세는 상당기간 지속될 것으로 보여집니다.

▶▶▶ ____________________

· 그 일은 참으로 어리석은 행동이었다고 생각되어집니다.

▶▶▶ ____________________

(5) 동질성이 파괴된 문장

다음은 겹문장을 구성하는 두 문장이 동질적으로 이어지지 않기 때문에 나타나는 비문의 유형이다. 또한 의미적으로 대등하게 이어질 문장이 아닌데 두 문장 사이에 '-고'나 '-며'를 사용하여 호응이 어색해지는 경우가 있다.

예문 14

내일은 동해안 지방에 강한 바람과 높은 파도가 일 것으로 예상되니 해안가 시설물 관리에 만전을 기하시기 바랍니다.

▶▶▶

예문 15

요즘 우리도 어려움이 많다. 일손을 구하지 못해 콤바인을 빌려 쓰고 있으며 콤바인 사용료도 많이 올랐다.

▶▶▶

(6) 잘못된 인용

직접인용과 간접인용의 방식을 잘못 이해하고 글을 쓸 때 문제가 발생한다.

예문 16

중요한 것은 교육당국이 학교 폭력에 대해 안이하게 접근하고 있다라는 사실이다.

▶▶▶

예문 17

그 교수는 언제나 나만 보면 대학생의 본분이 무엇이냐라고 묻곤 했다.

▶▶▶

(7) 어색한 번역체 문장

다음과 같은 번역체 문장을 쓰지 말도록 한다.

예문 18

· ~아무리 ~해도 지나치지 않는다(cannot~too) → -함이 당연하다

· ~할 예정으로 있다(be going to) → -할 예정이다

· ~한 잔의 커피(one cup of coffee) → 커피 한 잔

·가지다(have)의 직역투

우리 부서는 매주 월요일 오전 10시에 회의를 가지기로 했다. → 우리 부서는 매주 월요일 오전 10시에 회의를 하기로 했다.

나는 두 명의 아들을 가지고 있다. → 나는 아들이 두 명이다.

· 필요로 하다(need)의 직역투

나는 너를 필요로 해. → 사랑해요. / 내 곁에 있어 주세요. (상황에 맞는 구체적인 표현이 보다 적절하다.)

· ~에 대하여(about)의 직역투

학생에 대하여 관심을 갖다. → 학생에게 관심을 갖다.

· ~으로부터(from)의 직역투

대한민국의 주권은 국민에게 있고 모든 권력은 국민으로부터 나온다 → 대한민국의 주권은 국민에게 있고 모든 권력은 국민에게서 나온다

· ~에 값하다(~に値する)

주목에 값하다 → 주목할 만하다 / 주목할 가치가 있다

· ~에 다름아니다(~に他ならない)

코난은 불사조에 다름아니다 → 코난은 불사조이다

· ~에 있어서(~に於て)

정치, 경제, 사회, 문화의 모든 영역에 있어서 개혁 기조가 자리잡아 가고 있다.(→영역에서)

나에게 있어서 낙선은 고배가 아니라 축배였다.(→나에게)

(8) 구어적인 표현들

다음의 예문과 같이 은어를 동반한 구어적 표현이나 비문법적인 구어체 사용을 피해야 한다.

예문 19

· 저는 뭐든지 짱 잘 먹어요.

▶▶▶ ____________________

· 오늘 날씨 완전 좋아요.

▶▶▶ ____________________

연구과제

다음의 문장을 어법에 맞게 고치시오.

1. 내 꿈은 소설가가 되어 이청준의 소설과 같은 뛰어난 작품을 남기려 한다.

▸▸▸

2. 특히 강조할 사실은 대중이 정치에 참여하는 이 시대에 정치적 목적을 달성하기 위한 대중조작이 빈번하다.

▸▸▸

3. 평론은 예술 작품이나 문화 현상 따위에 대하여 그 가치·우열·미추 따위를 논하여 평가하는 글이다라고 할 수 있다.

▸▸▸

4. 6월 항쟁은 시민들로 하여금 독재에서의 탈피와 동시에 인간의 자유와 평등을 존중하는 민주제도를 형성하는 데 기여하였다.

▸▸▸

5. 그는 나보다 돈을 더 좋아했다. (의미의 모호성을 바로 잡으시오)

▸▸▸

6. 학생들이 방황하기 쉬운 때일수록 학교는 도덕 교육을 강화시켜야 하며, 교육을 통해 바르게 키워져야 한다.

▸▸▸

7. 우리말의 어휘는 약 60%가 한자어로 된 것이므로 단어의 의미를 정확하게 이해하기 위해서는 한자에 대한 기본적인 소양을 갖추게 된다.

▸▸▸

8. 아침 일찍 출근해서, 산만하게 어질러져 있는 회의실과 사무실, 그리고 더 나아가서는 회의 준비까지 도맡아야 했다.

▸▸▸

9. 인간은 신의 지배를 받기도 하고 도전하기도 한다.

▸▸▸

10. 지금은 비록 대학교 1학년생이고 아는 것도 부족합니다

▸▸▸

11. 건강한 몸을 유지하기 위해선 적당한 운동과 식습관을 개선해야 한다.

▸▸▸

12. 내가 고등학교 3학년일 때에 내가 원하는 대학에 입학하기 위하여 많은 노력을 하였다.

▸▸▸

13. 선거에 의해서 탄생한 권력이라 할지라도 국민과의 소통을 부정하고 독단적인 정책으로 일관한다면 국민적 심판을 받게 된다고 생각합니다.

▸▸▸

14. 학문은 따지고 의심스럽게 보고 다시 검토하는 데서 출발해야 한다.

▸▸▸

15. 하천법은 하천 주변에서 야영을 하거나 취사행위나 기타 오염 행위를 엄격히 처벌하는 내용을 담고 있다.

▸▸▸

16. 언제나 자신만만하던 친구의 아버지가 세상을 떠났다.

▸▸▸

17. 인권 보호는 선진국일수록 제대로 되어 있고 후진국일수록 제대로 안 되어 있다.

▸▸▸

18. 이 지역에서 벌어지고 있는 민족 간의 갈등은 민주주의로의 이행 과정을 위협할 뿐 아니라 국가의 붕괴 위험이 가중되고 있다.

▶▶▶

19. 인간의 심리는 있는 그대로 현실을 인식하는 것이 아닌, 개별적인 인식의 토양에 의해서 굴절된다.

▶▶▶

20. 은교는 모든 면에서 흠잡힐 데 없이 완벽하다. 그 어떤 남자가 그녀와의 결혼을 싫어하지 않은 것이다.

▶▶▶

3) 기타 어문규정

(1) 한글맞춤법

① [~오]와 [~요]

종결어미인 [~오]와 연결어미인 [~요]를 구분해야 한다. 따라서 발음이 [~요]로 나더라도 종결어미는 항상 [~오]를 쓴다. 돌아가시오, 주십시오, 멈추시오 등이 그 예이다. 연결어미는 [~요]를 써야 한다. "이것은 책이요, 저것은 붓이다."의 경우가 그것이다.

② [안]과 [않~]

[안]은 '아니'가 준말이고, [않~]은 '아니하'가 준 말이다.

우리의 소비문화를 바꾸지 않으면 안 되겠다.

위 문장에서 [않]은 '아니하면'이, [안]은 '아니'의 준말이다.

③ [붙이다]와 [부치다]

[붙이다]는 붙게 하다, 서로 맞닿게 하다, 두 편이 관계를 맺게 하다, 암컷과 수컷을 교합시키다. 불이 옮아서 타게 하다, 노름이나 싸움 따위를 하다, 딸려 붙게 하다, 습관이나 취미 등이 익어지게 하다, 이름을 가지게 하다, 빰이나 볼기를 손으로 때리다라는 뜻을 지닌 말이다.

우표를 붙이다. 책상을 벽에 붙이다. 홍정을 붙이다. 불을 붙이다

[부치다]는 힘이 미치지 못하다, 부채 같은 것을 흔들어서 바람을 일으키다, 편지나 물건을 보내다, 논밭을 다루어서 농사를 짓다, 부침개 따위를 만들다, 어떤 문제를 의논 대상으로 내놓다, 원고를 인쇄에 넘기다 등의 뜻을 지닌 말이다.

힘에 부치는 일이다. 편지를 부치다. 논밭을 부치다. 빈대떡을 부치다. 식목일에 부치는 글입니다. 회의에 부치기로 한 안건입니다.

④ 〔며칠〕과 〔몇 일〕

언제나 [며칠]로 적고 [몇 일]로 적는 일은 없다. [몇 월]이라는 단어의 용례로 인하여, [며칠]이 [몇 일]이 되어야 한다고 생각하기 쉽지만, [며칠]이 올바른 표기이다. 만일, '몇+일'로 분석되는 구조라면, 음절끝소리 규칙에 의하여 [며딜]로 소리가 나야 하지만, [며칠]로 발음하는 것만 보아도 알 수 있다.

⑤ 〔~로서〕와 〔~로써〕

[~로서]는 자격격 조사, [~로써]는 도구격 조사이다. 자격이란 지위·신분·직함 등을 나타내고, 도구란 재료·수단·이유 등을 의미한다.

그는 학생회 임원으로서 회의에 참석했다.
이 건물은 돌로써 지은 건물입니다.

⑥ 〔~므로〕와 〔~ㅁ으로〕

[~므로]는 하므로/되므로/가므로/오므로 등과 같이 어간에 붙은 어미이다. [~ㅁ으로]는 명사형에 조사 '으로'가 붙은 것으로 '~는 것으로'와 같이 수단이나 방법을 나타낸다.

그는 열심히 공부하므로 성공하겠다.
그는 아침마다 공부함으로 성공을 다졌다.

⑦ 〔~던〕과 〔~든〕

[~던]은 지난 일을 돌이켜 생각하거나 일이 완결되지 못함을 나타내는 관형사형 전성(轉成) 어미이다. [~든]은 '든지'의 준말로서 무엇이나 가리지 않는 뜻을 나타낼 때 용언의 어간에 붙

이는 연결 어미이다.

전에 다니던 길인데도 그 집을 찾기는 어려웠다.

오든 말든 네 마음대로 해라.

⑧ 기타

바라다/바래다: 저의 바램은 이것뿐입니다.→바람

피우다/피다: 요즘 청소년들은 담배를 많이 핀다.→피운다

치르다/치루다: 시험을 치뤘다.→치렀다.

줍다/줏다: 천 원을 줏었다→주웠다.

었/였: 참으로 아름다운 유년시절이였다.→이었다.

되/돼: 이젠 됬다.→됐다.

오랜만에/오랫만에: 그를 오랫만에 만난다.→오랜만에

우레/우뢰: 우뢰와 같은 박수 소리→우레

왠/웬: 오늘은 웬지 기분이 좋군.('왠'은 '왜인지'의 준말로서 '왠지' 용법만 존재.)/ 이게 웬 떡이냐?

연구과제

맞는 표현을 골라 한 곳에 ○표를 하시오.

그 남자는 금세 (　), 금새 (　) 얼굴이 빨개졌다.

고추장을 사서 먹지 말고 담가 (　), 담궈 (　) 먹으세요.

나는 오리고기를 안 (　), 않 (　) 먹는다.

나의 바람 (　), 바램 (　)은 엔지니어가 되는 것입니다.

고향에 오자 날짜 가는 줄 모르고 며칠 (　), 몇일 (　)이 지났다.

내노라 (　), 내로라 (　)하는 경제계 인사들이 모두 모였다.

카페 내에서 흡연을 삼갑시다. (　), 삼가합시다. (　)

마음에 드실른지 (　), 드실는지 (　) 모르겠어.

무 (　), 무우 (　)는 김장 담글 때 제격이다.

옆 사람과의 간격을 넓히세요. (　), 넓이세요. (　)

임용고시를 잘 치러라. (　) 치뤄라. (　)

안절부절하다. (　), 안절부절못하다. (　)

아무리 생각해도 그녀의 언행은 주책이다.(　) 주책이 없다.(　)

어서 오십시오. (　), 오십시요. (　)

절체절명 (　), 절대절명 (　)의 기회가 다가왔다.

양복을 맞추는 (　), 마추는 (　) 것이 좋겠다.

제갈공명 (　), 제갈 공명 (　)

지금부터 (　), 지금으로부터 (　) 입학식을 시작하겠습니다.

함께 갈게요. (　), 갈께요. (　)

전화할게.(　), 전화할께.(　)

(2) 띄어쓰기

① 띄어쓰기의 단위는 단어이다.

단음절의 단어라도 띄어 써야 한다.

명사: 뒤, 밑, 속, 밖, 안, 옆, 위, 틈, 때, 밤, 끝

부사: 곧, 꼭, 늘, 다, 더, 또, 맨, 못, 안, 왜, 잘, 퍽

관형사: 그, 몇, 새, 온, 이, 저, 헌

한자어: 내(內), 단(但), 모(某), 예(例), 전(前), 현(現), 타(他), 중(中)

연구과제

바빠서만날틈이없었다.

▸▸▸

땅위로싹이돋았다.

▸▸▸

헌책도팝니까?

▸▸▸

나는사무실밖으로나왔다

▸▸▸

너도언젠가죽음앞에서게될것이다.

▸▸▸

연필이책상밑으로떨어졌다.

▶▶▶

방학이거의다끝났다.

▶▶▶

밥먹기전에손을씻어라.

▶▶▶

휴게실은복도의맨끝에있다.

▶▶▶

주머니속에돈을넣었다.

▶▶▶

② **의존명사는 띄어 쓴다.**

자립성이 없지만 명사로 취급하는 것이 의존명사이다. 따라서 단어를 띄어 쓴다는 원칙은 의존명사의 경우도 마찬가지이다.

철수가 떠난 지가 오래되었다.

김철수 군과 이성희 양이 결혼을 했다.

아는 것이 힘이다.

나도 그 정도는 할 수 있다.

낯선 곳에서 평소 아는 이를 만나니 반가웠다.

네가 뜻한 바를 알겠다.

연구과제

눈을뜬채밤을새웠다.

▶▶▶ ______

매사에그럴듯하게잘난척하는녀석을도저히어쩔수없어.

▶▶▶ ______

석점을깔고바둑을두었다.

▶▶▶ ______

여기까지온김에그를만나보고가자.

▶▶▶

여럿이먹는통에아주맛있었다.

▶▶▶

오직최선을다할따름이다.

▶▶▶

주는대로받다가는나중에일이커질것이다.

▶▶▶

한가지를보면열가지를안다.

▶▶▶

③ 성과 이름은 붙여 쓰고, 이름 뒤에 있는 호칭이나 직함은 띄어 쓴다.

이정자 씨, 최치원 선생, 충무공 이순신 장군, 홍길동 교수, 김만중 사장

④ **본용언과 보조용언은 띄어 쓰는 것이 원칙이며 합성어는 붙여 쓴다.**

"날씨가 점점 추워 온다.", "먼지를 말끔히 떨어 버렸다."와 같은 경우이다. 그러나 합성어와는 혼동하면 안 된다. '같아지다', '줄어들다', '슬퍼지다' 등의 경우는 띄어 쓰면 안 된다.

연구과제

다음 문장을 올바르게 띄어 쓰시오.

그가허락할성싶지않다.

▸▸▸ ____________________

그물건에손을대지말게.

▸▸▸ ____________________

나는잘난체하는사람이싫다.

▸▸▸ ____________________

밤이깊어가고있다.

▸▸▸ ____________________

(5) 같은 단어라도 문장성분에 따라 띄어쓰기가 다르다

맨: [관형사] 내가 맨 처음 왔음을 알았다. [접두사] 맨주먹으로싸웠다.

뿐: [의존명사] 세 번을 만났을 뿐이다. [보조사] 가진 것이라고는 이것뿐이다. [어미의 일부] 얼굴이 예쁠뿐더러 마음씨도 곱다.

만큼: [의존명사] 노력한 만큼 보람을 얻는다. [보조사] 이만큼 재미있는 것은 없다. [어미의

일부] 신경질이 나리만큼 철수가 보기 싫다.

'밖에', '대로', '같이', '데', '지', '망정', '듯이' 등도 문장성분에 따라 띄어쓰기가 달라짐에 유의해야 한다.

연구과제

다음 문장을 올바르게 띄어 쓰시오.

반찬은꼭먹을만큼만가져가세요.

▶▶▶ ______

나도형만큼은해요.

▶▶▶ ______

법대로합시다.

▶▶▶ ______

당신은본대로느낀대로진술해야합니다.

▶▶▶ ______

김대통령은조국의민주화와평화통일을위해일생을바쳤다.

▶▶▶ ______

2012년봄나는이대학에들어와50주년기념관삼층강의실에서만난여학생과첫사랑에빠졌다.

▶▶▶ ______

2. 문단의 이해

1) 문단의 개념

일반적으로 언어의 단위는 형태소→단어→어절→문장→담화로 확대된다. 문단이란 문장들이 모여 만든 '생각의 단위'로서 문장이 하나의 담론을 형성하는 것으로 이해할 수 있다. 이 성분들 중 단어나 문장 차원에서는 한 편의 글이 성립될 수 없다. 한 편의 글은 문단의 차원에서 성립될 수 있는 것이다. 그것은 문단이 하나의 '중심 생각'을 드러내고 있기 때문이다.

문단은 그 자체로서 독자성과 완결성을 지녀야 하며 다른 문단과의 유기적인 관련성을 지녀야 한다. 따라서 각 문단은 각기 다른 소주제문(topic sentence)을 가지고 있으며 뒷받침문장(supporting sentence)은 소주제문을 여러 가지로 떠받들게 된다.

문단과 문단의 구분을 확실하게 하기 위해서 형식상으로 각 문단의 첫 줄을 시작할 때는 줄을 바꾸어 한 칸 들여쓰기(indention)를 원칙으로 하고 있다. 그러나 왜 줄을 바꾸고 들여쓰기를 해야 하는지도 모르고 글을 쓰는 이들이 많다. 최근 이메일이나 웹 사이트의 게시판에서 볼 수 있듯이 행을 임의적으로 나누어 문단의 구성력을 전적으로 무시하는 글들이 대표적인 경우이다.

아래 예문은 어느 학생의 글을 그대로 옮긴 것이다. 문단의 형식에 맞게 재구성해 보자.

예문 1

TV는 해롭다.

많은 사람들이 TV를 보면 함께 웃고 즐거워 하지만, 거기에서 파생되는

해로움에 대해서는 별다른 관심이 없는 것 같다. 그래서 본인은

이번 기회를 통해 우리가 쉽게 깨달은 수 있는 TV가 사람들에

미치는 나쁜 점을 써 보고자 한다.

첫째, TV는 우리의 시간을 빼앗는다.

예로서 학생들을 살펴보자.

모든 사람들, 특히 감수성이 예민한 학생들은 고정시켜 놓고

시청하는 프로그램이 몇 가지씩 있다.

이들은 시험이 바로 코앞에 다가와도, 반드시 그 프로를

보지 않으면 안 되게끔 TV에 중독되어 있다. 물론 본인도

포함된다.

둘째, TV는 사람들을 수동적으로 변모시킨다.

TV 프로그램에 시청자들은 전혀 참여하지 않는다.

단지 미리 만들어져 방송되는 프로를 아무런 생각 없이

받아들일 뿐이다. 바로 이러한 TV의 특성이 교육에도 미쳐

요즘 강의실에선 질문을 하는 학생을 찾아보기 힘들게 되었다.

다음 글에서 문단의 중심문장에 밑줄을 긋고 전체 글과의 관계를 분석해 보라.

예문 2

인간 행동의 속도는 인간이 처해 있는 상황의 긴박함과 비례한다. 급한 행동은 위급한 상황에 기민하게 대처하게 하는 아드레날린의 분비를 촉진시키는데 이 아드레날린의 지속적 분비는 건강을 해치며 수명을 단축한다. 최근 들어 부쩍 늘어나는 과로사는 우리 삶의 속도가 과도한 수준에 도달했다는 것을 말해주는 지표들 중의 하나이다. 속도를 내는 갖가지 기계들의 등장으로 우리는 우

리의 육체에 따른 행동만으로 도달할 수 없는 속도를 유지할 수 있게 되었지만 그와 동시에 스트레스의 수준도 상승했다. 이 속도는 도처에서 확인된다. 어떤 때는 하늘을 관통하는 비행기나 과속으로 달리는 자동차의 모습에서 나타나고 어떤 때는 혼잡한 교차로에서 얌체 운전으로 끼어 들어오는 꼴불견으로 나타나기도 하고 또는 갈 길이 막혔을 때 나오는 신경질로도 나타난다. 혹은 급행료로, 혹은 대형사고로, 혹은 냉정한 인심으로도 나타난다.

속도는 신세대의 현란한 몸짓에서도 여지없이 나타난다. 그리고 이것은 오늘날 문화의 특징적 모습에서도 나타난다. 현진영, 서태지 등의 노랫말이 주저리주저리 나오는 것을 보면 따라 잡기 힘들 정도이며 그들의 춤동작 또한 흔히 은근과 끈기라는 말로 요약하는 여유로운 태도와는 달리 경련과 발작에 가깝다. 이들의 춤사위는 하나의 동작이 연속으로 천천히 이어지기보다는 동작의 단절이 빈번한, 분절의 법칙에 가까워 지속성보다는 단절성이 강조되는 속에서 현란한 속도감을 만든다. 마치 로데오 기계의 발작적 움직임처럼.

서울의 이런 부산한 모습. 서울의 현란함, 서울의 속도는 어디서 오는가? 왜 생겨나는가? 이것을 나는 노동 강도의 강화와 연관 지어 설명해야 한다고 본다. 우리 사회는 이제 생산 관계의 모순으로 수많은 사람들이 삶의 여러 측면에서 끔찍한 노동 속도 안으로 내몰리게 되었다. 이 속도는 물론 6·70년대 봉재 공장 등에서 일어나던, 즉 전태일이 죽음으로 항거한 가혹한 노동 형태와는 많이 다르다. 우리가 최근에 일상으로 경험하는 속도는 오히려 유려함이나 부드러움의 형태를 띠기조차 한다. 최근 신촌에 들어선 그레이스 백화점과 같은 공간에서 등장하는 노동은 화사함·화려함의 모습을 가진다고. 예컨대, 엘리베이터 걸의 친절함과 상냥함으로 나타난다고 해야 맞는 말일 것이다. 얌체 운전이나 과속 운전으로 거리를 질주해야 하는 것도 많은 경우에는 제 때에 상품을 고객에게 운송하기 위하여, 약속 시간에 맞추어 가기 위해서다. 교통 체증에 신경을 곤두세우던 사람도 고객의 면전이나 약속 장소에서는 부드러운 얼굴을 하기 십상이다. 그러나 이런 모습은 이제 감정 구조와 감정 표현에 사용되는 근육까지 노동 과정에 편입되었다는 것을 말해 주는 것은 아닐까? 엘리베이터 걸의 상냥함과 고객 앞에 선 세일즈맨의 믿음직한 모습은 옛날의 육체노동에서는 사용하지 않던 근육들이 이제 필요해졌음을 의미하지 않을까?

우리가 일상 삶의 편리함으로만 간주하는 현상들도 대부분 노동 강화와 관련되어 있다. 신촌 주변에 생긴 최근의 변화들 중 많은 것들이 그렇다. 특히 24시간 편의점과 같은 것은 일일 노동 시간을 24시간으로 늘여 놓은 것과 같은 셈이다. 공장을 소유한 경우 가장 좋은 운영 방식은 기계가 마모되기까지 쉬지 않고 계속 가동하는 것이다. 24시간 영업을 할 수 있다는 것은 돈 벌기로는 참으로 좋겠지만 거기서 일하는 사람 중 적어도 일부는 한밤중에 노동을 해야 함을 의미한다. 그것이 고객들에게는 편리함을 의미할 수도 있겠지만 이 경우도 그 고객들은 한밤중에 잠을 자지 않고 무언가 일을 하고 있었다는 말이다. 즉 환하게 밝혀 놓은 편의점 공간은 쉬지 않고 노동이 일어난다는 것을 보여주는 징표인 것이다.

▶▶▷ 강내희, 「서울의 속도」

다음 글은 문단의 통일성이 깨져 있다. 그렇다면 문단을 어디서 나누어야 하는지 말해 보시오.

예문 3

첫 대통령에 뽑힌 이승만은 40년간 민주주의 본산인 미국에 망명했던 이른바 '애국자'임에 틀림없었다. 그러나 그 스스로 권위주의적인 독선에 찬 가부장적 지도자였던 것도 사실이다. 그에 있어서 '나는 곧 국가'였고, 그가 대통령으로 있는 것이 공화국이고 민주주의였다. 그는 주동적으로 만든 헌법과 법을 집권유지의 필요에 따라 무참히 짓밟고 영구집권의 길을 걷다가 4·19 봉기로 쫓겨나고 말았다. 그는 어느 모로 보나 민주주의자는 아니었다. 그는 '선출된 왕'이었다. 그의 재선은 관권 탄압에 입각한 허구에 불과했다. 정통성이 결여된, 그러나 왕이었다. 그를 둘러싼 집권세력 안에는 항일투사들도 더러 끼어 있었으나 일제시대의 부일협력자들도 많았다. 특히 이승만을 둘러싼 경찰력과 군부는 대부분 일제 잔재를 그대로 이어받았다. 공산당 등 좌파세력과 싸워 나라를 세우는 데 불가피한 조치였다는 것이 그들의 구차한 변명이었다. 엊그제까지 일본 천황에게 충성을 맹세했던 군인·경찰관·고급관리는 물론 지식인들이 반공이라는 이름 아래 이승만 정권하에서 '민주주의'를 운운했고 애국의 구호를 내걸었으니 건국 시초부터 깊은 불신의 대상이 되지 않을 수 없었다.

▶▶▷ 박권상, 「권력과 진실」 중에서

독자의 편의에 따라 문단 구분의 기준을 잡아보면 다음과 같이 정리할 수 있다.

① 소설이나 서사문(敍事文) 따위에서는 시각(視角)이나 장면, 사건, 인물이 바뀔 때 문단을 바꾼다.
② 묘사문에서는 대상이나 분위기, 입장이나 관점이 바뀔 때 문단을 새로 바꾼다.
③ 설명·논증문에서는 서술하는 대상이 바뀌거나 새로운 관점이나 사유를 전개할 때 새로운 문단으로 바꾼다.
④ 회화문에서는 화자가 바뀔 때 새로운 문단으로 바꾼다.

2) 좋은 문단의 요건

좋은 문단이라는 것은 알기 쉬운 문단이다. 다음에 좋은 문단이라고 생각되는 조건 몇 가지를 들어보기로 하자.

(1) 중심문장의 명시

문단을 형성하고 있는 몇 가지의 글 가운데 그 문단 전체의 생각을 특별히 표현하고 있는 글을 중심문장(topic sentence), 또는 주제문이라고 한다. 중심문장이 들어 있으면, 그 문단이 알기 쉬워지는 것은 당연하다.

중심문장을 어디다 두느냐도 중요한데, 독자가 쉽게 찾을 수 있는 위치에 놓으면, 그만큼 내용 파악이 용이하다. 그러한 위치로서는 일반적으로 문단의 처음이나 맨 마지막인 경우가 많다.

중심문장의 성격과 구실을 들면 다음과 같다.
① 중심문장은 문단이 첫머리에서 내용을 개괄(槪括)하여 나타낸다.(Top-down 방식)
② 중심문장은 그 문단의 요지나 핵심을 나타낸다.
③ 중심문장은 의문문의 형태를 취하기도 한다.
④ 중심문장은 문단의 끝부분에서 내용을 요약(要約)하는 구실을 한다.(bottom-up 방식)

중심문장이 없더라도 문단을 형성하지 못하는 것은 아니다. 문단 전체에 중심내용이 용해되어 있다고 보아야 한다. 특히 문예문의 경우에는 장면이나 시점이 전환되는 부분에서 문단을 나누기도 한다.

(2) 한 문단에서 한 가지 사항만 다룬다.

다음의 인용은 김태길의 수필이다. 세상에서 흔히 말하는 '팔방미인'의 요건을 언급하고 있는데 문단이 매우 간단명료하게 나누어져 있는 것을 볼 수 있다.

예문

'팔방미인'이라는 말이 있다. 누구하고도 규각(圭角)이 나지 않도록 둥글게 처세하는 사람을 가리킨다. 이런 사람은 아무도 적대시할 사람이 없으니 세상 살기가 편리하다. 그러나 그것이 아무나 될 수 있는 쉬운 경지가 아니며, 또 반드시 바람직한 인품인지도 의문이다.

팔방미인이 되기 위한 첫째 요건은 자기 자신의 주장을 내세우지 않는 일이다. 자기의 주장을 좀 내밀어 보다가도 강한 반대의견이 나타나면 곧 후퇴하는 신축성을 보여야 한다. 비록 상대편의 주장이 그르다는 것을 믿는다 하더라도 그 뜻을 입 밖에 내서는 안 된다.

팔방미인이 되기 위해서는 어떠한 경우에도 남을 비난하거나 화를 내지 말아야 한다. 시시비비를 정확하게 가리려는 사람은 팔방미인이 될 수 없다.

팔방미인은 남의 부탁을 거절하지 않는다. 분명한 약속도 하지 않지만 명백한 거절도 하지 않는다. 부탁한 사람 측에서 기대가 어긋난다고 불평을 하면, "최선을 다했습니다만 일이 뜻대로 되지 않아 미안합니다."라고 사과하기를 주저하지 않는다.

줏대가 강한 사람은 팔방미인이 될 수 없다. 특히 우리나라와 같이 불합리한 현상이 많은 사회에서는 어떤 원칙을 따라서 자기의 신념에 충실하고자 하면 반드시 누군가와 부딪치게 된다. 자기 딴에는 올바르게 살고자 하는 자세가 도리어 의리 없는 놈으로 몰린다. 부정을 보고도 모르는 척할 수 있어야 팔방미인으로서의 자격이 있다.

▶▶▷ 김태길, 「우정의 평준화」 중에서

하나의 문단에서 한 가지 사항을 쓰면, 알기 쉬운 글이 된다. 한 문단에서 너무 욕심을 부려 많은 이야기를 하려다 보면 결국 요지를 분명히 전달할 수 없게 된다.

(3) 문단의 주제가 확실해야 한다.

문단의 뜻이 명확해지려면 한 문단의 문장들이 모두 하나의 주제를 향해 수렴되어야 한다. 많은 예시와 예증을 비롯한 상세화 부분이 모두 일관성을 가져야 한다는 뜻이다.

예문

그래서 쓰레기터에 갈 것도 밥상에 오르게 되는 경우가 생긴다. 그것이 바로 '쓰레기'와 '씨레기(시레기)'이다. 시들어 버린 무청이나 배춧잎 같은 쓰레기를 버리지 않고 말려 두었다가 음식을 만들어 먹으면 별미가 난다. 비타민 C도 많아 건강에도 한결 좋다고 한다. 궁해서만이 아니었다. 값어치가 없다고 생각한 것에서 오히려 새롭고 귀중한 가치를 끌어내는 것이 한국 문화의 원형이기도 한 것이다. 이따금 외국 사람들이 몬드리안의 그림과 견주는 한국의 조각보 역시 마찬가지이다. 버려진 헝겊조각을 이어서 보자기를 만들면 누더기가 될 것 같은데 사실 그 반대로 오묘한 무늬와 현란한 색채가 조화를 이룬 초디자인 작품이 생겨난다. 요즘 쓰레기의 재활용 문제가 전 세계의 과제로 등장하고 있지만, 한국의 씨레기와 조각보의 발상은 리사이클링(자원재활용)의 원조요, 그 정신의 모형이라 할 수 있다.

▶▶▷ 이어령, 「쓰레기」 중에서

(4) 이질적인 글을 넣지 말아야 한다.

문단을 구성하고 있는 몇 가지의 글 중, 이질적인 내용이 들어가 있는 글이 있다. 문단의 전체가 나타내고 있는 뜻에서 빗나간 글을 말한다. 이질적인 글이 들어가 있으면, 문단의 구성이 부자연스러워져서 독자에게 혼란을 일으킨다. 다음의 한 가지 예문을 보기도 한다.

예문

아이들이 미술, 음악, 문학을 직접 감상하는 것은 그들의 정서계발에 많은 도움을 준다. 문학작품을 읽으면 아이들은 간접체험을 얻을 수 있을 뿐만 아니라 감정이 풍부해질 수 있다. 아름다운 음악을 아이들에게 들려주면 아이들은 차분한 마음을 가질 수 있고 악기를 직접 연주함으로써 아이들의 잠재된 표현 욕구를 충족시켜 줄 수 있다. (아이들에게 연극과 영화를 접하게 함으로써 상상력을 키워줄 수 있으며 아름다운 꿈을 간직하게 할 수 있다.)

괄호로 묶은 부분은 주제문의 논의와 간접적으로 관계되기는 하지만, 직접적으로 포함되지 않는다. 따라서 이질적인 부분을 삭제하거나 다른 부분으로 옮겨 논의를 전개해야만 한다.

(5) 글과 글의 연결은 매끄럽게 해야 한다.

문단을 이루는 글과 글 사이에서 연결이 잘 되지 않을 때는 '그리고', '그러므로' 따위의 접속어를 적당히 사용하는 것이 필요하다. 작문에서 이 접속어의 사용법이 적절하지 못해 그 문단의 뜻을 붙잡기 힘들게 되는 경우가 있다.

다음의 인용은 어느 월간지에 실린 독자투고문의 일부분이다.

예문

우리들은 20여 명이 일단이 되어 탐험할 목적으로 갔다고 생각됐을 때, 멀리서 집합의 호각소리가 울렸다. 그리고 우리들은 급히 되돌아갔다. 오는 길은 오르막이어서 모두들 일 분쯤 달렸더니, 숨이 차서 헐떡거리며 괴로워했다. 도중에 나무뿌리에 걸려 넘어질 뻔하거나, 가지가 앞길을 막았으나, 그래도 겨우 짐이 놓여 있는 곳에 닿았다. 그리고 달려서 절 앞에 집합했다. 그리고 리더로부터 모르고 떨어뜨린 물건이나 잃어버린 물건에 대한 주의를 들은 뒤에, 전원이 바르게 줄지어 출발했다.

이 문단에서는 '그리고'라는 동일한 접속어가 되풀이 되어 있어서, 전체가 단조롭다는 인상을 준다. 첫 번째 '그리고'를 '그래서'로, 두 번째를 '마침내'로, 세 번째를 '그런 다음에'로 고쳐서, 변화를 주어 보자. 이렇게 고치면 앞의 것보다 훨씬 다져진 문장이 될 뿐 아니라, 글과 글의 의미상의 유기적인 관계도 살아나는 것이다.

(6) 문단의 길이를 적절하게 분배해야 한다.

글의 길이에 제한이 없는 것과 마찬가지로 문단의 길이에도 제한은 없다. 사람에 따라 생각의 단위를 길게 하는 사람과 짧게 하는 사람이 있다. 또 같은 사람의 글이라도 각각의 문단의 길이가 모두 같을 수는 없다.

하지만 하나의 문장이 하나의 문단이라고 한다면, 그 글은 얼마나 무뚝뚝하게 느껴질까? 뿐만 아니라 어디까지 읽어가도 행 바꿈이 없는 글은, 읽기가 무척 지루할 것이다. 따라서 문단의 길이에 엄격한 기준은 없지만, 작문을 할 때 쓰려고 하는 내용에 따라 문단을 나눠야 글을 쉽게 이해할 수 있다. 대체로 작문이 익숙하지 못한 사람은 문단의 효과를 의식하지 못하고 질질 끌며 잇달아 쓰는 경향이 있다.

그러나 소설과 같은 종류의 문장은 좀 다르다. 중간에 대화문이 들어가기 때문에 문단을 짓는 것과 같은 효과를 준다. 대화문이 없더라도 스토리 중심의 소설 문장은 엄밀히 따져가며 읽지 않고, 그저 분위기만 느끼며 읽어 갈 수가 있으므로, 긴 문단이라도 고통을 느끼지 않을 수 있다.

3) 문단의 구성

앞에서 하나의 문단은 하나의 소주제문과 여러 개의 뒷받침문장으로 구성된다고 하였다. 이러한 소주제문은 글의 일부를 이루는 한 문단의 중심내용이므로 글 전체의 주제와 밀접한 관련을 가지게 된다.

다음 문단에서 소주제문과 뒷받침문장을 구분해 보시오.

예문 1

사람은 첫째로 사람에게서 배운다. 사람의 스승은 우선 사람이다. 글을 읽는 것, 간접적이긴 하나 내용에 있어서 사람의 말을 듣는 것과 다를 바 없다. 우리는 글을 배운다면 먼저 책을 생각한다. 그러나 그 때에도 사람에게서 배우고 있는 것이다. 소크라테스도 인간은 인간 사회에서 배우는 것이 가장 많고 의미있는 것이라고 하였다. 옛날부터 성현들이 혹은 인(仁)을 혹은 사랑을 혹은 자비를 가르쳤음은 한결같이 인간 관계를 떠나서 살아갈 수 없음을 의미하였던 것이다. 사람은 사람에게서 배우고 사람에 의하여 구실을 하게 마련이다.

▶▶▷ 박종홍, 「학문의 길」 중에서

예문 2

멘델은 저 유명한 '유전의 법칙'을 발견했다. 그런데 그것을 발견하기 위하여 그가 한 일은 무엇인가. 그는 고작해야 수도원 뒤뜰에다 완두콩을 심어 놓고 해마다 수확되는 색깔이 다른 완두콩의 수를 헤아려 그 비율을 산출해 낸 것이다. 이건 참으로 쉽고 하찮은 일에 불과해 보이지만 인류 정신 문화의 일대 변혁을 가져오는 중대한 학문적 업적이 되었다. 멘델이 한 일들을 두고 생각해 보면 학문이란 어렵다고만 말할 성질의 것이 아님을 알 수 있다.

▶▶▷ 하일지, 「학문 공포증에서 벗어나자」 중에서

하나의 문단을 구성하는 방식(포괄식 구성)은 크게 셋으로 나눌 수 있다. 소주제를 먼저 제시하고 상세화해 나가는 ①위에서 아래로의 방식(top-down), 여러 가지 예나 참고 자료들을 통해 소주제를 찾아가는 ②아래에서 위로의 방식(bottom-up), ③대등한 화제나 화제없이 구체적 사실들을 나열해 가는 방식이 그것이다. ①을 소위 두괄식으로, ②를 미괄식으로, ③을 열거식으로 부르는데, 다시 ①은 논리의 전개상 연역법(deduction)이요, ②는 귀납법(induction)이라고 할 수 있다.

논리적인 글에서는 '두괄식'과 '미괄식'이 한 문단의 내용이나 글의 전개 과정 또는 글의 길이나 필자의 의도에 따라 적절히 사용된다. 독자들의 가독력(可讀力)을 생각한다면, 두괄식을 사용하는 것이 효과적이다. 소주제를 먼저 제시하는 경우 독자들에게 강한 인상을 줄 수 있고 글의 방향을 미리 알고 문단이나 글 전체에 접근해 가기 때문에 글의 내용을 파악하기 쉽다.

물론 학위 논문과 같은 글에서는 온갖 자료를 섭렵하고 하나의 결론을 찾아가는 미괄식을 사용하기도 한다. 이러한 방식은 필자의 사고의 깊이와 넓이를 보여줄 수 있다는 점에서 효과적이다. 그러나 길지 않은 글을 써나가는 경우에는 특별한 의도를 가지지 않은 한, 화제에 이어 상세화해 나가는 두괄식을 사용하는 것이 효과적일 것이다.

경우에 따라서는 소주제문이 없는 문단도 있다. 그렇다고 해서 주제가 없는 것은 아니다. 글의 주제가 문단 전체에 용해되어 있는 것이다. 이러한 문단의 주제를 이해하기 위해서는 독자의 독서 능력이 뒤따라야만 한다.

연구과제

1. 다음 글의 중심문장을 읽고 Top-down 방식이나 bottom-up 방식의 문단을 쓰시오.

① 관동대학교는 멋진 대학이다. ______________________

____

____

② 라면은 김치와 먹어야 맛있다. ______________________

____

____

③ ______________________

____

______________________ 따라서 나는 소중한 존재이다.

④ ______________________

____

____ 따라서 복지 정책을 단순히 포퓰리즘이라고 매도해서는 안 된다.

2. 다음 글에서 상세화 부분을 읽고 이에 알맞은 중심문장을 써 넣으시오.

____ 현대 도시의 주요 미적 대상인 상품미는 우리들의 취미나 감성, 더 나아가 일상 문화를 형성한다. 상품미란 무엇인가? 상품미라는 것은 이윤을 얻기 위해 대량으로 생산되고 있는 상품들이 가지는 미적·예술적 형식을 의미한다. 아주 단순하게는 상품을 많이 팔기 위해서 디자인과 색상에 신경을 쓰는 것이 상품미를 추구하는 예이다. '보기 좋은 떡이 먹기도 좋다'는 속담은 상품미의 성격을 잘 나타내준다. 우리가 주위에서 보는 거의 모든 상품들은 상품미를 추구하고 있다. 아이들의 과자 봉지에서부터 책의 표지, 의상, 쇼윈도 마네킹, 각종 팬시 제품, 간판, 내부 장식, 디스플레이, 네온사인, 영화·연극 포스터 등은 물론이고, 광고 모델이나 상점 점원, 컴퓨터 소프트웨어 등이 다 상품미를 추구하고 있다. 자본주의는 모든 것이 다 상품으로 취급되는 사회이기 때문에 자본주의 체제의 모든 사물들, 그리고 심지어는 인간까지도 상품미의 형식을 추구하게 된다.

____ 상품미는 가상적인 쾌락과 행복으로 인간을 뒤덮고, 파괴된 감성을 자기 식대로 빚어내어 지배를 확립하기 위해 시, 음악, 무용, 드라마, 미술 등의 다양한 예술 형식을 빌리고 있다. 이렇게 예술미를 빌려 왔기 때문에 내용과 형식이 일치하진 않지만 겉보기에는 예술미보다 더 풍부한 미적 형식을 갖추고 있다. 그러나 그것은 겉모습일 뿐 참모습은 예술미와 다르다. 예술은 근세 이래 현실에 없는 정신적·초월적인 것을 통해 감성을 순화시킴으로써 욕망으로부터의 해방을 지향했다. 물론 이것은 예술가들의 꿈이었을 뿐 실제로 성공하지는 못했다. 이에 반해 상품미는 선망과 질투를 불러일으켜 이기적인 욕망을 즉각 실현하도록 몰고 간다. 이것은 소비를 체계적으로 재생산해 내는 한편 인간을 욕망으로 귀환하도록 충동하고 있다.

4) 문단의 종류와 연결

한 편의 글을 완성하기 위해서 여러 문단이 조직되는데, 이때 문단은 저마다의 역할을 담당한다. 도입문단, 전개문단, 전환문단, 연결문단, 주요문단, 강조문단, 보충문단, 대화문단, 결미문단 등이 그것이다. 이들 문단이 각기 전체적인 논리적 긴밀성을 유지하면서 연결되어야 한다.

① 도입문단: 글 쓰는 목적 및 글의 주지를 미리 밝히는 문단이다.

② 전개문단: 문제의 실마리를 풀어가는 문단이다.

③ 전환문단: 앞 문단까지의 내용을 전환하여 새로운 내용으로 갈 수 있도록 하는 문단이다.

④ 연결문단: 화제가 달라진 두 문단 사이를 원활하게 이어주는 문단이다.

⑤ 예시문단: 주장한 내용에 대하여 구체적인 예를 들어 제시하는 문단이다.

⑥ 인용문단: 다른 사람의 말이나 글을 끌어다 쓴 문단이다.

⑦ 주요문단: 주제문이 들어 있어 주제의 전개에 직접적으로 관련이 있는 문단이다.

⑧ 강조문단: 내용의 단조로움을 막기 위해 특히 강조하는 문단이다.

⑨ 보충문단: 앞 문단의 미진한 내용을 보충하는 문단이다.

⑩ 대화문단: 인용 문단 가운데 특히 서로간의 대화를 소개하는 문단이다.

⑪ 결미문단: 글 전체를 요약하고, 결론을 짓는 문단이다.

문단의 배열방법에는 시간적 배열, 공간적 배열, 논리적 배열 등 여러 가지가 있다. 일반적으로 서사문은 시간적 배열, 묘사문은 공간적 배열, 설명문과 논증문은 논리적 배열로 이루어진다. 설명문과 논증문의 문단은 논리적 단위를 드러내고, 묘사문의 문단은 세부의 단위를 드러내고, 서사문의 문단은 이야기의 단위를 드러내기 때문이다. 그러나 이것은 어디까지나 원칙적인 것이고, 여기에 예외가 있을 수 있다.

(1) 도입문단 쓰는 방법

글의 주제를 설정하고 개요를 작성했음에도 막상 글을 쓰려고 하면 어떻게 시작해야 할지 막막한 경우가 있다. 일반적으로 학술적인 글의 도입 부분은 논의의 목적과 방법, 기존연구 성과에 대한 검토와 문제제기로 이루어진다. 그러나 이것은 어디까지나 정식적인 틀일 뿐, 이를 바탕으로 한 여러 가지 변화가 필요하다. 도입부는 앞으로 글을 계속 읽고 싶은 호기심을 불러일으키는 부분인 만큼 각별히 신경을 써야하는 부분이다.

① 문제를 제기하면서 시작하는 방법

일반화되어 있는 견해나 어떤 현상 중에서 다시 생각해 보거나 반성해야 할 점이 있는 경우, 그러한 것들이 무엇인지를 제시하면서 글을 시작하는 방법이다.

예문

우리 사회의 영어 열풍과 실용영어를 강조하는 흐름 속에서 조기영어교육에 대한 부모들의 관심과 걱정은 갈수록 높아지고 있습니다. 조기영어교육에 대한 이와 같이 뜨거운 관심은 기본적으로 영어교육은 "빠를수록 좋다"는 가설을 근거로 하고 있으며, 어느 특정 시기 이전에 영어교육을 시작해야 효과를 볼 수 있고 '원어민'처럼 될 수 있다는 생각에 기초하고 있습니다.

(중략)

그러나 조기영어교육과 영어능력향상의 관계를 어떻게 볼 것인가라는 측면에서는 상당한 성과가 있었지만 조기영어교육으로 인해 부모들이 오해하고 있거나 놓치기 쉬운 적기교육의 내용과 관련해서는 추상적인 수준에서 머물렀습니다. 그래서 이번에 여는 '국민교실'을 통해 이에 대해 아주 구체적이고 실증적인 수준에서 정리를 해보려고 합니다.

▶▶▷ 영어사교육포럼이 여는 '3회 연속 국민교실' 개최 안내 보도문 중에서

② 개념을 정의하면서 시작하는 방법

논의할 대상의 개념이 일반인들에게는 생소한 것이거나, 글을 쓰는 이가 나름대로 새롭게 정의를 내릴 필요가 있는 경우에 좋은 방법이 될 수 있다.

예문

최근 우리 사회의 여러 문제는 '공공성(公共性)'의 부재와 깊이 연관되어 있다. 공공철학은 바로 이 '공공성', '공공적'이라는 개념을 철학적으로 탐구한다. 그런데 일반적으로 국어사전에서는 공공성을 "한 개인이나 단체가 아닌 일반 사회 구성원 전체에 두루 관련되는 성질"로 정의하지만 이 책에서는 이러한 정의를 넘어 공공성의 개념을 훨씬 더 확대하고 있다. 즉 기본적으로 공공철학은 '정부의 공', '민(民)의 공공' '사적 영역'이 서로 상관이 있다고 보면서 '민의 공공'을 중시하고, 학문이 서로 통합되는 학문의 구조 개혁을 추구하고, 이념과 현실의 통합을 지향한다. 나아가 공공철학은 인간이 자기를 이해하고, 타자를 이해하고, 인간을 둘러싼 공공 세계를 이해해야 한다는 '자기-타자-공공세계의 이해'를 주창한다.

▶▶▷ 야마와키 나오시, 『공공철학이란 무엇인가』 서평 중에서

③ 주제문 또는 소주제문을 내세우면서 시작하는 방법

글에서 논의하고자 하는 중심 생각을 먼저 제시하면서 서두를 시작하는 방법으로 가장 일반적인 방법이다. 글의 목적과 방향을 처음부터 명확하게 제시하므로 분명한 느낌을 줄 수 있다. 이런 경우 제시하는 소주제의 내용이 상당한 관심거리가 될 만한 것이어야 한다.

예문

과거, 그리고 어쩌면 최근까지 우리 나라 시장은 큰 경쟁없이 기업 활동을 할 수 있었다. 이유야 많겠지만, 간단히 말하면 수요가 공급을 초과한 상태이기 때문에 가능한 일이었다. 그런데 최근에는 공급이 수요를 초과하게 되었다. 이렇게 된 원인은 국내의 산업이 발전하여 새로운 경쟁 기업이 대거 등장하였다는 점도 있고 시장이 개방되어 국경 밖에서 경쟁자가 등장하였다는 점도 있다. 하여간 최근의 모든 시장 상황의 변화는 이 간단한 변화에서 초래되었다. 공급이 수요를 초과하자 만들어도 팔리지 않게 되었다. 잘 팔리지도 않는데다 가격을 올릴 수도 없게 되었다. 게다가 경쟁이 치열하다 보니 영업비용도 많이 들게 되었다. 시장이 더 이상 성장하지 않으니 빌린 돈으로 지은 공장과 기타의 설비들이 이자도 벌어주지 못하는 애물단지가 된 것이다. 이런 상황에서 20대 기업, 10대 기업이 무너지는 것은 당연한 것일지도 모른다. 싸움터가 바뀌면 무기도 바꿔 잡아야 하고 생존 방

식도 달라져야 한다.

▶▶▷ LG경제연구원, 「바뀐 세상에 적응하는 6가지 발상 전환」 중에서

④ **인용하면서 시작하는 방법**

남의 말이나 글을 인용하면서 문단을 시작하는 방법도 흔히 사용된다. 글을 쓸 때 우리는 흔히 자신의 주장이 옳음을 논증하기 위해 남의 글이나 말을 인용한다. 남의 글이나 말을 인용할 때는 평범하거나 널리 알려진 내용보다는 새로운 내용이거나 흥미 있는 내용이 좋다.

예문

마샬 맥루한은 "미디어가 곧 메시지이다."(Media is the message)라는 유명한 말을 했다. 과연 오늘날에는 모든 것이 매체가 되어가고 있으며, 모든 매체는 또 곧 메시지가 되고 있다. 언제부터인가 글쓰기의 장이 되어버린 컴퓨터, 공식적인 우편제도를 거부하고 상호 교류의 수단이 되어버린 이메일이나 SNS, 그리고 멀티미디어라고 불리는 전자책(CD-ROM)과 동영상, 또 영화와 비디오—이 모든 것들은 매체이면서 동시에 메시지가 되고 있다.

▶▶▷ 김성곤, 「매체의 변화와 시적 대응」 중에서(부분수정)

⑤ **내용을 구분 제시하며 시작하는 방법**

글에서 앞으로 다룰 내용을 항목별로 나누어 제시하면서 글을 시작하는 방법이다. 내용을 구분하여 제시하면 글의 범위와 대상이 분명하게 드러나 앞으로의 내용을 예상을 하며 읽을 수가 있다.

예문

강문화와 약문화는 문화변동을 어떻게 수행하고 그 결실을 어떻게 성취하느냐에 따라 구별할 수 있는 개념이다. 강문화는 자문화에 대한 자부심과 애착심이 전제되고, 타문화를 통하여 자문화를 강하게 하는 요소를 얻어낼 수 있다는 자신감을 간직하고 있는 문화정신에 의해서 확보된다. 그러므로 강문화는 자문화 중심으로 타문화의 선악을 가려 취사선택하는 문화정신에 의해서

성취된다. 그러나 약문화는 생존문제를 미래지향적으로 해결하고 상승시키려는 문화의지가 빈약한 문화이다.

▶▶▷ 윤재근, 「문화전쟁」 중에서

⑥ 구체적 사건이나 일화를 이야기하며 시작하는 방법

글을 쓰고자 하는 내용과 관련된 사건을 먼저 보여주고 이어서 자신의 생각을 풀어나가는 방법이다. 이때의 사건이나 일화는 자신이 직접 경험한 것일 수도 있고 책이나 다른 사람을 통해 들은 이야기일 수도 있다.

예문

지난 1월 20일, 서울의 한복판 용산에서는 믿을 수 없는 참극이 벌어졌다. 생계 대책을 요구하며 망루에 올라간 철거민 5명과 이를 진압하려던 경찰 1명이 불에 타 죽은 사건이다. 그리고 용산 참사가 일어난 지 두 달이 훌쩍 지났지만 아무것도 해결되지 않은 채, 아무 일도 없었던 것처럼 또다시 강제철거가 이루어지고 있다.

또한 용산4구역과 같은 주거권과 생존권을 무시한 폭력적인 재개발이 이 땅 곳곳에서 진행되고 있다. 30년 전에 "벼랑 끝에 세운 주의 팻말"로 『난장이가 쏘아올린 작은 공』을 쓴 조세희 작가의 말대로 인간의 기본적인 인권마저 무시하는 "이 선을 넘으면" 정말로 "위험"할 것이 자명하다.

『여기 사람이 있다』는 이번 용산 참사 희생자 가족과 다른 여러 지역의 주거 세입자 및 상가 세입자 열다섯 개 삶의 이야기가 담겨 있다. 참여한 15명의 필자들은 재구성된 이야기가 아니라, 삶의 장소로부터 뿌리 뽑힌 하위주체들의 목소리를 직접 받아 적었다. 그리하여 이 책은 우리 이웃인 철거민들을 한 명 한 명 만나서 그들의 살아 숨 쉬는 목소리 그대로를 책 속에 담은 구술 기록이다.

▶▶▷ 조혜원 외, 『여기 사람이 있다』 출판서 서평 중에서

⑦ 구체적인 통계자료를 제시하고 시작하는 방법

신뢰할 수 있는 구체적인 데이터를 제시하여 상황의 심각성을 객관적으로 부각시키며 서두를 시작할 수도 있다.

예문

서울시의 대기가 미세먼지는 다소 줄었으나 이산화질소가 대기환경 기준치를 초과하고 오존 농도가 줄지 않아 종합관리가 필요한 것으로 나타났다.

17일 서울시의 대기오염도 연평균 통계자료에 따르면 지난해 이산화질소 농도 평균은 0.033ppm으로 대기환경 기준치(0.03ppm)를 초과한다. 특히 강남구(0.044ppm)와 영등포구(0.037ppm)가 타구에 비해 높았다. 서초구(0.035ppm)와 마포구(0.034ppm)도 기준치를 초과했다. 서울 25개 자치구 중 기준치를 초과하는 자치구는 15개에 달했다.

또 시의 전체 미세먼지 평균 농도는 지난해 ㎥당 47㎍(마이크로 그램·1㎍은 100만분의 1g)으로 전년보다 2㎍ 낮아졌다. 하지만 이 수치도 파리(18㎍) 도쿄(24㎍)나 세계보건기구(WHO)의 권장기준치(20㎍)에 비해서는 2, 3배 높은 수준이다. 지역별로는 마포구(51㎍)가 가장 높아 국가기준인 50㎍을 웃돌았다. 영등포구 강남구 서초구(이상 50㎍) 등이 그 다음으로 높았다.

▶▶▷ 〈제주처럼 맑은 하늘? 서울 공기 아직도 탁해〉, 《한국일보, 2012년 1월 18일》 2012. 1. 18. 중에서

위 예문은 최근 심각하게 대두되고 있는 환경 문제를 논의하기 위해 먼저 서울 각 지역의 대기오염 측정치를 자세하게 제시하고 있다. 당연히 그 다음의 진술은 대기오염을 줄이기 위한 대안이 구체적으로 기술될 것임을 예상할 수 있다.

(2) 종결 문단을 쓰는 방법

종결 문단을 쓰는 법도 글의 종류와 내용에 따라 여러 가지가 있을 수 있다. 대개는 지금까지 논의해 온 내용을 요약하거나 결론을 내려 주는 것이 보통이다. 종결부에서 깊은 인상을 남기거나 여운을 남기며 글을 맺기도 한다.

① **논의된 내용을 요약하며 끝맺는 방법**

이 방법은 내용을 요약함으로써 결론을 내리는 방법으로 가장 널리 사용되는 글의 마무리 방법이다. 분명하게 글을 요약하며 설명하여 주기 때문에 글을 읽는 사람에게는 내용이 잘 정리되는 장점이 있다. 주로 설명문이나 논설문 또는 논문에서 많이 사용하는 방법이다.

예문

지금까지 논의한 바와 같이, 세계 무역 기구, 우루과이 라운드, 그린 라운드 등 일련의 세계화 과정의 요인들은 여전히 강자의 논리를 반영하고 있다. 그렇기 때문에 세계화를 무조건 찬양하고 추종하려고 해서는 안 된다. 외국의 투자 유치에 대해서 조심스럽게 접근해야 한다. 아직 국제 경쟁력을 갖추지 못한 분야의 제조업과 서비스업에 외국 자본이 진출한다면, 국내의 관련 산업은 체질 개선을 통해 경쟁력을 강화하기보다는 오히려 쉽게 붕괴될 가능성이 높다. 이렇게 볼 때 선진국의 입장에서 세계화와 개방화는 곧 비교 우위에 있는 상품을 많이 파는 것을 의미하지만, 우리의 입장에서 세계화와 개방화는 여전히 경제적 존속을 더욱 심화시킬 가능성이 농후하다.

② **서두의 내용을 반복하거나 되살려주며 끝맺는 방법**

서두에서 제시했던 내용을 반복하거나 되살려 주면 구조적인 안정감을 줄 수 있고 강조의 효과도 거둘 수 있는 장점이 있다.

예문

상상은 정신의 놀이다. 상상할 때는 정신은 노동을 하지 않고 놀이를 한다. 미래에는 노동이 유희가 될 것이라는 카를 마르크스의 예언은 맞았다. 비록 인류의 미래는 공산주의의 것이 아니었지만, 상상력이 생산력으로 전화하면서 노동은 점차 유희에 가까워지고 있기 때문이다. 미래의 윤리학은 미학이 될 것이라는 그의 예언도 실현되고 있다.

(중략)

오늘날의 상상력은 기계공학, 정보공학, 유전공학이라는 테크놀로지의 뒷받침을 받고 있다. 그런 의미에서 오늘날의 상상력은 미디어 이론가 빌렘 플루서의 말대로 '기술적 상상력'이라고 부를 수 있을 것이다. 컴퓨터 시뮬레이션은 상상과 현실 사이에 놓여 있던 질료의 저항을 점점더 무력화시키고 있다. 상상이 질료의 저항없이 곧바로 현실로 전화하게 된 것이다. SF는 더 이상 문학의 장르가 아니다. 그것은 아예 현실의 조건이 되어버렸다. 드디어 상상력이 힘이 되는 시대가 왔다. '상상력의 혁명'은 이미 시작되었다. 미래의 생산력은 상상력이 될 것이다.

▶▶▷ 진중권, 『놀이와 예술 그리고 상상력』 중에서

③ 요망사항이나 전망을 제시하면서 끝내는 방법

주로 사회를 비판하는 논설문에서 자주 사용되는 방법으로 특정인이나 일반인에 대한 요망사항을 제시하거나 앞으로의 문제를 전망하며 끝맺기도 한다.

예문

불과 한세대 정도만 세월이 흘러도 어쩌면 사투리는 고색창연한 언어박물관에서조차 찾아볼 수 없는 언어가 될지도 모른다. 우리 할아버지와 할머니, 그리고 부모세대와 더불어 우리 사투리도 급격하게 사라져가고 있는 안타까운 현실이 그걸 말해준다. 특히 컴퓨터나 휴대폰 등이 대량으로 보급되면서부터 낯선 은어나 속어, 비어 그리고 신조어가 난무하는 때에, 우리 사투리를 찾아내고 지키는 일은 우리의 정체성을 확인하는 길이 되지 않겠는가.

▶▶▷ 안도현, 「사투리를 옹호함」 중에서

④ 인용을 하면서 끝맺는 방법

지금까지 논의해 왔던 내용을 요약하거나 자신이 펼친 논지를 증명할 수 있는 남의 말이나 글을 인용하면서 마무리하는 방법이다.

예문

"국민적 증오심은 문화가 얕은 나라일수록 심하다."

오스카 와일드의 말이다. 우리 사회의 온갖 분열과 경계, 또는 양극화의 문제는 경제적 성장으로 절대 모두 치유할 수 없다. 반사회적인 이런 단층은 무엇보다 양질의 예술문화로 그 틈을 효과적으로 메워갈 수 있다고 본다. 그런데 문화예술에 대한 공공적 투자가 잘못돼 오히려 '국민적 증오심'을 부추기는 결과가 된다면, 얼마나 어리석은가. 갈망은 있어도 돈이 없어 예술판에 갈 수 없는 사람들, 뛰어난 예술재능을 가졌으나 역시 돈 없어 그 재능을 황폐화시키는 사람들까지 마침내 '국민적 증오심'을 갖게 된다면, 경제고 정치권력이고 간에, 우리 사회는 사막이 될 수밖에 없다.

▶▶▷ 박범신, 「1000원 짜리 문화의 행복」 중에서

⑤ 정경을 묘사하며 끝맺는 방법

이 방법은 별다른 설명 없이 정경을 묘사하여 여운을 남기며 끝을 맺는 방법이다. 주로 감상문이나 문예적인 글에서 많이 쓰인다.

예문

클럽 블랙씨. 흑해를 끼고 있는 그루지아 서쪽 휴양지 바투미 뒷골목에 위치해 있는 작고 허름한 선술집. 오랜 항해를 마친 뱃사람들이 단골로 드나드는 싸구려 클럽. 모두 다섯 개의 테이블. 가파른 목조 계단 위로는 붉은 비로드 커튼이 쳐진 다락방이 있다. 사람들은 그 다락방을 특실이라고 부르기도 했다. 긴 소파가 누워 있는 그 방은 술에 취해 즉석으로 사랑이 이루어지기도 하는 장소였다. 그럴 때면 마야가 실내 음악 볼륨을 있는 대로 크게 틀어 놓았다. 어떤 때는 십여 명의 선원들이 한꺼번에 우르르 몰려 들어와 술을 마시고 아가씨들과 춤을 추다가 언제 그랬냐는 듯 썰물처럼 빠져나가 그 적요함에 문득 쓸쓸해진 아가씨들끼리 남은 술과 안주를 먹으며 담배를 피우고 춤을 췄었지. 춤을 추는 중앙 홀의 바닥은 시멘트가 조금씩 마모돼 사막같이 모래가 버석거렸다. 시간이 멈춰 버린 지구 안의 한 공간. 천 년 전에도 있어 왔고 천 년 후에도 그대로 있을 듯한, 낡고 허물어질 듯한 그 술집. 벽에 걸려 있는 인도네시아나 필리핀이나 일본 국기들, 각종 배의 깃발들, 색이 누렇게 변해 있는 세계지도. 태평양, 대서양, 아라비아 해, 지중해, 그곳들의 푸른 바다를 헤치고 오랜 항해

를 거친 선원들은 이곳 클럽 블랙씨에 잠시 정박한 거지. 뿌우뿌우 무적(霧笛)이 우는 안개 낀 한밤중 항구에서 들려오는 고래 울음 같은 기적 소리에 탁자에 눕힌 무거운 머리를 들어 취한 눈꺼풀을 게슴츠레 올려 보면 자욱한 담배연기 사이로 스탠드 안쪽에 빨간 네온 불빛으로 '클럽 블랙씨'라고 반짝거리는 시그널을 발견하게 되는 거지. 마치 고향에 온 듯이 한없이 풀어진 마음과 함께.

내 생(生)에 마지막으로 머물렀던 기항지(寄港地), 다시 갈 수 없는 곳. 클럽 블랙씨.

▶▶▷ 안광, 〈클럽 블랙씨〉, 《문장웹진》, 2010년 8월호.

3. 기술의 방법

글의 목적에 따라서 글의 성격과 서술 방식이 달라진다. 일반적으로 글의 목적은 다음과 같이 구분할 수 있다.

① 글 쓰는 이가 무엇을 알리고자 한다.

② 글 쓰는 이가 무엇을 주장하고자 한다.

③ 글 쓰는 이가 무엇을 잘 그려내 보이고자 한다.

④ 글 쓰는 이가 무엇을 이야기하고자 한다.

이를 다시 서술 방식과 연관지으면 다음과 같다.

【목적】		【서술 방식】
① 알려주기	→	사실을 알기 쉽게 풀이한다. (설명)
② 주장하기	→	주장의 타당성을 증명하고 설득한다. (논증)
③ 그려내기	→	느낌과 인상을 잘 표현한다. (묘사)
④ 이야기하기	→	사건이나 이야기를 늘어놓는다. (서사)

이러한 서술 방식은 하나를 선택해야 하는 것이 아니라 실제 글쓰기에서는 필요에 따라 뒤섞이게 된다. 물론 여러 서술 방식 가운데에서 어느 하나가 중심을 이루고, 다른 것들이 보조적으

로 쓰이는 것이 상례이다.

1) 설명하기

설명(exposition)은 일의 내용이나 이유, 의의 따위를 상대편이 잘 알 수 있도록 밝혀 말하는 진술 방식이다. 예를 들어 '무엇인가?', '어떻게 작용하는가?', '어떻게 이루어져 있는가?', '왜 그렇게 되었는가?' 등의 물음에 대해 대답해야 할 때 그 대답을 서술하는 방식이 곧 설명이다. 언어의 보편적 기능인 정보 전달 기능을 수행하고 있는 기술 양식이 설명인 셈이다. 이러한 설명의 방법에는 정의·분석·지정·비교·대조·구분·분류·예시 등이 있다.

(1) 정의

논리학에서 말하는 정의란, 어떤 개념의 외연에 대하여 내포(內包)를 구성하는 여러 속성 가운데 본질적인 속성을 제시하여 그 내포를 한정하는 일이다. 이를 위해 정의는 피정의항(정의되는 항)과 정의항(정의하는 항)으로 이루어진다. 정의항은 종차(種差, 다른 종개념과 변별되는 요소)와 유개념(類槪念, 피정의항이 속한 범주)으로 구성된다.

①문학이란 ②사상이나 감정을 상상의 힘을 빌어 언어로 표현한 ③예술이다.

위에서 ①이 피정의항이고, ②+③이 정의항이다. 그리고 정의항 중 ②는 종차로서 유개념인 '예술'에 속하는 여러 종개념들(미술, 음악, 무용…)과 구별되는 문학의 요소를 진술하고 있다. 어떤 개념을 정의하고자 할 경우에는 우선 피정의항을 포함하는 유개념이 무엇인가를 생각해야 한다.

(2) 분석

분석(analysis)은 한 사물이나 현상을 구성 성분으로 나누어 설명하는 기술 방식이다. 즉 구성 인자들을 대상의 구조 원리 속에서 해석하여 일련의 메커니즘을 도출해 내는 것이라고 할 수 있다.

예문

(1) 물리적 분석

컴퓨터의 구조는 크게 본체와 주변장치로 나누어 볼 수 있다. 컴퓨터의 본체는 중앙 처리 장치와 기억 장치로 이루어져 있다. 중앙 처리 장치는 컴퓨터의 두뇌에 해당하며, 연산과 제어 등의 작용을 한다. 컴퓨터의 본체에는 중앙 처리 장치와 함께 기억 장치가 있기 때문에 여러 가지 정보를 저장할 수 있다. 디스크라는 보조 기억 장치도 정보의 저장 기능을 수행한다. 그러나 컴퓨터는 본체만으로는 그 기능을 발휘할 수 없다. 주변 장치가 함께 붙어 있어야만 제대로 정보를 처리하게 된다. 컴퓨터의 본체로 정보를 들여보내는 입력 장치가 필요하고, 컴퓨터의 본체를 통해 처리된 자료를 밖으로 드러내어 보여주는 출력 장치가 필요하다. 컴퓨터 자판은 입력 장치에 해당된다. 컴퓨터의 본체와 연결되는 모니터와 프린터는 모두 출력장치이다.

(2) 개념적 분석

모든 말은 소리, 뜻, 그리고 문법의 요소로 이루어진다. 우선 소리는 우리 입안의 발음 기관을 통하여 조음되는 음성이다. 이 소리는 공기를 타고 전파되어 듣는 이의 귀청을 울려 준다. 이 때 소리는 뜻을 담아서 운반하는 그릇(형식)의 구실을 한다. 이런 구실을 하는 소리가 없으면 우선 말의 형식이 존재하지 않는다. 뜻은 소리를 통하여 전달되는 말의 내용이다. 우리가 전달하고자 하는 생각이나 느낌이다. 이 뜻이 담기지 않은 소리는 빈 소리에 불과하고 말이 되지 못한다. 문법은 소리와 뜻이 어울리는 방식이다. 아무 소리나 뜻을 담지 못하며, 또 소리가 아무렇게나 연결되어서는 뜻을 전달하지 못한다. 소리와 뜻이 일정한 방식으로 어울려야만 뜻이 담겨서 전달된다. 그러니 문법 또한 말을 이루기 위한 필수 요소이다.

▶▶▷ 손세모돌, 『언어의 특성』 중에서

행복을 크게 두 가지로 나눌 때, 물질적인 것과 정신적인 것이 있다.…… 유한한 행복, 소극적 행복, 피동적 행복, 상대적 행복 따위가 물질적 조건에서 오는 행복이라면, 이와 반대로 무한한 행복, 영원한 행복, 적극적 행복, 능동적 행복, 절대적 행복 등등이 정신적 조건에서 얻어지는 행복이라 할 수 있는 것이다.

▶▶▷ 김동리, 「행복론」 중에서

(3) 인과적 분석

3·1 독립 운동이 거족적인 독립 운동이 될 수 있었던 가장 중요한 요인의 하나는, 그 '초기 조직화의 단계'에서 거의 동시적으로 여러 갈래의 독립 운동 세력 집단의 흐름이 독립 선언과 만세 시위 운동을 기획하면서 결국 '민족 대연합 전선'을 형성하는 데 성공하였기 때문이었다. 이는 특히 주목하여야 할 점이라고 생각한다.

▶▶▷ 윤병석 외, 「3·1 독립 운동 발발의 경위」 중에서

(4) 연대기적 분석

이렇듯 경제 영역에서의 갈등뿐만 아니라 환경 영역에서의 갈등도 빚어지고 있다. 세계 이산화탄소 배출량의 1위를 달리고 있는 중국과 2위인 미국 사이에서 포스트 교토 체제에서의 의무 이행과 관련하여 탄소배출량 제한과 재생에너지 사용, 에너지 효율성 증가 등의 다양한 사항들을 놓고 개도국 입장의 대표인 중국과 선진국 입장의 대표인 미국은 사안에 대한 서로 다른 입장 표명을 통해 환경 분야에서의 정치적 이해관계 대립각을 드러내게 된다. 뿐만 아니라 2010년 2월 초 오바마 대통령의 달라이 라마와의 면담을 시사한 그 다음날, 중국은 미국 기업의 금수조치를 실시하겠다고 으름장을 놓으며 면담은 안 된다고 강하게 경고하였다. 그러나 2월 18일 오바마 대통령이 달라이 라마와 면담하자 외교부 성명을 통해서 내정간섭 행위를 중단하라며 강력히 항의했다. 2007년 10월 부시 대통령이 달라이 라마를 면담했을 당시에, 중국은 외교부 명의의 유감 성명을 내놓는 정도의 약한 반응을 보였던 것과 비교하면 엄청난 변화라고 볼 수 있다.

▶▶▷ 장윤원, 「정치갈등 연대기적 분석」 중에서

(3) 지정

지정(identification)은 '안경을 낀 사람이 철수이다'와 같이 'A가 B이다'라는 형식을 취하여 그 대상을 분명히 가리키는 것을 이른다. 맥락에 따라 지정의 설명 방식은 다음과 같이 세분화할 수 있다.

예문

코끼리는 젖먹이 동물이다. (실체)

코끼리는 순하고 인내심이 강한 편이다. (성질)

코끼리는 목욕을 하고 있다. (행위)

코끼리는 사육사에게 주사를 맞는다. (피동)

코끼리는 동물원에 있다. (공간)

코끼리는 오래 산다. (시간)

코끼리는 코를 뻗어 과자를 받아먹고 있다. (상황)

(4) 비교와 대조

비교(comparison)와 대조(contrast)는 둘 이상의 대상들 사이에 존재하는 공통점과 차이점을 드러내어 대상의 특성을 알려 주는 설명 방식이다.

예문

'아카데미즘'이나 '저널리즘'은 다 같이 자유를 본질로 한다. '아카데미즘'의 본질을 이루는 것은 연구·토론·발표의 자유다. '아카데미즘'이란 '아카데미'의 자유 이외의 아무 것도 아니다. '저널리즘'의 본질은 출판의 자유에 있다. 자유란 본래 고귀한 것이다. 자유를 누릴 값어치가 있는 자만이 자유를 향유하는 것이다. '아카데미즘'은 중세의 산물로서 보편주의적 교회체제의 태내에서 오랜 사상 투쟁을 통하여 자라났으며, '저널리즘'은 근대의 산물로서 절대주의적 전제정치에 대한 시민적 여론정치의 유혈이 낭자한 정치투쟁의 와중에서 성장한 것이다.

▶▶▷ 하기락, 「아카데미즘과 저널리즘」 중에서

위 예문은 아카데미즘과 저널리즘의 비교를 통하여 그 둘의 본질이 같음을 설명하고 있다. 단, 이 두 사상이 역사상 전면화하게 된 계기점에서는 그 차이를 부연하고 있다.

예문

중국의 담벽은 집보다도 높다. 아무리 발돋움해도 그 내부를 들여다 볼 수가 없다. 완전히 폐쇄적인 것이며, 외계와의 단절을 의미하는 성벽인 셈이다. 그러나 일본의 초가집에는 숫제 담이란 것이 없고, 설령 담이 있다 하더라도 내부가 훤히 보이는 아주 낮은 담이다. 그것은 개방되어 있는 것이나 다름없다. 한편 우리나라의 담은 바로 폐쇄와 개방의 중간에 위치해 있다.

▶▶▷ 이어령, 「돌담의 의미」 중에서

위 글은 중국과 일본의 담벽의 차이점을 드러내는 대조의 글쓰기를 하고 있는데, 이를 통해 인접국가와 다른 우리나라만의 독특한 담의 구조로 논의를 이끌어가고 있다.

(5) 분류와 구분

큰 것(유개념, 상위개념)을 작은 갈래(종개념, 하위개념)로 나누어 가는 설명 방법을 구분(division)이라 하고, 작은 것들을 큰 갈래로 묶어 가는 설명 방법을 분류(classification)라고 한다.

① 일반적으로 논문은 그 목적이나 다루는 대상에 따라 연구논문·보고논문·서평 등으로 구분한다. 이 밖에 논문을 제출하는 계기에 따라 학위논문·소논문·보고서 등으로 나누기도 한다.

② 설명문·논설문·보고서·비평 등은 논리적인 글에 속하며, 시·소설·희곡·수필 등은 예술적인 글에 속한다. 그리고 주문서·독촉장·소개장·광고문 등은 모두 실용적인 글이라고 할 수 있다.

(6) 예시

예시(illustration)는 어떤 개념이나 사실을 보다 구체적으로 이해시키기 위해서 예를 들어 일반적인 것을 설명하는 방식이다. 예시는 적절한 예를 통하여 자신의 주장을 강화하거나 설명을 구체화하는 진술 방식이라고 할 수 있다.

예문

전라도 말 중에 '뜬금없이'라는 말이 있다. 이 말을 한글 워드프로세서 97 버전으로 치면, 그 밑에 어김없이 붉은 줄이 죽 그어진다. 한글맞춤법에 어긋난 말이라는 것이다. 컴퓨터란 녀석은 학교의 모범생과 같아서 표준어만 좋아할 뿐 방언이나 속어 따위를 인정하는 법이 없다. 컴퓨터뿐 아니라 신문이나 잡지를 만드는 서울 사람들도 방언에 인색하기는 마찬가지다. 내가 원고에다 '뜬금없이'라는 말을 쓰면 서울의 신문사 교열부 기자들은 단 한마디 상의도 없이 '느닷없이'라는 표준어로 바꾸어 버린다. 한두 번이 아니다. 그들은 '뜬금없다' 와 '느닷없다'가 똑같은 말이라고 생각하는가 보다. 내가 보기에 '뜬금없이'라는 전라도 말은 '갑자기' '느닷없이'라는 뜻도 들어 있지만 '엉뚱하게'라는 뜻을 더 많이 내포하고 있다. 이 말 속에는 적어도 다급한 속도감이 없다.

이밖에도 '싸묵싸묵'이라는 말은 내가 글 쓸 때 즐겨 쓰는 이곳 말이다. '싸묵싸묵'은 행동하는 주체의 움직임을 드러내는데 이와 유사한 표준어는 눈을 씻고 찾아 봐도 없다. '천천히'도 아니고 '빨리빨리' 도 아니다. 속도로 따진다면 아마 그 둘의 사이쯤에 있어야 하는 말일 것이다. '징하게', '겁나게', '솔찮이', '새똥빠지게'와 같은 부사어는 또 얼마나 살가운가. 그리고 서울에 열쇠가 있다면 전라도에는 '쇳대'가 있고, 서울에 누룽지가 있다면 전라도에는 '깜밥'이 있다. 밥상 위에 놓인 '찌금장'과 '싱건지'는 또 얼마나 유서 깊은 방언들인가.

▶▶▷ 안도현, 〈사투리를 옹호함〉, 《중앙일보》 2000. 5. 26. 중에서

연구과제

1. 다음 개념에 대하여 정의를 내려 보자.

① ○○학 (자신의 전공)

② 정의(正義)

③ 애국심

④ 상호작용성

2. 다음을 분석의 방법을 사용하여 설명해 보자.

1) 관동대 캠퍼스의 구조 (물리적 분석)

2) 행복의 본질 (개념적 분석)

3) 신문의 기능 (기능적 분석)

4) 한국 사회에서의 이념 갈등 (연대기적 분석)

3. 다음을 비교와 대조의 방식으로 각각 설명해 보자.

(1) 연애 상대자와 결혼 상대자

(2) 빈대떡과 피자

(3) '남이 생각하는 나'와 '내가 생각하는 나'

2) 논증하기

논증은 대상의 옳고 그름에 대하여 그 이유나 근거를 들어, 독자로 하여금 자기 의견에 동조하도록 설득하는 방법이다. 명백하지 않은 사실이나 원칙에 대하여 그 진실여부를 증명하는 점에서는 설명의 경우와 비슷하나, 그 증명한 바가 옳음을 믿게 하고 거기에 따르도록 하는 적극적인 측면은 논증의 중요한 특성이다.

논증은 사태의 진실에 접근해가는 작업이므로, 이 기술 방식은 대립과 갈등이 존재하는 딜레마적인 상황에 대한 자신의 주장을 논리적으로 증명하는 방식을 취한다. 이를 명백하게 해결하기 위해서는 그 문제에 대해 사전에 명확한 견해를 가지고 있어야 하는데, 이때 감정에 치우치면 논증에 실패하게 된다.

논증을 하기 위해서는 명제와 논거에 대한 개념을 먼저 이해해 두어야 한다.

(1) 명제와 논거

명제는 글 쓰는 이의 신념, 지식, 식견 등을 바탕으로 마음속에서 내린 판단을 문장으로 나타낸 것이다. 명제는 서술문의 형식으로 이루어지는데, 주로 'S는 P이다'의 형식으로 나타나거나 아니면 'S는 P가 아니다'의 형식으로 나타난다. 예를 들어 '나는 B보다 A라는 시인을 좋아한다' 라고 하면 명제가 아니지만, 'A는 B보다 훌륭한 시인이다'라고 하면 명제가 된다. 왜냐하면 전자는 단순히 취향의 문제지만 후자는 하나의 판단이기 때문이다. 이렇듯 명제는 논증자 개인의 판단 결과다. 명제는 사실 명제, 가치명제, 당위(정책)명제로 나뉜다.

① 사실명제

어떤 사실이나 상황이 진실인지 아닌지에 대한 판단을 나타내는 명제이다. 다음과 같은 것이 사실명제이다.

태아는 인간이다.

모든 인간은 죽는다.

② 가치명제

어떤 대상에 대하여 가치적 판단을 나타내는 명제이다. 그 대상은 주로 제도, 이념, 이성, 세계관 등이다. 다음의 예문이 가치 명제이다.

민주주의는 최상의 정치형태이다.

나누는 삶은 아름답다.

③ 당위(정책) 명제

어떤 상태나 행동이 바람직하다고 주장하면서 아울러 그 실현을 요구하는 명제이다. 아래의 예문이 그 예이다.

모든 자식은 부모에게 효도해야 한다.

건강을 지키기 위해서는 적당한 운동을 꾸준히 해야 한다.

합리적인 논증을 하기 위해서는 그 명제가 타당해야 한다. 그러므로 명제는 다음의 몇 가지 요건을 갖추어야 한다.

첫째, 명제는 단일해야 한다. 하나의 명제에 두 가지 이상의 판단이 들어가면 논리적 통일성을 잃게 되므로 명제로서 성립되지 않는다. 예를 들어, "술은 건강에 좋으면서도 해롭다"는 문장은 술에 대하여 "좋다"와 "해롭다"는 두 가지 판단이 들어가 있기 때문에 이런 경우는 각각 따로 나누어 논증을 해야 한다.

둘째, 명제는 명료해야 한다. 명제에는 글쓴이의 분명한 판단이 드러나야 한다. 그러기 위해서는 명확한 용어를 사용해야 한다. 예를 들어 "인간은 가장 뛰어난 능력을 지녔다."라는 명제는 '뛰어난 능력'이 무엇을 의미하는지 애매할 뿐만 아니라 '인간'이 모든 생명체 중에서 '가장 뛰어난'지도 논증하기가 어렵다. 이런 경우 "인간은 뛰어난 사고력을 지녔다"로 바꾸면 명제가 명료해지고 논증이 가능해진다.

셋째, 명제는 공정해야 한다. 명제에 제시된 글쓴이의 판단은 어떤 선입관이나 편견이 있어서는 안 된다. 예를 들어 "여성은 술을 먹지 말아야 한다."라는 명제는 성역할에 대한 글쓴이의 고정관념이 작용한 판단으로 공정하지 못한 명제이다.

명제를 객관적으로 뒷받침해 주는 것이 바로 논거이다. 따라서 논거는 논증을 성립시키고 그것에 확실성을 부여해 주는 근거이다. 논거는 그 성격에 따라 사실논거와 소견논거로 나눌 수 있다.

사실논거는 누구나 인정할 수 있는 확고한 근거로 객관적 타당성을 갖추어야 한다. 그리고 소견논거는 어떤 방면에서 특별히 권위가 있는 사람의 의견으로서 사실로 인정될 만한 것을 의미한다. 그러므로 이 소견논거의 신뢰도는 그 방면 전문가에 대한 신뢰도에 의존하게 된다.

이상에서 설명한 사실명제·가치명제·당위명제는 실제 글쓰기에서 다음과 같은 맥락으로 논리화된다.

서론(사실명제): 정부는 신자유주의 정책을 펼치고 있다.

본론(가치명제): 신자유주의 정책은 약육강식에 의한 우생학적 논리이다.

결론(정책명제): 정부는 신자유주의 정책에 대한 보완책을 강구해야 한다.

(2) 논리적인 추론

논증은 예시된 명제에 대하여 적절한 논거를 제시해 가며 결론에 이르게 되는데, 이러한 일련의 과정에서 추론을 이용한다. 추론은 이미 밝혀진 명백한 사실을 바탕으로 하여 새로운 판단으로 나아가는 논리적 사고이다. 그러므로 논증은 이 논리적 추론에 의해 사고를 전개해 나간다. 추론에는 귀납적 방법과 연역적 방법이 있다.

① 연역적 추론

연역적 추론은 일반적인 원칙을 전제로 하여 거기에서 특수한 사실들로 나아가는 추론 방식이다. 귀납적 추리의 일반화와 유추가 개연성을 가지는 데 반해, 연역적 추론은 확실성을 갖는다. 곧 연역적 추론은 대전제가 참이라면 거기에서 연역되어 추리된 결론도 참이라는 확실성이 보장되는 것이다. 이러한 연역적 추론 가운데 가장 전형적인 방법은 삼단논법이다. 삼단논법은 대전제, 소전제, 결론의 기본형식을 갖는데 그것은 다음과 같다.

〔대전제〕 태양계의 모든 행성은 태양 주위를 돈다.

〔소전제〕 지구는 태양계의 행성이다.

〔결 론〕 그러므로 지구는 태양 주위를 돈다.

위의 삼단논법에서 대전제가 참이므로 결론도 참이 된다. 그리고 위의 삼단논법은 대전제로부터 소전제를 거쳐 결론에 도달하는 과정의 논리적 타당성도 갖추고 있다.

예문

·텔레비전 자막의 개선안은 현실에 바탕을 두고 마련해야 한다.(대전제)

⇓

·텔레비전은 국어학자의 전유물이 아니고 반드시 국어교과서가 되어야 할 이유도 없다.

·텔레비전의 주시청자는 젊은층이고, 이들은 자막에 익숙할 뿐만 아니라 이에 강한 흥미를 느끼고 있다.

⇓

·언어 규범에 맞으면서도 재미와 흥미를 유발하는 자막을 적절히 활용해야 한다.(결론)

자막의 문제점을 지적하는 목소리가 높더라도 자막의 효율적 활용이라는 측면에서 개선안은 현실에 바탕을 두고 마련해야 한다. 국어학자들은 각종 어문규범을 어기고 있는 자막에 대해 국어 오염의 주범이 자막인 양 목소리를 높이고 있다. 또한 나이가 많은 세대들은 사용빈도가 높아진 자막을 두고 '공해' 운운하며 거부감을 보이고 있다. 그러나 텔레비전은 국어학자들만 보는 것이 아니고 반드시 국어교과서가 되어야 할 이유도 없다. 또한 텔레비전의 주 시청자는 젊은 연령대에 몰려 있고 이들의 관심을 끌어야만 시청률을 유지할 수 있다. 이미 젊은이들은 자막에 익숙해져 있고 자막을 통해 많은 흥미를 느끼고 있다. 이러한 상황을 감안한다면 자막을 무조건 없앤다든지 줄인다든지 하는 것만이 능사가 아니다. 규범에 잘 맞으면서도 재미와 흥미를 유발해 공해라고 느끼지 못할 자막을 적절히 활용하는 것이 올바른 개선 방향일 것이다.

② **귀납적 추론**

귀납적 추론은 특수한 사실을 전제로 하여 거기서부터 일반적 사실이나 상황의 결론을 내리는 방법이다. 일반화는 한 집단 속에서 충분한 수의 개별적인 사례로부터 얻은 결과로 미루어 보아 같은 종류의 다른 모든 사례도 동일한 결과를 얻을 것이라는 일반적인 결론에 도달하는 추론방식이다. 이것은 한정된 경험을 바탕으로 보편적이면서도 일반적인 지식이나 진리를 밝혀 보고자 하는 논리적 시도이다. 예를 들어 선거 후에 표본조사를 통하여 나온 결과를 바탕으로 선거 결과를 예측하는 논리적 추론이 이에 속한다.

예문

· 분당 자막 면 수 변화: 2(1995년) → 3.5(2000년) → 7.4(2005년)

· 자막 1면당 글자 수 변화: 10.3(1995년) → 15(2000년) → 18(2005년)

· 90년대 중반에는 보도 분야에서만 자막이 사용되다가 2000년부터는 연예, 오락 프로그램으로 확대되었다.

⇓

· 90년대 후반 이후 텔레비전에서 자막의 사용량이 급증하였다.

자막 사용량과 양상에 대한 객관적인 지표를 보면 90년대 후반 이후 텔레비전의 자막 사용량이 급증하였음을 알 수 있다. 1995년에 1분당 자막은 2면밖에 쓰이지 않았으나 2000년의 3.5면을 거쳐 2005년에는 7.4면에 이르렀다. 자막 1면당 글자 수도 1995년의 10.3자에서 2005년에는 18자로서 급격히 증가하였다. 양뿐만 아니라 사용되는 영역도 넓어져서 애초에는 보도분야에서만 조금씩 사용되던 자막이 2000년부터는 연예, 오락 프로그램으로 확대되었다. 이처럼 예전에 비해 요즘은 텔레비전을 켜기만 하면 수없이 많은 자막을 어떤 프로그램에서건 늘 볼 수 있게 되었다.

③ **유추적 추론**

유추는 두 사례나 두 집단이 일정한 개성에 있어서 유사성을 가질 경우, 나머지 다른 개성에서도 유사성을 가질 것이라고 미루어 단정하는 추론방식이다.

예문

·지구와 화성은 몇 가지 유사성이 있다.

·둘은 공 모양의 행성으로 지표상태가 비슷하다.

·모두 태양으로부터 에너지를 받고 있다.

·태양으로부터 너무 가깝지도 너무 멀지도 않은 거리에서 공전하고 있다.(공전 주기는 지구의 2배인 약 687일이다.)

·자전 주기는 1.1일 정도로, 하루의 길이는 지구에서와 비슷하게 나타난다.

·자전축이 25.3°가량 기울어져 있기 때문에 사계절의 변화가 나타난다.

·이산화탄소가 주성분으로 알려져 있지만, 태양의 빛(자외선 등)을 산란시킬 정도의 밀도로 대기가 존재하고 있다.

·최근, 화성에 있는 분화구에서 얼음이 발견되었는데, 분광계로 조사한 결과 순도 99%의 얼음 성분인 것으로 밝혀졌다.

⇓

따라서 지구에 생명체가 존재하듯이 화성에도 생명체가 존재했거나 존재할 가능성을 생각해 볼 수 있다.

④ **변증법적 추론**

상반된 두 가지 사실을 차례로 제시한 후 양자를 종합하여 발전적인 견해를 제시하는 것을 변증법적 추론이라 한다.

예문

·텔레비전이 국어 파괴의 주범이라는 목소리가 높다.

·출연자들의 비속어, 무분별한 자막 등을 보면 이러한 혐의는 사실이다.

·대다수의 청소년들은 텔레비전에 등장한 비속어를 일상어처럼 쓴다.

·이렇듯 부정적인 영향이 많이 나타나는 것은 텔레비전의 영향력이 크다는 것을 의미한다.

⇓

·국내의 한 방송사에서는 세대 간의 언어차이를 극복할 수 있는 프로그램을 만들어 많은 호응을 얻고 있다.

·이 프로그램은 국어 발전에 많은 도움을 준다고 평가된다.

⇓

·텔레비전의 영향력을 긍정적으로 활용하여 국어 발전에 도움이 될 방안을 적극적으로 모색해야 한다.

텔레비전의 악영향과 긍정적 영향에 대한 상반된 지적을 고려한다면 긍정적 영향력을 극대화하여 국어발전을 위해 적극적으로 활용할 방안을 모색해야 한다. 출연자들의 무분별한 비속어와 오류투성이의 자막을 보면 텔레비전이 국어 파괴의 주범이라는 혐의를 벗기 어려워 보인다. 그러나 국내의 한 방송사에서는 세대 간의 언어차이를 극복하기 위한 오락 프로그램을 개발하여 많은 호응을 얻고 있다. 그리고 이 프로그램이 국어 발전에 많은 도움을 준다는 평가도 받고 있다. 이렇듯 텔레비전이라는 양날의 칼은 국어발전에도 유용하게 쓰일 수 있다는 점을 고려해 긍정적으로 활용할 방안을 적극적으로 모색해야 한다.

⑤ 오류

논리를 전개할 때 오류에 빠지지 않도록 유의해야 한다. 먼저 논리적 타당성을 참과 혼동하는 오류를 범하지 않아야 한다. 비록 형식논리상으로 타당성을 가지고 있다 하더라도 대전제가 참이 아니라면 거기서 얻어진 결론도 참이 될 수 없다. 참이라는 것은 명제의 내용이 참인가 아닌가에 관한 것이며, 타당성이라는 것은 논리의 전개과정이 적절한가 아닌가에 관한 것이다. 그러므로 둘은 구분하여 인식할 필요가 있다. 다음의 예를 보자.

〔대전제〕 모든 남자는 녹색의 머리털을 가졌다.

〔소전제〕 너의 아버지는 남자다.

〔결 론〕 너의 아버지는 녹색의 머리털을 가졌다.

위의 삼단 논법은 대전제에서 소전제를 거쳐 결론에 이르는 논리 전개의 타당성은 지니고 있지만, 대전제가 참이 아니다. 따라서 결론도 참이 아니다. 이처럼 논증의 타당성과 진리는 반드시 일치하는 것은 아니다. 그러니까 '참' 내용을 가진 전제들이 타당성 있는 논증을 거쳐야 진리의 결론이 나오는 것이다.

둘째, 같은 단어를 상이한 의미로 사용하는 오류에 빠지지 않아야 한다. 아래의 예문을 보도록 하자.

예문

자연과학자들도 초자연적 힘을 인정한다. 왜냐하면 그들은 '자연법칙'을 주장하기 때문이다. 그런데 법칙이 있다면 거기에는 그 법칙을 만든 힘이 있을 것이다. 그러한 초자연적인 힘을 신(神)이라고 한다. 그러므로 자연과학자들은 신을 믿는다.

위의 글에서는 '법칙' 이라는 말이 애매하게 두 가지 뜻으로 사용되고 있다. 자연과학자들이 말하는 법칙은 인력의 법칙과 같은 자연계의 과정의 규칙성을 말하는 것이다. 그러므로 이 법칙은 어떤 사실(자연계의 현상)을 기술하는 것이다. 그러나 두 번째 의미에서의 법칙은 강제력을 띤 명령을 뜻한다. 위의 예문은 법칙이라는 단어를 기초로 하는 추론인데 바로 이 단어의 뜻이 바뀌어 버린다면 논증이 성립되지 않는다.

셋째, 논점에 대한 무지에서 오는 오류를 범하지 않도록 유의해야 한다. 이것은 어떤 학설이나 의견에 대한 반박을 하는데, 자신이 논증해야 할 방향을 제대로 잡지 못하거나 논점을 회피함으로써 생기는 오류이다. 예를 들어, 어떤 문학비평가가 어떤 시인의 작품에 대하여 비평을 했을 경우 "제3자인 비평가가 어떻게 작가보다 작품을 더 잘 이해할 수 있는가?"라는 식으로 논하는 것이 그것이다.

연구과제

1. 다음에 제시되는 화제 중에서 하나를 선택하여 사실명제 · 가치명제 · 정책명제를 각각 3개씩 써 보자.

(1) 스크린쿼터 (2) 새터민 (3) 첨단산업 (4) 웰빙 열풍 (5) 퓨전요리 (6) 단일민족
(7) 극우와 극좌 (8) 학풍(學風) (9) 신뢰(信賴) (10) 집중력

2. 다음에 제시되는 화제 중에서 하나를 선택하여 사실명제를 쓰고 이를 뒷받침하기에 적절한 논거를 3~5문장으로 써 보자.

(1) 노동자 (2) 국민가요 (3) 세대 간의 갈등 (4) 공포 (5) 다수결

3. 다음의 명제들 중 하나를 골라 귀납적 추리를 해 보자.

① 요즘 젊은이들은 버릇이 없다.

② 원자력 발전소 건설을 확대하는 법안은 폐기되어야 한다.

4. 다음의 명제들 중 하나를 골라 연역적 추리를 해 보자.

① 사랑은 이기적이다.

② 오늘날 우리 사회는 급속히 변화하고 있다.

4장

다양한 글 읽기와 분석

1. 문화비평문 읽기

2. 시론(時論) 읽기

3. 학술적 에세이 읽기

4. 자기소개서

1. 문화비평문 읽기

일반적으로 문화비평문이란 말 그대로 문화적 현상에 대한 평가와 판단을 목적으로 하는 글이다. 문화·예술 영역에 대한 비평은 과거에는 개별 장르에 국한되어 있었고, 그 대상도 대부분 고급문화(High culture)의 영역에서 이루어졌다. 그만큼 비평의 영역과 범주가 분명하게 구분되어 있었던 것이다. 그러나 이른바 대중문화의 시대가 도래하고, 전통적으로 문화권력의 헤게모니를 장악하고 있었던 문학(literature)의 권위가 약화되면서, 인접 매체와 장르로 비평적 패러다임을 넓히게 된다. 그 비평적 분야는 저 멀리 고고학적 예술에서부터 현대의 대중문화(popular culture), 더 나아가 일상성의 영역까지 포괄한다. 우리는 이러한 글을 통해 문화적 현상에 대한 날카로운 비평안과 그 해석의 방법을 배울 수 있다.

벌거벗은 눈

진중권

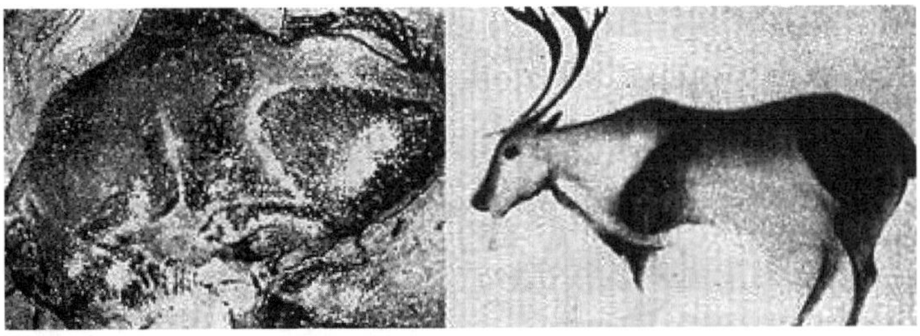

〈상처 입은 들소〉 기원전 1만5,000~1만 년, 알타미라 동굴.
〈순록〉 기원전 1만5,000~1만 년, 프랑스, 퐁드 공프.

〈번개뱀과 이리, 범고래 위에 앉아 있는 뇌조〉 누트카 인디언, 1850년경.
인간의 추상 능력이 발달함에 따라 추상적, 기하학적 양식이 등장한다.

19세기 말에 구석기인들의 동굴 벽화가 처음 발견되었을 때, 사람들은 이 그림이 위작(僞作)임에 틀림없다고 생각했다. 1만 5,000년 전, 구석기 시대의 미개인들이 어떻게 '상처 입은 들소'를 이토록 생생히 묘사해낼 수 있단 말인가. 들소가 죽어가는 처절한 순간을 보라. 네 다리는 더 이상 몸을 지탱할 수 없고, 머리는 마지막 방어를 위해 숙이고 있다. 사실 예술사에서 이 정도의 표현을 찾아보려면 한참이나 시기가 뒤로 내려와야 한다. 그 뒤 유럽과 아프리카의 여러 곳에서도 놀라운 사실성을 보여주는 벽화들이 발견되었다. 덕분에 이 그림들은 위작이라는 혐의를 벗을 수 있었다. 하지만 인류 최초의 예술이 탄생하자마자, 이처럼 단번에 생생한 자연주의적 묘사 수준에 도달했다는 것은 여전히 이해하기 힘든 일이다. 뒷날의 '개화'된 인간들도 이 정도 수준에 도달하기 위해서는 수천 년에 걸친 실험과 시행착오를 거쳐야 하지 않았던가.

이 놀라운 현상을 어떻게 설명할 수 있을까? 우리의 무례한 편견과는 달리, 이 야만인들이 이미 고도의 정신 능력을 갖추고 있었던 것은 아닐까? 물론 아니다. 신석기인들은 분명 그들보다 훨씬 더 뛰어난 정신 능력을 지녔지만, 자연주의적 묘사를 더 발전시키기는커녕 관습화한 기하학적, 추상적 양식으로 후퇴(?)하기 때문이다. 과연 이 모순을 어떻게 해결할 수 있을까?

유명한 미술사가 에른스트 곰브리치(Ernst H. J. Gombrich, 1909~2001)에 따르면, 사물을 지각할 때 우리는 오로지 눈에만 의존하는 것이 아니라고 한다. 개념적 사유를 하는 인간은 자신이 이미 알고 있는 '지(知)의 도식'을 적용하게 된다. 말하자면 시지각(視知覺) 자체가 벌써 개념적 사유라는 색안경을 통해 이루어지는 것이다. 어린이의 그림에서 벌써 우리는 시지각에 미치는 이런 개념적 사유의 영향력을 볼 수 있다. 어린이는 결코 눈에 '보이는 대로' 그리지 않는다. 그들은 자신이 이미 알고 있거나 중요하게 생각하는 부분은 크게 그리고, 그렇지 않은 부분은 작게 그리거나 과감하게 빼버린다. 그들은 '아는 대로' 그리는 셈이다.

그러나 구석기 시대 원시인들은 아직 개념적 사유가 시지각을 지배할 정도까지 발달하지는 않았다.

〈캥거루에 창을 던지는 주술사〉 북부 오스트레일리아 서(西)아른헴랜드에서 나온 원주민의 그림, 1900년경. 그들은 '아는 대로' 그렸다. 캥거루의 내장까지.

바로 이 때문에 그들은 '개념적 사유'의 간섭을 받지 않고, 자연을 '보이는 대로' 그릴 수 있었다. 개념적 사유로 무장하지 못한 이 '벌거벗은 눈'이야말로 그들의 놀라운 자연주의를 설명해주는 것이다. 결국 우리는 구석기인들의 '높은' 수준의 자연주의가 그들의 '낮은' 수준의 지적 능력으로 설명된다는 역설에 이르게 된다.

신석기 시대에 들어서면 사정은 달라진다. 사냥감을 좇아 떠돌아다니던 인간은 정착 생활을 시작한다. 농경이 시작되었기 때문이다. 농경은 인간의 사유 능력에서 매우 중요한 의미를 지니는데, 그 까닭은 고도의 추상능력을 요구하기 때문이다. 아마도 자연 현상에 대한 최초의 추상은 '사계절의 순환'이라는 관념이었을 것이다. 농경은 이미 변화무쌍한 현상들 속에서 어떤 '운행 질서'를 발견했음을 의미한다. 즉 그들은 이미 변덕스럽고 혼란스런 자연 현상에 사계절이라는 '도식'으로 질서를 부여할 수 있게 된 것이다. 사계절이라는 개념이 없다고 생각해보라. 눈·비·더위·추위·서리·가뭄·우박·태풍·홍수 등 시시각각 눈앞에서 펼쳐지는 자연 현상은 혼란스럽기 짝이 없을 것이다. 이 현상들이 수천, 수만 번 반복되고 교차하는 가운데, 점차 그들은 이 현상의 파노라마 속에서 어떤 공통성이 있음을 깨닫고, 거기에서 '사계절의 순환'이라는 '개념'을 뽑아냈다.

그 뒤 인간들은 외부세계를 파악하고 정복하기 위해 점점 더 추상적인 사유에 의존한다. 바로 이 추상적·개념적 사유가 신석기 시대의 추상적, 기하학적 양식을 설명해준다. 이는 일찍이 나일강이 해마다 범람하여 토지의 경계선을 지워버리는 이집트에서 기하학이 발전하는 것과 마찬가지 원리이다. 추상적, 기하학적 사유는 곧 자연에 대한 지배를 의미하므로, 그에 대한 인간의 신뢰는 더욱더 두터워졌다. 그럴수록 그들은 저 구석기인들이 가졌던 '벌거벗은 눈'을 잃어버렸다. 그들의 눈은 점점 더 개념의 지배를 받게 되고, 그럴수록 사물을 '보이는 대로'가 아니라 '아는 대로' 묘사하게 되었다. 그 결과 점점 더 사물의 우연적이고 개별적인 특징을 사상(捨象)하고, 불변적이고 일반적인 특징만을 추상(抽象)한 기하학적 양식이 발달한다.

선사 시대부터 우리는 벌써 두 가지 대립되는 재현 양식을 발견할 수 있다. 구석기 시대의 자연주의적 양식과 신석기 시대의 기하학적 양식이 그것이다. 현존하는 미개 부족들은 신석기 단계에 있기에 대부분 추상적, 기하학적 양식을 보여주는 데 반하여, 아직 구석기 단계에 있는 부시맨에게서는 자연주의적 양식을 찾아볼 수 있다. 어쨌든 이 두 양식의 대립은 오랫동안 미술사를 지배하게 되는데, 이 대립이 인류 최초의 문명 세계에서도 새로운 형태로 되풀이된다.

▶▶▷ 진중권, 「벌거벗은 눈」, 『미학오디세이』, 휴머니스트, 2004, 27~31쪽.

E. H. 곰브리치, 『서양미술사』(최민 옮김), 열화당, 1977.
E. H. 곰브리치, 『예술과 환영』(백기수 옮김), 이화여자대학교 출판부, 1985.

연구과제

1. '벌거벗은 눈'과 '개념적 사유'의 차이를 중심으로 위의 글을 200자 내외로 요약해 보자.

2. 추상적·개념적 사유가 인간의 상상력을 억압하는 예들을 생각해 보고, 예술적 상상력의 가치에 대하여 설명해 보자.

21세기를 어떻게 맞을 것인가?

복거일

인류의 미래가 어떤 모습을 하든, 미래에는 지식이 지금보다 훨씬 더 중요해지리라는 점만은 분명하다. 이용 가능한 지식은 빠르게 늘어나고 있을 뿐 아니라 늘어나는 속도 자체가 가속되고 있다. 자연히, 지식을 다루는 기술도 점점 중요해지고 있다. 실제로 지식을 다루는 기술은 이미 개인에게나 사회에게나 생존에 결정적 영향을 미치고 있다. 지식 산업의 갑작스러운 출현과 발전은 이 사실을 가리키는 또렷한 징후다. 안타깝게도, 우리 사회는 지식의 생산과 소비에서 상당히 뒤떨어졌다. 더욱이 우리의 결정적 취약점은 우리가 이미 모습을 드러내기 시작한 '지구제국'의 변두리에 자리 잡았다는 사정이다. 정보와 지식은 제국의 중심부에서 대부분 생산되고 유통되고 소비된다. 따라서 우리 사회로서는 중심부에서 생산되는 지식을 효율적으로 흡수하는 것이 중요하다. 생존에 필수적일 만큼 중요하다.

이런 사정은 지금 우리 사회에서 정보와 지식의 유통에 장애로 작용하는 것들을 걷어 내는 일을 요구한다. 문명이 발전하면, 문명의 중심부와 변두리 사이의 '지식의 물매'는 점점 싸진다. 지금 우리 사회와 중심부인 서양 사이에 있는 지식의 물매는 무척 싸다. 그러나 지식의 유입을 막는 장애들 때문에 실제로 우리 사회에 들어오는 정보들과 지식들은 아주 적다. 그나마 제때에 들어오지도 못한다. 그런 장애들은 경제 분야의 보호무역 장벽에서부터 문화 분야의 국수적 장벽에 이르기까지 다양하다. 그런 장벽들은 예외 없이 그것들에서 이득을 얻는 집단들에 의해 끊임없이 보수되고 높아진다. 그리고 민족주의적 성향의 지원을 얻어, 그런 장벽들은 거의 언제나 당연하고 사회에 이로운 것으로 선전된다. 그것들의 정체와 그것들이 끼치는 해악들을 널리 알리는 일은 긴요하다.

정보와 지식의 교류를 막는 기술적 장벽을 낮추는 방책들도 마련되어야 할 것이다. 세계적 표준으로 채택된 것들은 우리도 채택해서, 그것을 전환할 경우 들게 되는 큰 비용을 줄이는 일이 긴요하다. 지금 그런 기술적 장벽들 가운데 가장 큰 비용을 강요하는 것은 언어다. '지구제국'이 나타나면서, 국제어의 필요성은 부쩍 커졌고, 현대에 세력이 가장 컸던 영어가 자연스럽게 그 자리를 차지했다. 언어는 사람의 삶에서 워낙 기본적인 도구이므로, 영어를 잘 쓰는 능력은 이제 모든 사람들에게 중요한 기술이 되었고 그 기술에서의 조그만 차이도 결정적 중요성을 지니게 되었다.

그런 사정을 반영해서, 지금 우리 사회는 영어를 잘 쓰는 기술에 큰 투자를 하고 있다. 비록 그런 투자는 대부분 개인들에 의해 자발적으로 이루어지지만, 그 규모는 무척 크다. 아쉽게도, 그런 투자의 효율성은 그리 높지 않다. 그런 투자를 효율적으로 만드는 사회적 기구들이 너무 부족하기 때문이다. 그런 사회적 기구들 가운데 가장 중요한 것은 영어를 공용어로 삼는 일이다. 영어가 공용어가 된다면, 개인들의 단편적 투자가 훨씬 큰 효과를 낼 수 있을 것이다. 이미 영어를 공용어로 삼은 나라들이 거두는 혜택들은 많고 크다. 단편적인 예를 하나 들면, 그런 나라들에선 CNN이 세계의 소식들을 실시간으로 알려주지만, 우리 사회의 텔레비전들은 그것들 가운데 일부만을 아주 압축해서 방영한다. 비록 작지만, 그런 차이들이 모인 장기적 효과는 결코 작지 않다. 시민들이 영어를 더 잘 듣고 말하는 것만이 아니라, 나라 밖 사정에 대한 시민들의 안목까지 영향을 받을 것이다. 이젠 우리 사회에서도 영어를 공용어로 삼는 일을 진지하게 논의할 때가 되었다.

물론 영어를 공용어로 삼는 일은 지금 우리의 감정에 너무 거슬린다. 우리말이기 때문에, 개인적으로 상당한 손해를 보더라도 우리는 우리말을 아끼고 써야 한다는 주장에 심정적으로 동의하지 않을 사람이 과연 몇이나 되겠는가? 그러나 자연스러운 것이 늘 합리적인 것은 아니다. 이미 이 땅에 태어난 사람들은 모두 조선어에 큰 투자를 했다. 물질적으로만이 아니라 감정적으로도. 그런 사람들이 아주 큰 값을 치르더라도 조선어를 쓰겠다고 하는 것은 당연하고 합리적이다. 그러나 아직 태어나지 않은 세대들까지 미리 그런 판단으로 구속하는 것이 옳을까? 그들에게 국제어인 영어와 민족어인 조선어 가운데 자신들의 삶에 나은 것을 모국어로 고르도록 하는 것이 합리적이지 않을까?

이 물음에 대해 그들도 조선어를 쓰도록 하는 것이 당연하다고 선뜻 답변하는 사람들에게 나는 간단한 사고 실험을 해 볼 것을 요청한다. 만일, 막 태어난 당신의 자식에게 영어와 조선어 가운데 하나를 모국어로 고를 기회가 주어진다면, 당신은 자식에게 어느 것을 권유하겠는가? 한쪽엔 영어를 자연스럽게 써서 세상의 모든 사람들과 쉽게 어울리고 일상과 직장에서 아무런 불이익을 보지 않고 영어로 구체화된 많은 문화적 유산들과 첨단 정보들을 쉽게 얻는 삶이 있다. 다른 쪽엔 조상들이 써온 조선어를 계속 쓰는 즐거움을 누리지만 영어를 쓰는 것이 힘들고 괴로워서 다른 나라 사람들과 어울리는 것을 기피하고 평생 갖가지 불이익을 보고 힘겹게 세상 사람들과 경쟁해야 하는 삶이 있다. 당신은 과연 어떤 삶을 자식에게 권하겠는가? 아예 그에게서 선택권을 앗겠는가? 당신의 자식은 아직 조선어를 배우고 쓰지 않아서 조선어에 대한 심리적 투자가 없고, 자연히, 조선어에 큰 애착을 지니지 않은 터에?

영어를 공용어로 삼으면, 우리의 전통적 문화가 해를 입으리라는 주장도 있다. 이것은 언뜻 보기에 그럴 듯하고 많은 동조자들을 얻을 주장이지만, 그 근거는 아주 부실하다. 전통과 문화는 그것들이 사람들이 살아가는 방식에 영향을 미치는 한도에서 뜻을 지닌다. 만일 우리 전통과 문화가 우리 후손들에 의해 국제어로 구체화된다면, 그것들은 지금 조선어로 구체화된 것보다 훨씬 많은 사람들에 의해 향유될 것이고, 자연히, 훨씬 큰 활력을 지닐 것이다. 그렇게 되면, 우리 민족은 하나로 통합된 인류 문명을 이루고 발전시키는 데서 정당한 우리 몫을 할 것이다. 지금 우리 문화가, 과학이든 예술이든, 과연 인류 문명에 얼마나 큰 공헌을 하고 있는가? '박물관 언어'가 된 우리 민족어를 배우고 연구하는 학자들은 늘 나올 터이므로 조선어로 구체화된 우리 전통과 문화에 우리 후손들이 접근하지 못할 위험은 거의 없다. 지금 우리 시민들 가운데 한문을 제대로 배운 이들은 얼마 되지 않으며, 더욱이 실상 젊은 세대들에선 한자를 제대로 아는 사람들도 드물지만, 한문으로 구체화된 우리 문화유산들을 우리가 그리 어렵지 않게 대할 수 있는 것과 마찬가지다.

언어는 도구다. 언어가 사람에게 아무리 중요하다고 해도, 그리고 모국어가 우리에게 아무리 소중하다고 해도, 언어가 도구라는 사실은 바뀌지 않고 그것을 우상으로 떠받드는 것이 비합리적이라는 사실은 오롯이 남는다. 외국 문물의 유입에 대한 장벽을 낮추는 일은 언제나 거센 민족주의적 반발을 불러온다. 농산물 시장을 여는 일이 맞은 저항은 이 점을 잘 보여 주었다. 언어가 민족주의에서 핵심적 지위를 차지하므로, 영어를 공용어로 삼는 일은 특히 거센 반발을 불러올 것이다.

이렇게 보면, 우리 사회의 거센 민족주의를 다스리는 일은 21세기를 맞는 과정에서 핵심적 조치라는 것이 드러난다. 실제로 우리에게 가장 어려운 과제는 민족주의가 거의 비적응적 형태가 된 지금 우리 사회의 거센 민족주의적 성향을 어떻게 다스리느냐 하는 것이다. 독도 문제에서 보듯, 우리 사회에선 국수주의적 주장들이 칭송을 받고 합리적 주장들은 거센 비난을 받는다. 실은 민족주의적 감정을 불러 오는 문제들에 대해서는 차분한 논의조차 어렵다. 민족주의적 열정은 어느 사회에서나 '위험한 불'이다. 작은 사회들에선 특히 위험한 불이다. 그 불을 다스리는 일에서의 성공 여부는 우리 사회의 발전에 결정적 영향을 미칠 것이다. 그리고 그 어려운 일은 자유주의 지식인들의 용기 있고 끈질긴 노력을 요청한다.

▶▶▷ 복거일, 「21세기를 어떻게 맞을 것인가?」, 『국제어 시대의 민족어』, 문학과지성사, 1998.

연구과제

1. 저자의 주장을 뒷받침하는 '도구주의적 언어관'의 한계에 대하여 생각해 보자.

2. '영어공용화론'이 기대고 있는 '세계시민'의 꿈에 대해 반론을 제기해 보자.

동물도 죽음을 애도한다

최재천

6월 6일은 순국선열들의 넋을 기리는 현충일이다. 그날 우리는 나라를 위해 목숨을 바친 이들의 영령 앞에 머리를 숙이고 사랑하는 이의 죽음을 애도한다. 어느 문화권이든 인간은 모두 나름대로 독특한 장례문화가 있다. 우리 무속신앙에도 망자의 혼을 달래는 다양한 의식들이 전한다. 전라도 지방의 씻김굿이 그 대표적인 예이다.

죽음을 이해하기 위해 철학이 생겼고 죽음의 문제들을 해결하기 위해 종교가 탄생했다. 어느 문화권이든 종교는 거의 한결같이 영생을 이야기한다. 종교에 따라 영생의 형태가 조금씩 다르긴 해도, 그 틀은 모두 우리의 유한한 생명의 대안으로 영원한 삶을 추구한다는 데에 있다. 기독교는 우리에게 원죄를 인정하고 조물주 하느님을 영접하면 영생을 얻는다고 가르친다. 불교에서는 살아 움직이는 모든 생물은 다 연결되어 있고 모습을 바꾸며 윤회한다고 믿는다.

동물들도 과연 죽음을 인식하고 슬퍼할까? 일찍이 철학자 윌리엄 어네스트 호킹은 "사람만이 유일하게 죽음의 의미를 생각하며 죽음이 과연 모든 것의 종말인가를 의심할 줄 안다"고 했다. 그러나 제인 구달 박사는 어미의 주검 곁을 떠나지 못하고 거의 식음을 전폐하다시피 지내다 끝내 숨을 거둔 어린 침팬지의 이야기를 우리에게 생생하게 들려주었다. 어린 자식의 축 늘어진 시체를 차마 버리지 못하고 매일같이 품에 안고 다니는 침팬지 어미들을 발견하는 일 또한 그리 어렵지 않다.

네덜란드의 아른헴 동물원은 오래 전부터 침팬지 군락을 보호하고 있다. 침팬지들이 살고 있는 지역은 수로로 둘러싸여 사람들이 가까이 접근할 수 없도록 되어 있다. 바로 그곳이 지금은 미국 에머리 대학의 교수이자 『정치하는 원숭이(Chimpanzee Politics)』의 저자 프란스 드발 박사가 연구하던 곳이다.

드발은 그곳에서 '고릴라'라는 이름의 암컷 침팬지가 여러 차례 갓 낳은 새끼를 잃고 몇 주씩이나 다른 침팬지들을 멀리하며 구석에 쭈그리고 앉아 있는 모습을 관찰했다. 정식으로 정신과 의사의 진단을 받아본 것은 아니지만 거의 틀림없이 우울증에 빠진 침팬지였다. 동물원 관리인들이 조심스레 안겨준 10주쯤 된 어린 침팬지를 양녀로 받아들인 후에야 비로소 그는 깊은 우울증에서 벗어나 새 삶을 찾을 수 있었다.

코끼리들은 다른 동물들의 뼈에는 아무런 관심을 보이지 않는다. 하지만 코끼리의 뼈를 발견할 때면 언제나 그들의 긴 코로 뼈 냄새를 맡으며, 뼈를 이리저리 굴려보기도 하고, 때로는 오랫동안 들고 다니기도 한다. 코끼리들이 그들의 뼈에 관한 관심이 얼마나 큰가 하면 야생동물 사진작가들이 그 모습을 찍으려 할 때 그들이 다니는 길목에 코끼리 뼈 하나를 놓아둔다는 것이다. 코끼리들은 늘 신선한 물과 풀을 찾아 이동하며 살지만, 그렇게 이동하는 중에도 자기 어머니의 두개골이 놓여 있는 곳을 늘 잊지 않고 들러 한참동안 그 뼈를 굴리며 시간을 보낸다.

나도 야외 연구로 동해안을 지날 적이면 늘 바다가 내려다보이는 언덕 위 할아버지 산소를 찾는다. 왜 그래야 하는지는 나도 잘 모르겠다. 그 근방을 지나면서 할아버지의 뼈가 묻힌 그곳을 들러보지 않으면 왠지 발길이 가볍지 않다. 얼마 전 영동지방에 큰 산불이 났을 때도 할아버지의 산소는 신기하게도 불길이 피해갔다. 다행이었지만 그래도 무척이나 뜨거워하셨을 것이다.

죽음은 생명의 원천이다. 죽음이 없으면 생명도 없다. 한 생명이 사라지면 그 자리를 또 다른 생명이 채운다는 의미에서도 그렇지만 아무도 죽지 않고 영생하기 시작하면 곧 모두가 죽고 만다. 지구에 사는 생명체들의 번식력은 실로 가공할 만한 수준이다. 하지만 많은 개체들 중 대부분은 성장하는 과정에 죽기도 하기 때문에 그 중 일부만이 번식을 하게 되고 그래서 이 지구 생태계가 균형 있게 유지되는 것이다.

40대 중반을 넘기지 못하고 요절한 천재적인 생태학자 맥아더(Robert MacArthur)는 1분에 한 번씩 분열하며 성장하는 박테리아를 두고 다음과 같은 가상 시나리오를 쓴 적이 있다. "만일 일단 태어난 박테리아 중 아무도 죽지 않는다고 가정하면, 불과 36시간만에 박테리아는 우리들 종아리 높이만큼 온 지구의 표면을 덮을 것이다. 그로부터 한 시간 후면 우리 키를 넘길 것이고, 몇 달 후면 지구는 저 우주를 향해 빛의 속도로 팽창해나갈 것이다."

죽음 그 자체는 생물학적으로 볼 때 지극히 자연적인 현상이지만 죽음을 애도하는 행위는 유전자의 관점으로 설명하기 대단히 어려운 문제 중의 하나다. 이미 죽은 자는 더 이상 유전자를 후세에 전파할 수 없기 때문이다. 죽음을 애석해 하는 그 애틋한 감정은 유전자에게 과연 무슨 도움을 주었기에 지금도 우리 가슴속에 살아있는가?

▶▶▷ 최재천, 「동물도 죽음을 애도한다」, 『생명이 있는 것은 다 아름답다』, 효형출판, 2001, 54~57쪽.

연구과제

1. 이 글에서 말하고 있는 죽음에 대한 동물의 '애도'를 토대로, 다음의 글을 비판해 보자.

인간은 한 개의 갈대에 지나지 않는다. 자연 가운데 가장 약자이다. 그러나 그것은 생각하는 갈대다. 그를 짓누르는 데 온 우주가 무장할 필요는 없다. 한 줄기 증기, 한방울의 물로도 그를 죽이는 데 충분하다. 그러나 우주가 그를 짓눌러 버릴지라도 인간은 그를 죽이는 자보다 한층 고귀할 것이다. 왜냐하면 그는 자기가 죽는 것과 우주가 자기보다 우월하다는 것을 알고 있지만 우주는 그것을 하나도 모르고 있기 때문이다.

▶▶▷ 파스칼 『팡세』 중에서

2. 이 글에서 말하고 있는 생명과 죽음의 관계를 생태적 관점에서 설명해 보자.

통속성은 배격되어야 하는가

이상준

고급예술과 대중예술의 구분

고급예술의 입장에서 보자면 대중예술의 이러한 노골적인 상업적 태도의 천명은 예술의 고귀함 자체를 뒤흔드는 발칙한 일일 것이다. 예술이란 어디까지나 뼈를 깎는 노력과 천재적인 영혼의 결합으로 이루어지는 것이며, 그 어떠한 자본도 레오나르도 다빈치(Leonardo da Vinci)의 미술 작품을 만들어낼 수는 없다. 또 베토벤의 합창 교향곡과 같은 작품은 예술적 천재성 없이는 결단코 창조될 수 없는 것이다. 그러나 대중예술은 고급예술의 이러한 예술 지향적, 순수 예술주의적 담론을 자기기만의 위선이라고 깎아 내리기를 주저하지 않는다.

오늘날 순수 예술을 표방하는 고급문화의 영역만큼 상업성의 노예가 되어 있는 곳도 사실은 없을 것이다. 미술품 경매 시장에서 과거의 예술가의 작품은 물론 현재 살아 있는 동시대 화가들의 작품 또한 천문학적인 금액으로 거래가 이루어진다. 비교적 순수 예술 분야라고 일컬어지는 클래식 음악계의 경우도 마찬가지다. 잘 알려진 유명 연주자나 세계적인 지휘자들이 단지 한 곳에 머무르면서 자신의 작품 활동을 하고 있는 것은 아니다. 그들은 전 세계를 돌면서 고급예술이라는 자신의 상품을 팔고 있다. 도대체 메탈리카의 라이브 공연과 쓰리 테너의 라이브 공연에서 무슨 차이가 있을 수 있는가?

대중예술의 입장에서 볼 때 고급예술이 대중예술을 상업적이라고 비판하는 것은 받아들이기 어려운 논리이다. 고급예술이 스스로 상품과 예술의 경계를 넘나들면서 말 바꾸기를 하는 것은 자신의 가치를 더욱 높이기 위한 고도의 전략에 불과하다. 어떤 의미에서는 고급예술이야말로 가장 상업성이 짙은 예술이라고도 말할 수 있을 것이다.

그러나 상업성의 여부만으로 고급예술과 대중예술의 경계를 나누는 것은 어려운 일이다. 사실 자본주의의 발달과 예술의 상업화는 그 맥을 같이 해 왔다고도 볼 수 있다. 흔히 파트롱(patron)이라고 불리는 예술인 후견자의 상실은 자본주의 시대의 예술가에게 시장에서 자신의 상품을 판매해야만 하는 가혹한 상황을 만들었다.

도스토예프스키가 아무리 천재적인 소설가였다고 할지라도 그의 작품을 읽어 주는 독자와 그의 도박 빚을 인세로 해결해 줄 수 있는 출판업자의 존재를 염두에 두지 않은 것은 아니다. 비교적 시장과 거리를 두고 있었던 카프카와 같은 작가마저도 자신의 작품에 대한 익명의 독자의 반응을 완전히 무시할 수는 없었다. 결국 자본주의 사회에서 시장에 자신의 모습을 드러내지 않는 예술 작품은 존재하지 않는다. 바흐의 무반주 첼로 모음곡은 시장을 염두에 두고서 작곡했던 것은 아니었지만 첼리스트 파블로 카잘스(P. Casals)가 이 악보를 찾아내 연주하고, 마침내 기념비적인 EMI 레코딩을 마친 이후부터 무반주 첼로 모음곡 또한 시장의 영향에서 자유로울 수만은 없는 것이다. 결국 상업성만으로 대중예술을 논박하기에는 고급예술 또한 상업적인 영역에서 자유롭지 않다는 한계점을 지닌다.

통속성과 문화

이럴 때 통속성은 고급예술이 대중예술을 논박할 수 있는 또 하나의 근거가 된다. 비록 상업적인 목표가 없다고는 하지 않더라도 고급예술은 최소한 대중의 즉각적인 욕망을 채우는 데 봉사하지는 않는다. 고급예술은 대중의 통속적인 열정과 욕망을 보다 순화되고 고상한 차원에서 채워 주는 것이다. 결국 일상의 욕구로부터 비판적인 거리감을 통해서 예술적인 희열과 카타르시스를 제공하는 것이 고급예술의 목표이다. 하지만 대중예술은 전혀 그렇지 않다.

대중예술은 키치(Kitsch, 통속 취미에 영합하는 예술 작품을 가리키는 말)라고 불리는 대중의 싸구려 취향과 사이비 정서에 기대어서 자신의 입지를 강화시킨다. 다시 말해서 대중예술은 대중의 욕망에 직접적으로 영합함으로써 자신의 목표를 달성한다. 고급예술이 여전히 '예술은 일상적 삶에 충격을 주는 것'이라는 구호에 자신의 지향점을 두고 있다면, 대중예술은 '욕망의 즉각적인 해소'를 목표로 한다. 따라서 대중예술은 예술이기를 스스로 포기하는 것이다.

어떠한 경우에도 예술은 욕망의 노예가 되어서는 안 된다. 최소한 예술은 욕망을 보다 높은 곳에서 다스리는 그 무엇이어야 한다. 그러나 대중예술은 통속적인 가치를 옹호하고 무의식적인 욕망을 노골적으로 드러냄으로써 예술이 가지는 비판적인 기능을 마비시키고 대중을 욕망의 노예로 만드는 데 봉사한다.

대중예술이 통속적인 가치를 옹호한다는 것은 상투성(常套性)에 기반을 두고 있다는 것을 의미한다. 상투성이란 비판적 해석의 여지를 의도적으로 봉쇄하는 것이다. 그것은 대중예술이 기반하고 있는 그 사회의 가치 체계를 그대로 수용하고 이를 반영한다. 상투성이란 '뻔한 것'이다. 뻔한 사람들이 나와서 뻔한 시련을 겪고 뻔한 결말에 이르게 되며 이 뻔한 결말을 통해서 대중들은 뻔한 감동을 받는다. 따라서 상투성과 대중예술은 이른바 센티멘탈리즘(sentimentalism)과 쉽게 결탁하게 된다.

상투성은 이성적 개입의 여지를 제공하지 않는다. 그것은 뻔한 스토리와 이야기 전개를 통해서 대중들을 싸구려 감상주의와 눈물샘의 포로로 만들고자 한다. 여주인공은 언제나 비련의 운명을 타고난 인물이어야 하며, 사랑은 언제나 삼각관계이어야 하고, 악당은 언제나 악당이어야만 한다. 물론 결말은 해피엔딩이거나 아니면 비극적인 결말로 끝이 나야 한다. 대중들은 예술을 통해서 삶을 근본적으로 되돌아보기를 원하지 않는다. 예술은 단지 피곤한 삶의 일시적인 위안거리로 작동하면 그만이다. 그리고 오늘날과 같이 일상의 스트레스가 많은 시대에서 예술이 최소한 이 정도의 위안거리로만 봉사하는 것도 훌륭한 일이 아닌가?

어쨌거나 고급예술이 예술적 가치를 최우선으로 삼는데 비해서, 대중예술은 위안과 욕망의 대리 만족이라는 통속적 가치를 목표로 한다. 그리고 이러한 대중예술의 통속성은 싸구려 감성에의 영합(키치), 상투적인 내용들의 결합(클리셰, 진부한 표현이나 고정 관념을 뜻하는 말), 즉각적 감정에의 호소(센티멘탈리즘)를 통해서 달성된다.

그러나 고급예술이 대중예술을 즉각적인 욕망에의 영합이라고 비판하는 이면에는 고급예술이 지니고 있는 엄숙주의가 존재하고 있다. 모름지기 예술이란 고결한 인간성을 드높이는 순수한 정신적 활동이어야 하며 이러한 수준에 도달하지 못하는 예술은 사실상 예술이 아니라는 식의 엄숙주의는 고급예술을 저급한 대중예술로부터 보호하는 장벽이 된다. 하지만 예술이 반드시 저급한 욕망을 억압하고 고결한 인간성을 드높여야만 하는 것은 아니다. 오히려 예술은 억압되어 있는 욕망을 적극적으로 표현하고 반영한다. 흔히 표현의 자유와 사회적 책임의 문제로 이해되고 있는 미와 윤리의 문제는 사실상 욕망의 표현과 사회적 억압의 문제로 이해될 수 있다. 실제로 미란 그 사회가 지니고 있는 공공연한 억압 체계와는 대척점(對蹠點)의 위치에 선다. 미란 억눌린 욕망의 표현을 통해서 자신의 가치를 드러낸다.

어떤 사회든지 나름의 윤리적 체계와 도덕적인 가치를 지니고 있으며 이를 사회 구성원에게 강요하게 된다. 이럴 때 통속성과 욕망의 직접적인 표현은 이러한 윤리적 도덕적 억압체계를 정면에서 거부하게 된다. 인간은 윤리적인 존재임과 동시에 욕망의 존재이기도 하다. 따라서 통속성은 이러한 욕망의 억압에 대항하는 기능을 한다. 모든 사람들이 사회가 요구하는 드높은 윤리적, 도덕적 가치를 체현하고 살 수는 없는 노릇이다. 사실상 사람들의 삶은 통속성의 영역에 가로놓여 있으며, 이러한 욕망을 대중예술이 적극적으로 표현해 줌으로써 해방감을 느끼게 된다. 또한 통속성은 비단 나 혼자뿐만이 아니라 많은 사람들이 나와 동일한 욕망을 느끼고 있음을 공공연하게 확인시켜 준다. 이럴 때 대중예술은 대중의 욕망의 지점을 드러내 주는 바로미터가 되며 사회적인 억압 체계와 정면으로 맞서는 대항문화의 성격을 띠게 된다. 고급예술이 그 사회의 지배적 위치에 입각한 엄숙주의를 강조하는 반면에 대중예술은 의도적으로 저급한 욕망의 편에 섬으로써 엄숙주의가 지닌 위선과 기만의 틀을 벗겨 버리는 작용을 한다.

흔히 B급 문화라고 불리는 대중예술의 가장 저급한 문화적 취향은, 역설적으로 그 사회의 지배적 억압 체계를 공공연하게 비판하는 기능을 지닌다. B급 문화의 장르 속에서 욕망은 공공연하게 표현되고 지배적 가치 체계에 대해서 노골적인 비아냥거림을 서슴지 않는다. 저급한 취향에 대한 과잉 강조는 B급 문화 속에서 '그래 나는 원래 이렇게 생겨 먹은 놈이다.'라는 강력한 정체성의 표현으로 돌변한다. 뿐만 아니라 B급 문화는 고급예술이 지니고 있는 문화적 엄숙주의에 대해서도 직접적인 비판의 칼날을 겨눈다. 어떤 의미에서 보자면 오늘날의 고급예술이야말로 가장 위선적이며 기만적인 문화 상품이다. 고급예술 또한 상업성과 욕망의 문제에서 자유로울 수 없음에도 불구하고, 예술이라는 허울 좋은 구호 아래 자신의 본모습을 감추며, 예술적 교양 운운하면서 대중들을 억압적 가치 체계에 순응하게 만들고, 자신들의 예술을 보다 더 높은 서열로 자리매김하고자 한다. B급 문화와 같은 노골적인 취향에의 호소는 이러한 지배적 가치 체계가 지니고 있는 위선의 지점을 적극적으로 폭로하는 것이다.

복고풍이 유행인 것과 이른바 '촌티 패션'이 유행인 것에는 조금 다른 측면이 있다. 복고에는 '그 시절이 좋았어.'라는 과거에 대한 막연한 향수와 그럼에도 불구하고 '지금도 여전히 살 만해.'라는 현실적 만족감과 안온함이 공존한다. 낭만주의가 과거에의 회귀를 적극적으로 그리워하는 것과는 달리 일반적인 복고의 유행은 마치 주말여행과도 같은 기분 좋은 과거로의 시간 여행의 느낌을 지닌다. 따라서 복고는 과거에 대한 향수 안에서 현실에의 에너지를 재생산할 수 있는 동력을 발견하거나, 혹은 현실이 주는 피로감을 과거에의 복고를 통해서 회복하고자 하는 이중적 운동이 작용하고 있다. 그러나 이러한 기분 전환식 과거 여행 속에서도 과거의 저급한 욕망과 싸구려 취향에 대한 노골적인 향수를 보여 주는 B급 취향의 흐름은 직접적인 현실 비판과 관련이 있다.

7·80년대를 다룬 대부분의 영화나 드라마들이 다분히 복고가 주는 현실 중화적인 취향을 드러내고 있는 것과는 반대로, '촌티 패션'과 같은 노골적인 싸구려 취향에의 경도는 오늘날의 현실이 지니고 있는 억압의 측면을 공공연하게 비판한다. 다시 말해서 과거의 시점에서도 그다지 지배적 가치로 인정받지 못했던 저급한 취향을 다시 한 번 역사의 무대에 재등장시킴으로써 이들을 저급한 취향으로 몰아붙

였던 당시의 판단 기준이 정당하지 못하였음을 부각시킨다. 아울러 오늘날에도 형태만 변형된 채 그대로 적용되고 있는 저급과 고급의 이분법 자체가 근본적으로 옳지 못함을 보여 주고자 하는 것이다. '촌티 패션'과 같은 싸구려 취향에의 호소는 자신을 스스로 희화화시킴으로 인해서 이 사회가 안고 있는 욕망의 억압 체계를 역설적으로 희화화시킨다.

통속성에 대한 새로운 발견

사회가 아무리 발전하고 변화한다고 하더라도 모든 사람들이 성인군자나 도덕적인 인간으로 거듭날 수는 없는 것이 엄연한 현실이다. 따라서 통속성의 문제를, 비판적인 이성을 결여하고 윤리적인 기준에 어긋난다고 무조건 비판만 하는 태도는, 그 사회가 지니고 있는 엄숙주의의 가치관을 적용시키는 것에 불과하다. 통속성은 저급이나 고급이라는 단순한 이분법만으로는 설명할 수 없는 당대의 대중적인 욕망의 코드를 반영한다.

'신데렐라' 이야기와 같은 뻔한 스토리 구조의 재생산은 우리 사회가 여전히 남성 권력 위주의 사회임을 반영함과 동시에 여성들의 욕망 또한 남성 권력에 의존하여 달성될 수밖에 없음을 직간접적으로 암시한다. 반대로 '팜므 파탈(femme fatale, 영화 속에서 자신의 욕망을 실현시키기 위해 남자를 유혹한 뒤 파멸시키는 여자 주인공)'처럼 주로 남성들의 욕망의 대상으로 등장하지만 전적으로 남성들에게만 의존하지 않는 여주인공들의 존재는, 남성 권력이 사실은 여성들에 대한 허약한 지배 체제 위에 성립하고 있음을 드러내는 징표가 된다.

통속성과 저급 문화로 통칭되는 대중예술은 억압적인 욕망의 직접적인 분출을 통해서 해방의 가능성을 제시한다. 얼핏 보기에 지배 체제의 논리에 그대로 순응하기만 하는 대중예술의 구석구석에는 이처럼 지배 체제의 엄숙주의와 윤리적 가치관을 전복시키려는 대중적인 욕망의 표현이 반영되어 있는 것이다.

오늘날과 같이 상업주의가 만연하고 있는 자본주의적 상황 아래서 예술을 단지 상업적인 기준만으로 판단하기 곤란한 것처럼, 예술 자체에 등급을 매기고 서열을 정하는 행위 또한 정당화하기 어렵다. 대중적인 예술 또한 대중적인 욕망을 반영한다는 점에서 긍정적으로 평가되어야 한다. 통속성은 너무나 뻔한 이야기를 너무나 뻔한 방식으로 보여 준다는 점에서 당대의 사회적 욕망이 자리하고 있는 지점을 드러내 준다. 키치와 클리셰로 가득 찬 것처럼 보이는 통속성의 이면에는 지배 체제의 위선과 기만의 지점을 폭로하는 대중적 욕망이 들끓고 있다. 이러한 전복적인 대중예술은 고급예술과 저급예술의 이분법에 항거하는 의미에서 스스로 저급예술임을 선언하고자 한다. 통속성이 단지 통속적인 의미로 끝나지 않는 이유가 여기에 있다. 역설적인 의미에서 통속적인 예술은 그것을 통속적이라고 명명하는 사회 체제에 대한 근본적인 저항의 메시지를 전하고 있다.

▶▶▷ 이상준, 「통속성은 배격되어야 하는가」, 『한국의 교양을 읽는다』, 휴머니스트, 2007, 231~245쪽.

연구과제

1. 대중문화와 고급문화의 미학적 차이점에 대하여 설명해 보자.

2. 취향문화론의 관점에서 대중문화가 가지는 통속성을 구체적인 사례를 들어 설명해 보자.

2. 시론(時論) 읽기

시론(時論)은 시평, 칼럼 등과 함께 사회 현상에 대해 논평하는 형식의 글이다. 사회적으로 쟁점이 되는 문제에 대해 자기 생각을 드러내는 것이므로 논쟁이 되는 주장들에 대한 정보와 지식을 충분히 갖춘 후 논리적으로 입장을 전개해야 한다. 논쟁이 되는 문제를 대할 때 흑백논리나 양비론·양시론의 태도는 바람직하지 않다. 또한 형식적인 절충 역시 교감을 형성하기는 어렵다.

논평 형식의 글에서는 글을 쓰는 사람의 문제의식이 명확하게 드러나야 하며, 문제가 되는 사안에 대해 구체적이고 합리적인 논거를 제시하는 것이 효과적인 글쓰기 방법이 된다. 글을 쓸 때 다음과 같은 요소를 염두에 두고 구성하면 좋다.

- 도입부: 문제와 관련되는 일화나 인용 제시
  시사 배경
  문제제기
- 본문: 쟁점의 원인 분석
  제기한 문제가 전개되어 온 과정, 결과, 영향 분석
  문제에 대한 주장 및 평가
- 마무리: 대응 방안 및 해결책 제시
  주장 환기, 전망 제시

원전 더 짓는 게 국가 에너지 대책인가

오는 2030년까지의 에너지 정책과 집행의 뼈대인 국가에너지 기본계획안이 나왔다. 원력 발전시설 비중을 현재 26%에서 41%로 늘리고, 신재생 에너지 보급률을 11%로 높이겠다는 내용 등이 담겼다. 최근의 고유가 흐름을 틈 타 원자력발전소를 대거 신설하겠다는 것이 주된 내용이어서 정부의 기본계획안에 동의하기 어렵다.

국가에너지 기본계획을 세울 때는 분명한 철학을 제시해야 한다. 단순히 국내외 여건에 따른 에너지 수급을 전망하고, 그 대책을 마련하는 데 머물러선 안 된다. 우리 사회는 에너지 과소비형 구조다. 이런 경제, 사회 구조를 어떻게 저소비형으로 만들 것인지가 에너지 정책의 최대 과제다. 에너지 기본 계획은 이에 대한 분명한 철학과 구체적이고 현실성 있는 대책을 보여줘야 한다. 정부는 2030년까지 에너지 효율을 선진국 수준으로 높이고, 1차 에너지 소비 연평균 증가율을 1.1%로 낮춰 잡았다고 하지만 여전히 미흡하다.

에너지 절감에 대한 절박감이 없다보니 수요 예측이 방만하게 되는 건 당연하다. 정부는 2030년까지 총에너지 수요가 2006년보다 47% 가량 늘어날 것으로 예측했다. 이에 대비해 원전 시설을 대폭 늘리겠다는 게 정부 계획인데, 대단히 편의적인 발상이다. 원전 설비 비중을 41%로 늘리려면 140만KW급 원전 11기를 새로 지어야 한다. 그동안 원전 건설을 둘러싸고 우리가 치렀던 막대한 사회적 비용을 고려하면, 원전 확대는 결코 바람직하지 않을 뿐 아니라 실현 가능성도 대단히 불투명하다.

신재생 에너지 비중을 11%로 높이기는 했지만 여전히 낮다. 더 큰 문제는 신재생 에너지에 대한 정부의 근시안적인 시각이다. 신재생 에너지 분야는 단지 그 비중을 얼마나 늘리느냐의 문제만은 아니다. 앞으로 세계적으로 신재생 에너지 산업이 폭발적으로 늘어날 가능성이 높다. 국내 관련업체들이 신재생 에너지 산업 경쟁력을 높여 외국으로 진출할 수 있도록 장기적인 관점에서 지원할 필요가 있다.

정부는 이달 말에 열리는 국가에너지위원회에서 국가 에너지 기본계획을 확정한다고 한다. 하지만, 기본계획안에는 아직 사회적 합의가 이뤄지지 않은 내용들이 그대로 남아 있다. 시간에 쫓겨 졸속으로 처리하지 말고 시민단체 등 각계 의견을 좀 더 수렴해, 사회 구성원이 두루 동의할 수 있는 에너지 기본 계획을 마련하길 바란다.

▶▶▷ 《한겨레신문》사설, 2008. 8. 14.

연구과제

1. 이 글을 읽고 각 문단의 핵심 내용을 항목화하는 방식으로 요약하면서 글의 구성을 파악해 보자.

2. '원전을 더 지어야 한다'는 입장에서 반론을 쓴다면 어떤 논거들로 그 주장을 뒷받침할 수 있을지 생각해 보고, 목차를 구성해 보자.

김연아와 김예슬 그리고 대학

정희준

한 대학생이 자신의 대학을 '방문'했다. 그 학생은 등교하자마자 총장실로 직행해 총장, 부총장, 학생처장 등과 '환담'을 나눈다. 총장은 그 학생에게 미래를 위해 외국어도 공부하라고 권유하고 학과장은 어떤 책을 원서에 번역서까지 선물한다. 그리고 그 학생은 학장의 안내로 학과건물을 시찰(?)한 후 강의실로 들어갔다. 9시에 시작한 수업에 1시간 40분이나 늦게 들어간 그는 다음 약속 때문에 10분만 앉았다가 나왔다. 그 학생의 측근(?)은 그가 언제 다시 학교에 나타날지는 알 수 없다고 말한다. 2학년에 재학 중인 이 학생은 1학년 때도 딱 한 번 학교에 갔다. 그때도 총장 등 보직 교수들과 차를 마시며 환담을 하고 도서관에 가서 책을 빌리는 '퍼포먼스'를 하고 돌아갔다. 그럼에도 졸업엔 아무 문제가 없다고 한다. 요즘 이 학생의 근황을 듣는다. '은퇴'를 고민 중이란다. 학생이 무슨 은퇴? 도대체 그 학생에게 학교란 무엇인가. 다니지도 않을 학교를 도대체 왜 들어갔나.

누구의 이야기인지 다들 아실 것이다. 바로 김연아다. 그는 귀국 후 광고계약을 맺은 한 의류매장에 가기도 하고 '삼성 애니콜과 함께하는 스마트 데이트'라는, 재벌기업의 브랜드명으로 뒤범벅인 팬미팅 행사에 나타나기도 했다. 김연아는 그러나 분명 대학생임에도 학생으로서의 신분이나 그에 따르는 의무에는 개의치 않는 모습이다. 결국 '학벌'만을 위해 대학에 간 것인가. 어쨌든 학생이 학교를 외면하는 모습, 학교가 학생을 모시는 모습, 수업을 안 들어와도 학교 광고만 되면 그게 '장땡'이라는 모습은 이 시대 대학의 굴욕이다.

이러한 모습 위에 겹쳐지는 또 다른 기억은 나를 더욱 씁쓸하게 한다. 지난 달 김연아와 같은 대학의 김예슬이라는 학생은 자퇴를 선언했다. 그는 '자격증 브로커' 또 '대기업에 부품을 공급하는 하청업체'로 전락한 대학에서 재벌기업이 원하는 상품이 되어 간택되기를 열망하기보단 인간이 되는 길을 선택하기 위해 자퇴한다고 했다. 또 그는 "무수한 친구들을 제치고 넘어뜨리는 것을 기뻐"했던 자신의 모습을 되돌아보며 비정하고도 끝이 보이지 않는 경쟁을 개탄했다. 그래서 김연아가 택한 학벌을 그는 버렸다.

김연아와 김예슬을 관통하는 키워드는 바로 '경쟁'이 아닌가 싶다. 한쪽은 세계챔피언이다. 세계 최고의 경쟁력을 보유한 '1등 인간'이다. 신자유주의가 지배하는 미디어시대 자본주의사회의 '초극강 상품'이다. 그래서 그 대학이 모셔갔다. 그러나 다른 한쪽은 거대한 자본의 탑에서 돌멩이에 불과한 인간이다. 그 끝없는 경쟁의 트랙을 질주하다가 결국 방황하는 젊은이다. 결국 자본이 요구하는 상품이 되기를 거부한 그가 택한 것은 자퇴였다. 이렇듯 완벽하게 대비되는 두 젊은이가 '고려대'라는 공간 안에서 뒤범벅이 되어 존재한다.

신자유주의에서는 대학마저 요지경이 되는 것인가. 대학이 보도자료까지 뿌려가며 김연아의 등교를 광고한다. 김예슬은 뒷문에 학교를 거부한다는 대자보를 붙인다. 대학이 '완제품' 김연아를 모셔와 '광고모델'로 활용한다. 그러는 사이 학교의 관심을 받지 못한 평범한 학생 김예슬은 방황하다 자퇴한다. 오직 경쟁능력에 따라 한 학생은 대접 받고 다른 학생은 자퇴의 길을 택한다. 가르치고 길러내는 곳이 대학일 터인데 '완제품'은 대접받고 '방황하는 청춘'은 설 곳이 없다. 이것이 지금 우리가 목격하는 대학의 모습이어야만 하는가. 한국사회 대학은 과연 '大學'다울 수 있을 것인가.

누구에게나 그렇겠지만 대학에게도 최소한의 자존심과 지조는 있어야 한다. 마침 고려대와 자매결연을 맺은 일본의 와세다대에서 날아온 소식이 눈을 끈다. 이 대학 3년생인 후쿠하라 아이는 국가대표 탁구선수면서 CF를 찍을 정도의 인기 스타다. 현재 세계랭킹 8위인 그는 런던올림픽을 위한 준비에 들어가야 했는데 이를 위해서는 학교 출석이 문제가 될 수밖에 없었다. 그렇다면 올림픽 메달을 노리는 스타학생에게 와세다대는 어떤 배려를 했을까. 학교는 안 와도 좋으니 메달만 따라고? 그래서 학교의 명예를 빛내라고? 천만에. 학교가 제시하는 출석조건을 충족시킬 수 없게 된 후쿠하라는 지난 달 자퇴해야 했다.

▶▶▷ 정희준, 《경향신문》, 2010.4.16.

연구과제

1. 이 글의 문제의식을 파악하고, 주제를 한 문장(주제문)으로 정리해 보자.

2. 사례로 등장하는 '김연아, 김예슬, 후쿠하라 아이'가 어떠한 방식으로 다루어지고 있는지 분석해 보고, 이러한 사례 선택과 서술이 주제를 전달하는 데 효과적이고 적절한지 평가해 보자.

한국 민족주의의 진면목, 국가주의

박노자

자본주의적 국가주의

보통 '자기 민족 중심주의'의 부정적인 특징으로 이민족(이른바 '인종적으로' 다른 이민족)을 이질시하거나 적대시하는 '배타주의'를 든다. 언뜻 보면 귀화한 외국인을 '같은 한민족'으로 보는 사람의 비율이 25%, 한국에서 사는 미국인에게 친근감을 느끼는 사람의 비율이 17%(재미 한국인에 대한 친근감은 63%)에 불과하고('통일문제 국민의식 조사', 〈문화일보〉 2000. 12. 21), 매체를 통해서 잘 알려진 대로 외국인 노동자에 대한 학대로 오명을 쓴 한국이야말로 '배타주의'의 본고장이다. 그러나 비교론적 문맥에서 보면 이 문제는 훨씬 복잡하다.

제국주의 시대에 명실상부한 '서구의 지배 이데올로기'로 기능한 인종주의적 배타주의는 지금도 미국·서구·동유럽 사회의 현실을 크게 좌우한다. 한편으로는, 사회 도처에 비(非)백인을 불리한 입장에 처하게 하는 각종 장치가 놓여 있다. 비백인 계통 이민자에 대한 차별의 벽을 허무는 데 가장 적극적인 스웨덴과 노르웨이 등 북구의 사회민주주의적 국가에서조차 주로 '유색인종' 계통 이민자의 실업률이 '본토인'에 비해서 평균 3배나 높다. 이것이 꼭 학력 차이와 연관되는 것도 아니다. 스웨덴과 노르웨이의 고용주들이 일반적으로 비구미 지역의 대학 졸업장을 아예 '권위 없는 것'으로 취급하는 것도 사실이지만, 같은 오슬로 대학교의 파키스탄 계통 졸업생들마저도 '본토인' 졸업생보다 실업자가 되는 경우가 2배나 많다. 진보적인 유럽 국가에서조차 '취직'이라는 가장 중요한 사회 진출 장치는 인종차별주의적 현실에서 벗어나지 못하고 있는 것이다.

그리고 또 한편으로는 아직까지 사회 전체에 만연해 있는 인종주의적 배타의식이 '인종적 폭력'이라는 가장 광적인 형태로 나타나지 않는 구미·구소련 지역이 거의 없다. 조용한 노르웨이에서마저 작년에 백인 어머니와 흑인 아버지 사이에서 태어난 혼혈 소년이 신나치의 폭력으로 죽는 끔찍한 사건이 전국을 몇 주일 동안 떠들썩하게 했다. 그러나 노르웨이에서는 적어도 이와 같은 사건이 사회를 경악케 하는 반면에, 미국에서는 '주요 뉴스'의 대열에 들어가지도 못한다. 워낙 흔하고 익숙한, 말 그대로 '보통 일'이기 때문이다.

예를 들어 2000년 7월 5일에 미국 서남부 샌디에이고 시 근처에서 W.A.R(백인 아리안 저항)이라는 백인 우월주의 무장조직의 행동대원들이 순전히 '재미'로 그들에게 아무 위협도 되지 않는, 아무 관계도 없는 20대 멕시코 불법 이민자를 가혹한 방법으로 때려죽였다. 그 전에도 이 조직이 총기까지 동원해서 이민 노동자를 '사냥'해 중상을 입히기까지 했지만, 경찰에 붙잡히지도 않았으며, 주류 언론의 관심을 끌지도 않았다.

인간적인 이성이나 양심으로는 이해도 용납도 할 수 없는 사건이 최근 10년 동안 100여명의 '유색' 이민자들이 신나치에게 살해당한 독일에서도 빈번하게 일어난다. 사회주의의 급격한 몰락으로 사회적 윤리의 질서가 극히 문란해진 러시아의 상황은 더 위협적이다. 이미 1997년쯤부터 대부분의 '유색' 이민자들이 살고 있는 수도 모스크바에서 흑인·중국인·베트남인 거주자에 대한 살해·구타 사건이 빈번히 일어나고 있었지만, 최근 들어 비교적 조용하던 보로네즈(Voronezh) 같은 지방도시에서마저 중국인 학생들이 대낮에 길거리에 나갈 수 없을 만큼 신나치에 의한 집단구타 사건이 정기적으로 또 많이 발생한다. 경제적 발전 수군과 무관하게 부유한 미국과 독일에서도 가난한 러시아에서도, 즉 같은 제국주의적 과거를 지니고 있으며 같은 인종주의적 유산을 갖는 모든 나라에서 광적인 폭력이 난무하고 있는 것이다.

그러나 그토록 '배타주의'로 지탄을 받는 한국에서는 미국이나 유럽과 비교할 만한 국수주의적 폭력을 찾아볼 수 없다. 몇 년 전, IMF 위기가 한창일 때 "미국인이 한국 아이들을 가르치는 꼴을 보고 싶지 않다"고 하면서 순천에 있는 한 고등학교의 미국인 교사를 흉기로 살해한 정신질환 환자가 붙잡힌 일은 있었다. 그러나 뚜렷한 인종주의적 이념이나 사상보다 병적인 망상으로 인한 이와 같은 사건은 의학적으로 정신이 건강한 '이념범'들이 저지르는, 미국이나 유럽에서 많이 나타나는 '혐오 범죄(hate crime)'와 그 유형이 상당히 다르다. 이외에도 2000년 7월에 남북 정상회담을 앞두고 일부 운동권의 반미감정이 고조되어 주한미군 군인 및 군속에 대한 일련의 습격사건이 일어났다. 하지만 이 경우에도 인종주의적 배타주의라기보다는 일종의 정치적 폭력의 색깔이 짙었다.

한마디로, 제국주의의 유산과 인종차별의 현실을 안고 있는 유럽 문화권과 달리, 한국은 '자기 민족 중심주의적' 폭력이 적어도 아직까지는 일어나지 않는다. 이 사실로 봐서는 타인종과 타민족에 대한 적극적인—간혹 폭력적이기까지 한—배제와 폄하를 중심으로 하는 미국·유럽적인 '자기 민족 중심주의'와 한국의 '배타주의'가 서로 유형을 달리하고 있다는 결론을 내리지 않을 수 없다. 그렇다면 중국 동포의 배제를 자연스럽게 받아들이고 귀화한 외국인마저 이질시하는, 그러면서도 '남'에 대한 서구적인 적극적 폭력을 삼가는 '한국적 자기 민족 중심주의'의 유형은 과연 무엇인가?

▶▶▷ 박노자, 「한국 민족주의의 진면목, 국가주의」, 『당신들의 대한민국』, 한겨레출판, 2001. 219~231쪽.

연구과제

1. 이 글은 한국의 배타주의가 미국 · 유럽의 배타주의와 성격이 다르다는 것을 보여주기 위해 다양한 사례를 제시하고 있다. 외국 사례들과 한국 상황이 어떻게 비교 · 대조되고 있는지 분석해 보자.

2. 글쓴이는 한국의 배타주의가 국수적인 폭력으로 나타나지 않는, 다른 유형의 배타주의라고 진단한다. 그렇다고 해서 한국이, 외국인이 살기 좋은 나라로 이야기되는 것은 아니다. 한국형 배타주의는 외국과 다른 어떤 사회문제를 안고 있는지 알아보고, 그 문제를 풀어나갈 방법에 대해 이야기해 보자.

복지국가 논의에서 놓치는 것들

신동명·김대호

역동적 복지국가론은 한국사회가 앓고 있는 심각한 중병에 대한 처방전이다. 이에 따르면 그 병의 이름은 '민생불안' 및 '양극화'이고, 원인은 '승자독식의 삭막한 경쟁지상주의-시장만능주의와 복지결핍'이다. '신자유주의 양극화 성장체제와 잔여주의 복지제도'라고도 할 수 있다. 복지국가소사이어티는 처방 내용을 집에 비유하곤 하는데, 3대 가치(존엄, 연대, 정의)가 지붕이라면 4대 원칙(보편적 복지, 적극적 복지, 공정한 경제, 혁신적 경제)은 기둥이다. 물론 나는 이 처방전에 담긴 중병에 대한 정의, 원인진단, 처방이 다 틀렸다고 생각한다. 오류의 핵심은 한국사회의 독특한 이중구조에 대한 몰이해다.

한국사회는 정치, 행정, 사법, 언론 등으로 대표되는 '공공'이 사익집단에 휘둘리거나 스스로 몰염치한 사익집단이 되어 있다. 따라서 힘센 사익집단이 사는 곳에는 시장원리(소비자 선택권, 심판관)가 별로 통용되지 않는다. 이들은 독과점이나 각종 경쟁제한 장벽을 통해 자신의 기여와 부담에 비해 너무 많은 권리와 이익을 향유한다. 방면에 3非층(비경제활동인구, 비임금근로자, 비정규직)과 하청중소기업으로 대표되는 힘없는 사람들이 있는 곳에는 무한경쟁, 독과점과 불공정거래의 파도가 거세게 밀려든다. 사회안전망도 패자부활 씨스템도 취약하다. 바로 이 가혹하고 과도한 시장이 역동적 복지국가론의 준거라고 할 수 있다.

하지만 너무 가혹하고 과도한 시장과 너무 온화하고 과소한 시장은 독립적으로 존재하는 것이 아니다. 이들은 동전의 앞뒷면처럼 한쪽이 다른 한쪽의 원리이다. 따라서 삭막한 경쟁지상주의와 복지결핍을 해결하려면 몰염치한 경쟁지양(止揚)주의와 시장결핍 문제를 동시에 해결해야 한다. 마치 구부러진 동전을 펼 때는 볼록한 면을 눌러서 오목한 면을 펴는 것처럼. 그런데 '역동적 복지국가론'에는 이런 인식이 없다. 오히려 자라 보고 놀란 가슴 솥뚜겅 보고 놀라는 것처럼, 시장과 경쟁에 대한 피해의식에 사로잡혀 그 파괴적인 영향만 주목할 뿐, 그 건강함 힘을 균형적으로 보지 못하고 있다. 역동적 복지국가론에서 시장과 경쟁은 승자독식, 고용불안, 양극화의 원흉이자 신자유주의자들의 전유물이다.

한국사회가 앓고 있는 심각한 질환의 정확한 병명은 총체적 조로증(早老症)이라고 할 수 있다. 힘 있는 존재들이 후속세대와 전후방 가치생산 사슬이 가져가야 할 가치를 너무 많이 빨아먹으면서 가치생산 생태계 자체가 황폐해졌기 때문이다. 저출산, 고령화, 대기업 공기업 생산현장의 고령화, 청년실업, 고시·

공시(공무원시험) 열풍, 시간강사와 비정규직의 고통, 하청중소기업의 피폐, 과도한 대학진학률 등은 그 대표적 증상들이다. 원인은 정의의 결핍이자 공공의 결함(취약함)이다. 시장의 결핍과 복지의 결핍은 정의의 결핍의 한 측면이다. 시장만능주의와 복지결핍에서 핵심 문제를 찾는 것은 일면적이라는 것이다.

물론 한국병에 대한 진단이 일면적이라고 해서 처방이 다 틀리라는 법은 없다. 그러면 처방은 어떨까? 역동적 복지국가론의 4대 원칙 중 하나인 '공정한 경제'는 20세기 초 미국과 유럽 등에서 나타난 지독한 독점의 폐해로 인해, 자본주의 시장경제를 부정하지 않는 한 그 어떤 정치세력도 부정하지 않는 원칙이다. '혁신적 경제'는 적극적 노동시장 정책과 노동시장의 유연한 정책이 핵심 지주인데, 지식정보화시대에 요소투입형 성장이 한계에 달한 대부분의 문명국이 채택하는 원칙이다. 기회, 조건, 출발선의 평등을 실현하여 인적자본과 사회적 자본의 확대강화를 중시하는 '적극적 복지'도 마찬가지다. 그러므로 역동적 복지국가론의 확실한 차별화 지점은 '보편적 복지'와 이를 위한 대대적인 증세라고 할 수 있다. 이는 국가에 더 많은 자원(세금, 인력 등)을 집중시켜 국가가 개인에 대해 더 많은 책임을 지게 한다는 것이다. 동시에 국가의 강력한 재분배 기능을 통해 더욱 평등한 사회를 만들겠다는 것이다.

하지만 사회주의가 그랬듯이 뜻이 좋다고 반드시 좋은 사회를 만드는 것은 아니다. 단적으로 보편적 복지의 대전제인 조세 저변 확대와 조세 부담률 상향을 회의하게 하는 요소가 너무 많다. 적게 부담하고 많은 혜택을 누릴 수밖에 없는 취약계층의 거대한 규모, 세원(稅源) 파악이 곤란한 두터운 자영업자층, 무엇보다도 공공부문에 대한 지독한 불신이 대표적이다. 대대적인 적자재정 등을 통해 보편적 복지를 실현한다 해도 자산 및 소득의 극심한 양극화 구조가 이를 매우 불안정하게 만들 것이다. 상층은 보편적 복지가 너무 저급해서 고급 써비스가 제공되는 해외를 넘나들려 하고, 하층은 기초생활보호제도가 보여주듯이 제공되는 국가복지가 복지병을 걱정할 정도로 너무 후하다고 느끼기 때문이다. 어쨌든 승자와 패자의 격차 혹은 성과/행운에 따른 격차를 대폭 줄여야 보편적 복지제도가 안정화되는데, 한국의 문화, 지정학적 조건, 한국인의 성정(性情)상 이것이 쉽지 않다. 성과/행운에 따른 격차가 엄청나게 큰 중국과 미국이 지리적·심리적으로 너무 가까이 있는 탓이다.

요컨대 한국의 경우 개인 및 가족이 짊어진 각종 위험(실업, 재해, 질환, 노령 등)과 부담(교육, 육아 등)을 국가와 사회가 더 많이 나눠야 한다는 것을 부정하는 사람은 별로 없다. 그러나 국가와 사회의 책임성을 더 높여나가야 한다고 해서 이것이 반드시 일률성과 무차별성이 특징인 '보편적 복지'나 '국가복지'로 귀결되어야 하는 것은 아니다. 문명국이 공유하는 상식은 돈(재정)이든 사람이든 권능이든 복지든, 자원을 가장 잘 분배하고 활용할 수 있는 곳에 주어야 한다는 것이다. 다시 말해 소비자 선택권과 공급자 경쟁과 써비스 차별화가 특징인 시장이 그 자원을 가장 잘 배분하면서 시장에, 써비스의 일률성과 무차별성과 안정성이 특징인 국가가 잘하면 국가에, 자발성과 호혜성이 특징인 시민사회가 잘하면 시민사회에 주면 되는 것이다. 시장, 국가, 시민사회 중 어느 한쪽에 자원 배분권을 몰아주어야 한다는 얘기가 아니라, 이 3자를 혼합하되 주된 배분기제는 있다는 것이다.

복지강화를 위한 대대적인 증세도 필연은 아니다. 장기적으로는 증세가 필요하겠지만 단기적으로는 그렇지 않다. 증세를 소리높여 부르짖기에는 재정구조와 공공부문에 불합리한 요소가 너무나 많기 때문이다. 그런데 역동적 복지국가론은 '보편적 복지주의'를 대표상품으로 내세우면서 '대대적인 증세냐 아니냐', '보편적 복지주의냐 선별적 복지주의냐'하는 엉뚱한 전선을 긋고 있다. 이는 복지강화를 위한 주 전선과 거리가 먼 전선이자, 결코 진보세력에도 개혁세력에도 유리하지 않은 것이다. 역동적 복지국가론은 혁명주의, 사회주의, 전투적 노조주의 등으로 무장한 시대착오적 담론에 비해서는 확실히 진일보한 측면은 있다. 하지만 여전히 진보의 역사에 끊임없이 등장해온 '좌익맹동주의적' 요소를 너무나 많이 가지고 있다.

역동적 복지국가론은 한국사회에 대한 일면적 인식에도 불구하고 '전투적 복지주의'라는 말을 들을 만큼 복지강화에 적극적이다. 또한 3대 가치, 4대 원칙과 이를 뒷받침하는 다양한 분야의 정책논문이라는 일관되고 방대한 논리체계를 갖췄다. 진보세력에 그리 친숙하지 않은 '역동적 국가'라는 화두도 받아안으려 하고 있다. 게다가 이념정책을 중심으로 학자, 시민운동가, 복지관료 출신, 정치가들이 모였다. 그런 점에서 역동적 복지국가론은 시대적 요구의 절반은 분명히 체현하고 있다고 볼 수 있다. 하지만 대폭적 증세와 보편적 복지주의를 경직되게 구사하면서 복지강화-재정 및 공공부문 합리화-시장 및 경쟁 합리화의 전선을 교란한다면 절반 정도의 진보적 기여조차 기대하기 어려울 것이다.

▶▶▷ 신동명·김대호, 「복지국가소사이어티 기획 '역동적 복지국가의 논리와 전략'」, 『창작과비평』, 2010년 여름호, 360~367쪽.

연구과제

1. '역동적 복지국가론'의 핵심 내용을 요약하고, 그 내용에 대해 글쓴이가 무엇을, 왜 문제점으로 지적하고 있는지 설명해 보자.

2. 자본주의 시장경제를 부정하지 않는 한 시장과 경쟁은 피할 수 없는 삶의 방식이 된다. 여기에서 발생하는 양극화 문제를 해결하기 위해 다른 나라들은 어떤 효율적인 (국가)정책들을 운용하고 있는지 조사해 보자.

3. 학술적 에세이 읽기

학술적인 글이란 학업과 연구과정에서 얻은 학문적 성과를 알리기 위해 전문 분야의 지식과 언어를 사용하여 일정한 형식으로 표현한 글이다. 대학에서 주로 쓰게 되는 학술적 에세이·보고서·학술논문 등이 그것이다. 여기서 학술적 에세이란 특정 학술 분야에 대한 독창적 관점이 드러난 비교적 짧은 형식의 비평적 글쓰기를 말한다. 글의 객관성도 중요하지만, 대상에 대한 정확한 판단·비판적 이해·개성적 표현 등이 필요하다. 학술논문처럼 논리적이고 객관적인 문장으로 기술하기 보다는 개성적이면서도 참신한 사유의 과정이 드러나야 한다.

가령, 다음과 같은 논제들은 학술적 에세이의 좋은 주제가 될 수 있다.

예1) '앎'에는 여러 가지 종류가 있을 수 있다. 굳이 구분하자면 '과학적 앎', '도구적 앎', '성찰적 앎' 등으로 그 갈래를 나눠볼 수 있다. 효용성을 추구하는 현대 사회는 아무래도 '도구적 앎'을 최고의 가치에 놓고, 이에 기여하지 못하는 여타의 '앎'은 무가치한 것으로 취급한다. 이러한 문제는 비단 학문적 영역에서 뿐만 아니라 사회 전 분야에서 나타나고 있다. 이처럼 '앎'의 가치가 철저하게 도구화되었을 때 나타날 수 있는 문제점은 무엇인가.

예2) 인터넷은 온갖 정보가 쏟아져 나오는 '언어의 시장'이다. 이 공간에서 공유되는 정보(지식)는 어느 누군가의 '지적 노동의 대가'라고 할 수 있지만, 또 한편으로는 그것을 사적 재산으로만 한정할 수 없다는 점에서, 정보의 '독점'과 '공유' 사이의 딜레마가 발생한다. 종종 저작권의 분쟁으로 비화되는 이러한 문제를 해결하기 위한 법적, 제도적 문제는 무엇인가.

창의력을 성장 동력화하려면

원광연

"공기보다 무거운 물체는 결코 하늘을 날아다닐 수 없다", "인간이 발명할 만한 것은 모두 발명해서 더 이상 남아있지 않다", "도대체 영화에서 배우가 말하는 것이 왜 필요하단 말이냐", "전 세계에 컴퓨터 5대면 충분하다", "사람이 읽는 속도보다 빠른 인터넷 속도는 앞으로도 절대 필요치 않을 것이다". 지난 100년간 소위 해당 분야의 전문가들이 장담한 말 들이다. 지금 들으면 어처구니없고 황당한 주장이었지만 전문가들이 그런 말을 할 당시에는 당시의 기술 수준을 고려하고 이를 바탕으로 미래를 예견한 설득력 있는 주장이었다.

이런 통념을 깨고 인간은 부력에 의존하는 대신 유체역학에 기반을 둔 비행기를 발명했고, 전자광학을 화공학에 접목해 사운드가 나오는 토키영화를 개발했다. 컴퓨터 분야에서는 대형화라는 당연한 기술추세를 거슬러 경량화, 소형화를 시도한 결과 미니컴퓨터 시대를 거쳐 퍼스널 컴퓨터가 대중화됐으며, 이제 우리 주위의 모든 물체를 컴퓨터화하는 유비쿼터스 환경을 구축하는 단계로까지 진화하고 있다.

이것이 가능했던 이유는 무엇보다 기존 상식과 통념을 깨는 발상의 전환이 있었기 때문이며, 그 핵심은 개인의 창의력이라고 해도 무방할 것이다. 문제는 어떻게 개인의 창의력을 키워 사회 전반에 창의적인 분위기가 팽배하는 사회로 전환함과 동시에 이를 국가의 성장동력화하는 것이다. 이에 대한 처방은 없는 것 같지만 30년 전 필자의 경험이 실마리를 제공할 것 같아 소개하고자 한다.

당시 나는 미국 하버드 대학에서 연구원으로 일하고 있었다. 이곳에서 나는 응용수학을 강의하면서 로봇 관련 연구를 2년간 했다. 나보다 훨씬 똑똑한 학생을 가르쳐야 하는 수업시간은 엄청난 중압감이었으나 그보다 더 큰 스트레스는 점심 시간이었다. 수업시간에는 미리 강의 준비를 한 대로 시간을 보내면 됐으나 교수들이 모여 앉아 식사하면서 담소하는 자리는 어떤 이야기가 테이블 위에 올라올지 몰라 그야말로 가시방석이었다.

흥미로운 것은 문제가 주어졌을 때 푸는 능력은 그들과 큰 차이가 없었다는 것이다. 그러나 문제를 만들어 내는 능력은 비교가 되지 않았다. 정작 창의성을 극대화해야 할 부분은 문제를 정의하는 과정이지 해결하는 과정이 아니라는 데 있다.

개인의 창의력을 산업적으로 체화하는 데는 정부의 역할도 크게 작용한다. 일찍이 영국은 국가적 차원에서 창의산업이란 개념을 정립하고 집중 투자해 왔다. 영국의 창의산업은 개인의 창의성을 바탕으로 생성된 지식재산권에 기반을 둔 산업이다. 이 범주에는 우리나라에서도 크게 관심 갖고 육성하고 있는 문화콘텐츠산업도 포함되지만 정보기술(IT)산업에 속하는 소프트웨어산업과 미디어산업도 포함된다.

창의성은 복합적인 것이다. 깊은 지식을 바탕으로 고도의 집중력, 열린사고, 어린아이와 같은 호기심은 창의성이 발휘될 가능성을 높인다. 창의성은 한 분야를 집중적으로 공략할 때보다 인접한 분야를 들여다볼 때 갑자기 폭발한다.

역사적으로도 큰 업적을 남긴 과학자들은 자신의 분야에서 전문성은 물론이려니와 다양한 분야에 관심을 갖고 활동했다. 과학적 창의성과 예술적 창의성은 근본적으로 차이가 없다는 연구 결과도 있다. 과학분야에서 창의성은 20대 초반에서 가장 활발하게 나타난다는 점을 생각하면 10대 청소년들에게 균형있는 교육 기회를 제공하는 것이 중요하다. 인문사회 계열과 이공학 계열을 조기에 갈라 놓는 교육 시스템, 지적인 호기심을 키워야 할 시기에 지식을 주입하는 교과과정 등은 지식기반 창의 사회를 지향하는 우리 사회가 가장 먼저 개선해야 할 사안이다. 창의력은 이 세상에 아무도 생각하지 못했던 문제를 만들어 내는 능력이고, 이것이 우리가 진정한 선진국으로 발돋움하는 열쇠이다.

▶▶▷ 원광연, 〈창의력을 성장 동력화하려면〉, 《세계일보》, 2010. 2. 18.

연구과제

1. 흔히 쥘 베른의 소설을 공상과학 소설(science fiction)이라고 말한다. 여기서 말하는 공상은 말 그대로 '현실에 존재하지 않거나 실현 가능성이 없는 일을 상상하는 것 또는 그런 생각'을 가리킨다. 그러나 이제 그의 소설은 과학기술의 발달에 따라 대부분 현실이 되었다. 엉뚱한 생각이나 기발한 상상이 왜 현대사회에서 중요한 성장 동력이 되는지 생각해 보자.

2. 현대는 융합(convergence)의 시대다. 특정 분야의 전문지식이 중요했던 산업화 시대와는 달리, 디지털 시대에는 수많은 분야에서 융·복합이 이루어지고 있다. 그 구체적인 사례들을 학문 분야, 경영 분야, 산업 분야, 예술 분야 등에서 찾아보자.

과학기술과 인간

박이문

전 세계가 과학 기술의 습득과 발전의 기선을 잡기 위해 무한 경쟁 체제에 접어든 오늘날, '과학기술과 인간'이라는 문제가 새삼스럽게 제기되는 이유는 무엇이며, 그 문제는 어떻게 풀어가야 하는가? 이 물음에 답하기 위해서는 원론적이지만 분명한 '기술'과 '과학'의 개념 규정, 그리고 자연과 인간의 관계에 대한 이해가 선행되어야 한다.

기술은 폭넓게 '한 생명체가 주어진 환경에서 어떤 특정한 목적을 가장 효과적으로 달성하기 위해 고안한 장치 혹은 도구나 그러한 것들을 구사하는 능력'으로 규정해볼 수 있다. 그렇다면 오목눈이의 둥지에 알을 낳고 거기서 깨어난 제 새끼들이 오목눈이의 알을 밀어내게 한 다음 어미 오목눈이가 잡아온 먹이로 제 새끼를 키우는 뻐꾸기는 말할 것도 없고, 나뭇가지를 땅 구멍에 집어넣었다가 거기 붙어 나오는 그 안의 벌레를 잡아먹는 침팬지, 바다에서 돌로 조개껍질을 깨뜨리고 그 알맹이를 꺼내먹는 물개와 거미줄을 쳐놓고 거기에 걸려드는 나비나 파리 등을 잡아먹는 거미 등 이기적 DNA를 포함한 모든 생물체가 나름대로의 기술을 갖고 있다고 할 수 있다.

그러나 이런 동물들의 생존 전략은 본능의 표출일 뿐이다. 즉 이것은 자연의 현상들로 호모사피엔스로서 인류라는 종에서 관찰되는 생존 전략의 기술이나 능력과는 질적으로 매우 다르다. 원시인들이 돌을 깨서 만든 칼이나 도끼, 끝에 독을 묻혀 짐승을 잡은 막대기조차 단순한 본능의 표출이나 자연 현상을 뛰어넘은 것이며, 오랜 경험과 나름대로의 논리적 사유를 통해 고안되고 전수된 것이기 때문이다. 인간의 기술은 자연의 일부에서 그치지 않고 언제나 인간의 생존 전략이자 인간이 제작한 생존 도구로서 문화의 범주에 속하며, 호모사피엔스와 더불어 생겨난 원시의 기술은 곧 문명사의 초석이 되었다.

인류라는 종의 역사를 그 밖의 다른 종들의 역사와 구별하는 개념을 '문명'이라는 낱말로 규정할 수 있다면, 문명사는 곧 '기술사'이며, 기술사는 자연사가 아니라 '문화사'이다. 우주론적이고 물리학적인 관점에서 볼 때 적어도 미립자의 차원에서 자연과 인간은 다 같이 시간의 흐름 안에서 부단한 변화의 과정에 있다. 그러나 모든 변화가 곧 역사는 아니다. 일정한 방향을 따라 발전하는 변화만이 역사의 일부가 될 수 있기 때문이다. 그러므로 자연에는 역사가 없고 오로지 인류에게만 가능한 것이다. 인류 이외의 물리적·생물학적 현상들에서는 그 존재 양식에서 발전으로 볼 수 있는 변화가 존재하지 않기 때문이다. 인간적 삶의 양식 변화를 역사라고 한다면, 자연의 존재 양식의 변화에서는 어떤 지향성도 찾아볼 수 없다. 거의 맹목적이고 반복적인 사건들의 연속에 지나지 않는다. 기술의 차원에서 봐도 다르지 않다. 결론적으로 인류의 역사를 말할 수 있는 것은 인류의 삶의 양식이 발전했기 때문이며, 인류가 발전할 수 있었던 것은 기술이 있기에 가능한 일이었다.

인류의 역사는 곧 기술 발전의 역사로 볼 수 있다. 장구한 역사 자체가 곧 기술의 역사였다. 인류의 기술은 때로는 점차적으로, 때로는 비약적으로 발전되어왔다. 석기·수렵 시대부터 디지털·후기 산업 시대에 걸친 인류발전의 오랜 과정에서 기술 발달은 단 한 번의 절대적 단절도 없이 지속적으로 이어져 축적되어왔다. 인류의 기술 발달사는 편의상 근대 과학 정립 이전과 그 이후의 두 단계로 구분해서 검토할 수 있다. 역사적 검증을 거친 후에 그 결과에 대해서 주목해야 하는 것이다.

첫 번째 단계는 다시 문자 발명 이전과 그 이후의 두 시기로 나눌 수 있다. 그 첫 시기에는 한 개인 혹은 한 세대가 발명한 기술이 잘해야 한 세대에서 다음 세대로 직접적 경험이나 구전에 의해 극히 제한적이고 느리게 전수되었을 것이다. 그 다음 시기에는 문자적 기록 및 문자 인쇄 기술의 발명에 의해 더 많은 정보가 보다 자세하게, 그리고 더 넓게 빠른 속도로 보급되어 축적되었을 것이다. 고대 수메르, 이집트, 인도, 중국, 그리스와 남아메리카의 잉카 및 아스텍 문명의 유물들은 오늘날 우리가 보아도 놀라운 기술을 입증하고 있다. 그럼에도 그 단계의 인류는 전기, 기차, 비행기, 원자력 발전소, 컴퓨터, 휴대전화, 인공위성, 달 탐사, 장기 이식 등은 꿈에도 상상할 수 없던 기술적 한계를 갖고 있었다.

두 번째 단계인 17세기 근대 과학의 태동 이후에는 기술의 개발과 전수가 단순히 감각적이고 경험적인 지식에만 의존한 것이 아니라 이론적 지식으로서의 과학에 근거했다. 이러한 점에서 그 이전의 기술 개발과는 발전과 전수의 양상이 근본적으로 달랐다. 즉 이전과는 비교할 수도 없이 비약적인 발전을 했고, 기술의 보급 또한 기하급수적인 속도로 널리 확대되었다. 도대체 과학은 무엇이며, 어떻게 과학은 경이로운 기술 발전의 토대가 되었는가?

인간을 비롯한 모든 동물의 삶은 행동의 연속이며, 모든 효율적인 행동은 올바른 자연관을 전제한다. 그런데 모든 인간이 다 같이 보는 자연에 대해서는 서로 상충되는 수많은 자연관이 존재한다. 그 수많은 자연관들은 두 가지 대립되는 큰 범주, 즉 한편으로는 전통적·물활론적·의인적·종교적인 것, 그리고 다른 한편으로는 근대적·유물론적·과학적인 것으로 나누어 묶을 수 있다. 전자의 자연관이 삼라만상의 자연 현상 원리를 영적 존재의 임의적 조정에서 찾는 데 반해서, 후자의 자연관은 똑같은 현상의 원리를 수학적으로 기술할 수 있는 자연의 기계적인 인과 법칙에서 찾는다.

그러나 어떤 존재가 독사인 동시에 썩은 새끼줄이 될 수 없는 것처럼 상충되는 두 가지 자연관이 동시에 참일 수는 없다. 적어도 둘 중 하나는 틀린 것이다. 누군가 독사를 새끼줄인 줄 알고 손을 댄다면 그는 독사에 물려 죽게 될 수 있다. 그렇다면 한 자연관의 진위를 결정하는 잣대는 무엇인가? 그것은 그 자연관에서 논리적으로 유추되는 구체적 결과의 진위에 있다. 지난 세기에 걸쳐 근대적·유물론적·과학적 자연관은 전통적·물활론적·의인적·종교적 자연관을 점차적으로 압도해왔다. 이것은 전자의 자연관이 창출해낸 현대 문명의 수많은 물질적·관념적 제품들과 그것들이 동반한 기적 이상으로 경이로운 실용적이고 구체적인 성과 때문이었다. 이러한 성과는 과학 기술로만 가능했고, 과학 기술은 과학적 자연관이라는 새로운 인식 양식을 전제하고 있기 때문이다.

과학이 인류에 기여한 바는 아무리 과장해도 충분치 않다. 과학은 인간이 지적으로는 무지에서 광명의 세계로 나아가도록 만들었으며, 기술적으로는 자연에 의해 억압을 받는 입장에서 자연의 정복자로 변화시켰고, 물질적으로는 빈곤을 극복하게 했으며, 자연의 주인으로 군림하며 번영을 누리면서 당당하게 살 수 있는 길을 터놓았다. 우주는 물론 지구의 역사에 비해서도 상대적으로 짧은 몇 만 년 동안 자연에 대한 공포에 떨며 연명해왔던 적은 숫자의 인류가, 지난 몇 백 년 동안 폭발적으로 증가한 것만 보아도 과학 기술의 힘을 잘 알 수 있다. 과학적 자연관은 문명의 등불이자 꽃이며, 과학 기술 문명은 인간의 승리이며 축복이다. 이성을 가진 자라면 그 누구도 과학적 자연관을 부정할 수 없고, 축복으로서의 과학 기술을 부정할 수 없다.

하지만 모든 것이 그러하듯이 과학적 자연관과 그 산물인 과학 기술 또한 상반되는 양면을 갖고 있다. 오늘날 과학적 자연관과 과학 기술은 자신의 극한적 한계를 넘어 다시 돌이킬 수 없는 절망 상태에 이른 것은 아닌가 하는 의문이 제기된다. 그렇다면 이 같은 문명의 위기는 어떻게 극복할 수 있는가? 우리가 지금 해야 할 가장 중요한 과제는, 우리가 직면한 문제를 회피하는 것이 아니라 냉정하게 분석하고 모든 지혜를 동원해서 합리적인 대답을 강구하는 작업이다. 과학 기술 문명의 어둠과 재앙의 징조는 두 가지로 분류하여 분석될 수 있다.

첫 번째는 관념적·정신적인 성격을 띤다. 과학적 자연관은 물질만이 아니라 인간을 포함한 모든 생명체를 기계적으로 작동하는 물질적 분자들로 환원시켰다. 그 결과 인간을 포함한 모든 것으로부터 초월적 세계, 자아, 영혼, 생명, 감동, 모든 가치, 그리고 존재의 '의미'를 추방하고, 오로지 물질로서의 기계적

작동 원리만을 서술하는 데 그침으로써, 인간의 삶은 물론 모든 것을 무의미한 사막으로 만들었다. 오늘날 인류는 물질적으로는 풍요하지만 정서적으로 빈곤하고, 편안하지만 행복하지는 않으며, 살아 있지만 죽어가고, 부족함이 없지만 공허하다.

여기서 우리는 과학적 기술, 한 걸음 더 나아가 근본적으로 과학적 자연관을 거부해야 한다고 주장할 수도 있다. 실제로 많은 이들이 차디찬 과학적 자연관을 저주하고, 따뜻하고 낭만적인 전통적·물활론적·종교적 자연관으로 되돌아가 안주하고자 한다. 그러나 이런 태도는 문제의 해결이 아니라 연장이거나 회피에 불과하다. 과학적 자연관은 나름대로 다른 자연관보다 옳다. 앞서 말했듯이 과학적 자연관에 기초한 관점과 기술에 의해서 우리는 자연을 나름대로 더 정확히 인식하게 되었고, 보다 편안하고 풍요로운 삶을 살고 있다. 실제로 과학의 폐해를 지적하고 저주하는 사람이라 해도 과학 문명의 혜택을 전혀 즐길 수 없던 과거의 삶으로 돌아가고자 하는 이가 있겠는가?

과학적 자연관이 참이라는 주장은, 가령 '$E=mc^2$'이라는 수학적 언어로 아인슈타인의 「일반상대성원리」가 표상하는 물리 현상의 에너지, 질량 및 광속도 간의 관계가 물리 현상을 있는 그대로 표상한다는 뜻이 아니라, 그와 같은 물리적 현상들이 위와 같은 수학적 공식으로도 기술될 수 있는 측면을 보여주는 것이다. 자연의 똑같은 물리 현상에는 허다한 측면이 있으며, 필요에 따라 수많은 다른 방식으로 표상된다. 과학적 인식 양식이 중요한 것은, 그것이 다른 인식 양식에 비교해서 인간이 자연을 다루는 데 가장 유익한 방법이기 때문이다. 또한 여기서 자세히 논증할 수는 없지만 과학적 자연관 안에서도 실존철학적 입장에서 마음, 영혼, 감동, 가치, 인생 및 존재 일반의 의미를 나름대로 찾을 수 있다고 확신한다.

두 번째 어둠과 재앙의 징조는, 보다 구체적이고 절박한 현실적 양상을 띤다. 과학 기술은 인간에게 거의 무제한적인 힘을 부여했다. 끝없는 욕망을 추구해온 인간은 자연을 무자비하게 약탈해왔고, 마침내는 핵무기나 생물학적 혹은 화학적 무기에 의한 끔찍한 대량 살상과 파괴의 가능성을 열어놓았다. 그 결과 자연적 자원의 고갈, 환경오염, 지구 온난화, 기후 변동, 생태계 파괴로 인한 지구의 죽음, 그에 따른 인간 자신의 물리적 조건까지도 근본적인 차원에서 위협하기에 이르렀다.

그러나 이러한 위기의 원천적인 책임은 과학적 자연관이나 과학 기술에 있는 것이 아니다. 이러한 위기는 인간 자신, 더 정확히 말해서 인간의 무지와 비합리적 욕망에서 비롯되었다. 놀라운 과학 기술의 발전으로 자연에 군림하게 된 인간이, 인간 자신도 자연의 일부에 지나지 않는다는 사실을 망각하게 된 것이다. 이솝 우화에서 자신이 소보다 더 크고 위대함을 입증하려고 자기의 능력의 한계를 망각한 채 배를 크게 부풀리고 있는 개구리의 형국이다. 언제 배가 터져 죽게 될지 모르는 그 개구리 말이다. 우리가 당면한 현대 과학 문명의 생태학적 위기를 극복하는 첫걸음은, 우리가 바로 이솝 우화의 그 개구리라는 실상을 깨닫는 것이다.

과학과 과학 기술을 무조건 거부하는 것도 어리석은 일이지만, 무조건 과학을 맹신하고 찬양하는 것도 똑같이 어리석은 태도이다. 자연에 대한 우리의 태도와 구체적인 행동의 선택은 감상적 신비주의가 아니라 과학의 합리적 자연관에 근거해야 한다. 하지만 그것은 근시적이 아니라 원시적인 관점에서, 파편적이 아니라 통합적인 큰 틀에서 결정되어야 한다. 바로 이런 맥락에서 과학과 인문학의 의미 있는 만남이 있어야 한다.

▶▶▷ 박이문, 「과학 기술과 인간」, 『과학, 축복인가, 재앙인가』, 이화여대 출판부, 2009, 96~106쪽.

연구과제

1. '근대적 · 유물론적 · 과학적 자연관'이 '전통적 · 물활론적 · 의인적 · 종교적 자연관'과 어떻게 다른지 개념적으로 정리해 보자.

2. 과학적 자연관만이 '참'이라고 주장하거나 무조건 과학만을 맹신하는 '과학만능주의'에는 어떠한 문제가 있는지 파악하고, 그 대안을 생각해 보자.

사이버 공간에는 중력이 없다

진중권

무대리가 과장을 거느리고 '30대 전문대 졸 무직자'가 논객으로 뜨는 세상

세컨드 라이프의 존재를 알게 된 것은 건축가 문훈을 통해서였다. 이 괴짜 건축가는 건축에 디지털 논리를 도입하는 데 관심이 있었다. 그 방법 중 하나는 건축에 내러티브를 부여하는 것이다. 마치 만화처럼 이어지는 스토리를 가진 작업의 첫 단계는 건물의 스케치로 시작된다. 얼마 뒤 그 가상의 스케치는 육중한 건물이 되어 현실 공간에 나타난다. 건축이 끝나면 건물은 다시 그림 속으로 들어간다. 건물의 바닥에는 이제 해파리 촉수 같은 것들이 돋아나고, 그것으로 공기를 휘저어가며 건물은 하늘로 날아오른다. "어디로 날아가는 겁니까?" "예, 세컨드 라이프 속으로요." 이미 세컨드 라이프에 부지까지 사놓은 그는 거기서 건물을 분양할 작정이라고 했다.

세컨드 라이프 해방군

얼마 전에 어느 외국의 인터넷 신문에서 읽은 기사, 듣자하니 세컨드 라이프에도 마침내 테러가 발생했단다. 처음에는 그저 몇몇 사이버 산보객(flaneur)만이 거닐던 이 한가한 가상 세계는 얼마 지나지 않아 전 세계 모든 나라에서 날아온 수백만 가입자가 북적거리는 거대한 대안 세계로 변했다. 현실에서처럼 거기서도 참가자들은 자신이 제작한 가상의 상품을 서로 사고팔고, 기업들 역시 이 가상세계의 잠재적 경제 가치에 주목해 막대한 자금을 투자하기 시작했다. 이렇게 끈끈한 물질적 이해관계가 있는 곳에서는 당연히 정치적 문제도 발생하는 법. 현실에서도 그 정치적 갈등은 종종 테러와 같은 극단적 방식을 취하지 않던가.

자식을 '세컨드 라이프 해방군(Second Life Liberation Army)'라 부르는 해커들이 마침내 수백만 세컨드 라이프 주민들을 위해 분연히 일어섰다. 주민들의 참정권과 투표권을 요구하며 이 해방의 전사들은 세컨드 라이프의 개발자이자 지배자인 린든랩을 향해 공격을 시작했다. 사실 세컨드 라이프가 현실이라면, 린든랩은 전제군주나 다름없기 때문이다. 테러는 목표로 삼은 상점에 하얀 공 모양의 폭탄을 터뜨려 그 근처에 있는 아바타들에게 상처를 입히는 식이다. 물론 교란의 시간은 짧고 세컨드 라이프의 아바타들에게도 큰 해를 끼치지는 않는다고 한다. 하지만 테러는 테러. 해방군의 행동 역시 실제 테러처럼 짧고 강력하고 인상적이다.

워낙 흥미로운 사건이니 이러쿵저러쿵 말이 없을 리가 없다. 사건을 접한 네티즌들은 테러에 대해 다양한 의견을 쏟아내며 격렬한 논쟁을 벌이기 시작했다. 현실에서처럼 그곳에서도 견해는 좌파와 우파, 진보와 보수라는 정치적 입장에 따라 확연히 갈리는 모양이다. 그 격렬한 논쟁의 주요 흐름을 어느 신문이 아주 깔끔하게 요약했다. "좌파의 시각: 사이버 공간에 기업의 돈이 들어와서 문제가 생겼다. 우파의 시각: 사이버 공간에 테러리스트들이 들어와서 문제가 생겼다." 하지만 그보다 더 흥미로운 것은 제3의 견해. "자연주의자의 시각: 사이버 공간에 인간이 들어와서 문제가 생겼다." 맞아, 그곳도 결국은 인간이 사는 곳이지…….

자아를 복수화하라

로비 쿠퍼(Robbie Cooper)라는 작가가 있다. 그는 세컨드 라이프에 들어오는 아바타의 실제 주인을 추적하는 작업으로 유명하다. 그는 아바타와 실제 주인을 사진으로 병치시켜 보여주는데, 그 두 캐릭터가 서로 흡사한 경우도 많지만 때로는 둘이 너무 달라 시각적 충격을 던져주기도 한다. 가령 강력한 물리력을 갖춘 로보캅을 아바타로 삼은 사람은 알고 보니 병상에서 인공호흡기를 달고 살아가는 루게릭병 환자였다. 그에게 아바타는 신체의 이상이리라. 세일러복을 입은 아리따운 여고생의 아바타를 입은 사람은 알고 보니 40대의 뚱뚱한 아저씨였다. 그에게 아바타는 아저씨의 신체 깊숙한 곳에 잠재된 또 다른 정체성의 발현이리라.

'정체성(identity)'이라는 말은 동시에 '동일성'이라는 뜻을 갖고 있다. 현실은 우리에게 오직 하나의 정체성만을 갖도록 강요한다. 예를 들면 남자는 남자로 확인되어야 하고, 여자는 여자로 확인되어야 한다. 이 규칙을 깨고 남자가 여장을 하거나 여자가 남장을 할 경우, 곧바로 '변태'라는 비난을 받는다. 하지만 정신분석학에서 말하듯 이 모든 사람들에게는 아니마와 아니무스, 즉 남자 속의 여자, 여자 속의 남자가 있다. 다만 그것이 '정체성'의 미시정치 속에서 발현되지 못할 뿐이다. 하지만 세컨드 라이프의 아바타는 한 사람이 다수의 정체성을 갖는 것을 허용한다. 과거의 '내 자신(myself)'은 세컨드 라이프 속에서 '내 자신들(myselves)'이 된다.

현실에서는 언제 잘릴지 몰라 노심초사하는 무능한 대리가 퇴근 뒤에는 온라인 게임으로 들어가 10만 추종자를 거느린 영주가 될 수 있다. 심지어 현실에서 그토록 자신을 구박하던 과장이 자신의 추종자 속에 들어가 있을 수도 있다. 이 무대리의 탁월한 능력은 현실에서는 발현될 수 없었던 것이고, 온라인 게임이 없었다면 아마 그는 자신이 어떤 능력을 가졌는지도 모르는 채 살다가 죽었을 것이다. 가상 세계가 없었다면 미네르바는 존재할 수 없었을 것이다. 학벌주의로 병든 한국의 현실에서 누가 '30대의 전문대 출신 무직자'의 말을 진지하게 들어주겠는가. 그런 의미에서 세컨드 라이프와 같은 가상 세계는 누구에게나 잠재된 능력의 발현지이기도 하다.

웜홀링

물리적 공간과 달리 사이버 공간에는 중력이 없다. 세컨드 라이프에서 우리는 중력을 이기고 자유로이 날아다닐 수 있다. 가상 공간 속에서 우리는 자신의 신체성에 대한 새로운 감각을 갖는다. 세컨드 라이프를 드나들며 우리는 신체화(embodiment)와 탈신체화(disembodiment)를 번갈아 체험한다. 그것은 어떤 의미에서 영적 체험을 세속화한 것이기도 하다. 이를테면 세컨드 라이프에서 하늘을 날아다니는 아바타의 이미지는 공교롭게도 17세기 이탈리아에서 갑자기 몸이 하늘로 떠올랐다는 성 주세페의 그림을 닮았다. 하늘을 날기 위해 더 이상 신의 은총이 필요한 것은 아니다. 세컨드 라이프 속에서 우리 모두는 성인(聖人)이 될 수 있다.

현실의 세계는 하나이지만, 가상의 세계는 여럿일 수 있다. 영국의 미디어 이론가 로이 애스콧(Roy Ascott)은 세 개의 'VR'에 대해 얘기한다. 하나는 물리적 법칙이 작용하는 '검증현실(validated reality)', 둘째는 디지털 테크놀로지가 만들어내는 '가상현실(virtual reality)', 셋째는 식물의 환각 작용을 이용해 입장할 수 있는 '식물현실(vegetable reality)'이다. 예를 들어 브라질에서는 환각제를 이용해 또 다른 세계로 넘어가는 것이 일상적인 종교 활동으로 널리 인정되고 있다. 애스콧은 이제 인류는 물리적 신체와 가상적 신체와 환각적 신체를 갈아 입으며 한 세계에서 다른 세계, 거기서 또 다른 세계로 자유로이 넘나들 수 있게 됐다고 주장한다.

물리학에서 블랙홀과 화이트홀을 이어주는 통로를 '웜홀'이라 부른다. 웜홀은 두 개의 구멍 밖에 있는 두 개의 우주를 연결하며, 그 사이를 순식간에 이동할 수 있게 해주는 통로인 셈이다. 애스콧은 이 동사를 명사로 만들어, 인간이 검증현실에서 가상현실로, 거기서 식물현실로, 거기서 다시 검증현실로 넘나드는 것을 '웜홀링'이라 부른다. 사회에 요구되는 이상적 인간상은 역사적으로 변화해왔다. 애스콧은 미래의 이상적 인간은 이렇게 여러 세계를 넘나드는 웜홀링의 능력으로 규정될 것이라 말한다. 누가 인간을 단 하나의 정체성을 가지고, 단 하나의 세계에 살도록 구금형을 내렸던가.

세컨드 라이프를 만든 린든랩은, 세컨드 라이프 해방군이 주장하듯이, 사이버 공간의 전제군주일지도 모른다.

▶▶▷ 정재승·진중권, 「사이버 공간에는 중력이 없다」, 『크로스』, 웅진지식하우스, 2010, 255~261쪽.

연구과제

1. 아바타(Avatar)는 힌두교에서 지상 세계로 강림한 신의 육체적 형태를 뜻하는 산스크리트어 '아바타라'에서 온 말로, 사이버 공간에서 유저(user)가 스스로의 모습을 부여한 대상을 뜻한다. 이를 통해 우리는 어떻게 복수적 정체성을 구현하고 있는지, 본문에서 거론하고 있는 예시로 정리해 보자.

2. 언제 어디서나 사이버 공간에 접속할 수 있는 유비쿼터스의 시대에, 우리가 온라인에 접속하는 행위 자체가 '웜홀링'이라고 할 수 있다. 우리는 하루에도 무수히 자신의 신체를 갈아타고 공간을 넘나든다. 세컨드 라이프와 같은 '가상 세계'의 등장이 현대 사회에 어떠한 영향을 끼치고 있는지 생각해 보자.

살아있는 DNA

리처드 도킨스(Richard Dawkins)

태양이 지구 주위를 도는 것이 아니라 지구가 태양 주위를 돈다는 사실만큼이나, 오늘날의 진화론은 당연한 사실로 받아들여지고 있다. 그럼에도 불구하고 다윈의 진화론이 의미하는 바에 대해서는 아직도 더 많은 이해가 필요하다. 동물학은 대학에서 여전히 작은 학문 분야에 불과하며, 철학과 인문학 분야 대부분의 과목은 다윈의 발견이 있기 전과 비교하여, 그 내용이 크게 변하지 않았다. 그렇다고 내가 이 책에서 다윈의 진화론을 널리 전파하려는 것은 아니다. 나는 한 가지 문제에 집중하여 진화론이 의미하는 바를 깊이 살펴보려고 한다. 구체적으로 내가 다루고자 하는 문제는 생물학에 있어서의 이기주의와 이타주의에 대한 것이다.

이 문제는 학문적으로 흥미로울 뿐 아니라, 인간사 일반에서도 중요한 의미를 갖는다. 예를 들어 사랑과 증오, 다툼과 도움, 주는 것과 훔치는 것, 그리고 욕심과 자비심 등이 모두 이 문제와 밀접히 연관되어 있다. 만약 인간사회를 지배하는 유일한 원리가 인간 유전자의 철저한 이기주의라면, 이 세상은 매우 삭막한 곳이 될 것이다. 그러나 우리가 원한다고 해서 인간 유전자의 철저한 이기성이 사라지는 것도 아니다. 인간이나 원숭이나 모두 자연의 선택과정을 거쳐 진화해왔다. 자연이 제공하는 선택과정의 살벌함을 이해한다면, 그 과정을 통해서 살아남은 모든 개체는 이기적일 수밖에 없음을 알게 될 것이다. 우리가 인간, 원숭이, 혹은 어떤 살아 있는 개체를 자세히 관찰한다면, 그들의 행동양식이 매우 이기적일 것이라고 예상할 수 있다. 우리의 이런 예상과 달리, 인간의 행동양식이 진정한 이타주의를 보여준다면, 이는 상당히 놀라운 일이며, 뭔가 새로운 설명을 필요로 한다.

이 문제에 대해서는 이미 많은 연구와 저서가 있었다. 그러나 이 연구들은 대부분 진화의 원리를 정확히 이해하지 못해서 잘못된 결론에 도달했다. 즉 기존의 이기주의-이타주의 연구에서는 진화에 있어서 가장 중요한 것이 '개체'의 살아남음이 아니라 '종' 전체, 혹은 어떤 종에 속하는 한 그룹의 '살아남는 것'이라고 가정했다. 나는 성공적인 유전자가 갖는 가장 중요한 특성은 이기주의이며, 이러한 유전자의 이기성은 개체의 행동 양식에 철저한 이기주의를 심어주었다고 주장한다. 물론 어떤 특별한 경우에 유전자는 그 이기적 목적을 달성하기 위해서 개체로 하여금 제한된 형태의 이타적 행위를 보이도록 하기도 한다. 하지만 조건 없는 사랑이나 종 전체의 이익이라는 개념은, 우리에게 그런 개념들이 아무리 좋아 보이더라도, 진화론과는 상충되는 생각들이다. 진화론의 관점에서 이기주의와 이타주의의 문제를 들여다보는 가장 타당한 견해는 자연의 선택이 유전의 가장 기본적인 단위에서 일어난다고 생각하는 것이다. 즉 생물의 이기주의가 작동하는 기본 단위는 종이나 종에 속하는 한 그룹이나, 개체가 아니며 바로 유전자라고 주장한다.

생물의 이기적인, 혹은 이타적인 행동의 예를 살펴보자. 여기서는 주관적인 판단을 피하기 위해 인간이 아닌 동물의 예를 먼저 들여다보고자 한다.

검은머리 갈매기는 커다란 군집을 이루며 살아가고, 서로 가까운 곳에 둥지를 튼다. 갈매기가 처음 알에서 깨어났을 때에는 이들은 한 입에 삼켜버릴 수 있을 정도로 작으며, 무방비 상태이다. 갈매기들은 흔히 이웃 둥지의 어미 갈매기가 사냥을 나가서 둥지를 비운 사이, 그 둥지의 어린 새끼를 먹어치우곤 한다. 이렇게 함으로써 갈매기는 사냥의 수고나 자기 둥지를 비워야 하는 위험 없이 좋은 영양을 취할 수 있다.

한편 이타주의의 예로는 일벌의 침을 들 수 있다. 일벌은 벌집의 꿀을 훔치려는 침입자에 대항해서 침을 쏜다. 그러나 침을 쏜 일벌의 행동은 가미카제의 자폭 비행과 유사하다. 벌이 침을 쏘는 과정에서 벌의 내장이 함께 튀어나오고, 그 결과 벌은 곧 죽는다. 침을 쏜 벌의 희생으로 벌떼의 식량이 보존되었으나, 남아 있는 식량은 죽은 벌에게는 아무런 의미도 없다. 일벌이 이 과정에서 개체로서 어떤 목적 의식을 가지고 있었는지는 알 수 없으나, 그 행동이 이타적이었음에는 틀림없다.

▶▶▷ Richard Dawkins, The selfish gene, Oxford University Press, 1976; 고려대학교 편찬위, 「살아있는 DNA」, 『자연과학과 글쓰기』, 고려대 출판부, 2004, 17~18쪽.

연구과제

1. 필자가 기존의 진화 원리-'개체'의 살아남음이 아니라 '종' 전체, 혹은 어떤 종에 속하는 한 그룹의 '살아남는 것'-에서 생물의 기본단위인 '유전자'의 이기성으로 논의를 전환한 이유를 설명해 보자.

2. 이 글에서 나타난 것과 같이 과학적 이론이 그 이전과 전혀 다른 시각으로 접근할 경우, 학문의 발전은 어떠한 양상을 나타내는지 다음의 글을 참고하여 설명해 보시오.

최근 몇몇 과학사학자들은 축적에 의한 발전(development-by-accumulation)이라는 개념으로는 그들에게 부과된 기능을 완수하기가 점점 더 어려워진다고 느끼고 있다. 다시 말하자면, 증대적인 과정에 대한 연대기 기록자로서 그들은 깊게 파고들수록 다음과 같은 물음에 답하기가 더욱 곤란해진다는 것을 발견한다: 산소는 언제 발견되었는가? 에너지 보존법칙에 대해서 처음으로 알아낸 사람은 누구인가? 몇몇 과학사학자들은 갈수록 이것들이 질문하는 것조차 잘못된 유형의 물음이 아닌가 생각한다. 아마도 과학은 개별적인 발견과 발명의 축적에 의해서 발달되는 것이 아닐 것이다.

▶▶▷ 토머스 S. 쿤, 『과학혁명의 구조』, 김명자 옮김, 까치, 2002, 22~23쪽.

4. 자기소개서

오늘날 대부분의 기업/단체들은 입사지원서를 받을 때 자기소개서를 필수로 요구한다. 또한 외국의 경우 대학/대학원 진학을 위해서도 자기소개서는 필수항목이 되고 있다. 자기소개서 작성에서 명심해야 할 원칙들을 소개하면 다음과 같다.

1. 일반적으로 자기소개서를 구성하는 항목들은 ① 성장과정, ② 성격, ③ 활동사항, ④ 지원동기/포부의 네 영역이다. 각 항목별로 다른 내용을 쓰게 되지만 제출하게 될 자기소개서는 '하나의' 글이다. 그러므로 네 개의 항목들은 유기적으로 연관되도록 작성해야 한다. 예컨대 특기활동과 지원동기가 아무 상관이 없이 기술되어서는 안 된다는 것이다. 지원하고자 하는 목표에 초점이 모이도록 네 항목들 간의 연관성을 고려해야 한다.
2. 어떤 항목을 서술하든 공통적으로 구태의연한 표현을 최대한 피해야 한다. 그러기 위해서는 편하게 쓰려는 마음을 버려야 한다. 내가 지금 쓰는 이 표현이 혹시 누구나 편하게 쓰는 표현은 아닌지 항상 점검해야 한다.
3. 상대가 필요로 하는 바를 파악하는 것은 자기소개서의 기본이다. '자신이 지원할 대상에 대하여 연구하라!'
4. 규격화된 양식이 없는 자기소개서의 경우, 자기소개서의 일반적인 네 항목들을 굳이 골고루 쓸 필요는 없다. 독자에게 확실한 인상을 줄 수 있는 한두 가지에 집중하는 것도 방법이 된다. 특히 창의적 사고를 요구하는 직종의 경우 더욱 틀을 깨는 작업이 필요하다. 최대한 창의적으로 사고하라!

5. 전체의 제목이나 항목 별 소제목을 개성 있게 한 마디로 집약해 준다면 더 좋은 자기소개서가 될 것이다.
6. 전체적으로 솔직하게 서술해야 한다. 작위적으로 서술하면 본인이 보기에는 그럴 듯해 보일지 모르나 결국은 표가 나게 마련이다. 솔직하게 서술하는 것은 그 자체로 읽는 사람의 마음을 움직이는 힘이 된다.

다음【예문】은 위의 원칙들을 비교적 잘 지켰을 뿐 아니라 자기소개서의 구성 항목들을 모두 갖추고 있는 한 편의 완성된 글이다.

예문

1. 성장과정

〈아버지 따라서 막노동하러 다녀!〉

"아버지 따라서 막노동하러 다녀!" 학창시절 제가 말썽을 피울 때마다 항상 어머니께서 하시던 말씀입니다. 하지만 저는 이 말이 나쁘게 들리지 않았습니다. 어렸을 때 아버지의 일터에서 보았던 도로포장을 위한 중장비와 검은 아스팔트는 굉장히 멋있었고 나중에 크면 저도 아버지처럼 일하겠다고 항상 생각하고 있었기 때문입니다. 중고등학교에 진학하면서 제 꿈은 점점 더 구체화되었고 결국은 토목공학과에 입학했습니다. 토목공학을 전공하면서 힘든 일도 있었지만 제가 하고 싶었던 공부였기 때문에 언제나 즐거운 마음이 더 컸습니다.

〈성실함이 저의 재능입니다〉

2007년 9월부터 두 달 간 CJ택배에서 상하차 아르바이트를 했었습니다. 매일 잠을 잘 때 일하는 꿈을 꾸었을 정도로 힘들었습니다. 하지만 하루도 빠지지 않고 성실하게 일했고 두 달 동안 약 100만원을 벌었습니다. 또한 동시에 학교 공부도 소홀히 하지 않았습니다. 아르바이트 때문에 시간은 부족했지만 틈틈이 공부를 했고 결국은 성적우수 장학금을 받았습니다. 당시에 제가 얼마나 열심히 살았는지 지금 생각해보면 정말 뿌듯합니다. 이 경험을 바탕으로 지금도 매일 노력하며 성실하게 살고 있습니다.

2. 성격 및 생활신조

〈내성적인 성격, 그래서 더 완벽하게〉

내성적인 성격으로 인해서 대학교 저학년 때는 프레젠테이션을 할 때 긴장을 많이 했었습니다. 또한 긴장으로 인해서 준비했던 것을 100% 보여줄 수 없었습니다. 몇 번의 PT 실패이후 준비와 발표 연습을 완벽하게 하기 시작했습니다. 완벽한 준비와 연습으로 자신감이 생겼고 그로 인해 긴장감도 어느 정도 줄어들 수 있었습니다. 다수의 PT경험으로 긴장하는 것은 많이 개선되었고 준비를 완벽하게 하는 습관은 지금도 남아 있습니다. 내성적인 성격을 보완하기 위해 들였던 습관이 지금은 저의 장점이 되었습니다.

〈토목업계의 박지성이 되겠습니다〉

재료역학이라는 과목이 있습니다. 처음에는 그 과목이 어렵게 느껴졌습니다. 하지만 토목공학을 공부하기 위해서는 필수적으로 마스터해야하는 과목입니다. 그래서 수업시간에 교수님의 수업내용을 MP3에 녹음하며 철저한 예습과 복습을 했습니다. 시험기간에는 잠을 3시간 정도만 자면서 시험공부를 했습니다. 결국은 좋은 학점을 받을 수 있었고 노력하면 안 되는 것이 없다는 것을 다시 한 번 확인했습니다.

박지성은 천부적인 재능은 작았지만 끊임없는 노력으로 세계 최고의 선수가 되었습니다. 저 역시 박지성처럼 끊임없는 노력으로 항상 최선을 다 하는 것을 제 신조로 삼아 생활하고 있습니다.

3. 활동사항 및 경험

〈동료들의 소중함을 알고 있습니다〉

고등학교 3학년 겨울방학에 대학교 등록금 마련을 위해 동묘역 롯데캐슬 건설현장에서 일용직으로 일한 적이 있습니다. 단순한 잡부였기 때문에 매일 하는 일이 달랐고 처음 해보는 막노동이었기 때문에 무척 힘들고 적응하기도 어려웠습니다. 처음에는, 중간에 도망칠 생각을 매일 했습니다. 하지만 등록금을 마련해야 했고 부모님 부담을 덜어드리고 싶었기 때문에 포기할 수 없었습니다.

당시에 같이 일했던 분들은 대부분 50대 아저씨였습니다. 나이가 어렸던 저는 아저씨들을 대하기가 어려웠습니다. 하지만 매일 하루도 빠지지 않고 출근하고, 힘쓰는 일을 먼저 나서서 했더니 아저씨들께서 하루 이틀 일하고 빠지는 일반 학생들과 저를 다르게 대해주시기 시작했습니다. 점심시간에는 간간이 막걸리를 사주셨고 제가 아저씨들 휴대폰에 번호 저장하는 것을 도와드리면 담뱃값하라고 몇 천원을 쥐어 주셨습니다. 아저씨들과 함께 했던 점심시간 잠깐의 낮잠과 오후의 새참시간은 정말 행복했습니다.

아저씨들과 같이 일하면서 힘든 일이었지만 즐겁게 일할 수 있었고 등록금도 마련할 수 있었습니다. 결과적으로 좋은 사람들과 같이 일을 하면 힘든 일도 쉽게 극복해낼 수 있다는 것을 배웠습니다. 저 역시도 좋은 사람이 되어서 주변 사람들, 동료들에게 큰 힘이 되겠다고 다짐했습니다.

4. 지원동기 및 포부

〈00건설에서 제 꿈을 이루고 싶습니다!〉

저의 꿈은 토목분야에서 세계적인 전문가가 되는 것입니다. 대학에서 전공지식을 충분히 익혔고 영어공부도 열심히 했습니다. 그리고 눈, 비오는 날을 제외하고 매일을 새벽에 일터로 출근하시는 아버지로부터 진정한 성실함도 배웠습니다. 또한 여러 아르바이트와 간접적인 사회경험을 통해서 동료애의 소중함도 이미 알고 있습니다. 귀사는 1967년 설립이후 플랜트, 토목 등의 분야에서 많은 경험과 기술을 보유한 국내 선두 업체입니다. 그리고 다수의 해외수주와 성공적인 공사로 세계적인 종합 엔지니어링 업체가 되었습니다. 귀사는 저의 꿈을 이루기 위한 최적의 기업입니다. 귀사에서 제 꿈을 실현시키고 싶습니다.

지금 국내에는 수많은 건설업체가 있습니다. 국내 건설시장도 중요하지만 앞으로는 건설의 해외진출이 필수가 될 것이라는 점은 상식입니다. 귀사가 이미 이 부분에서 큰 성과를 이루었음도 잘 알고 있습니다. 귀사가 해외사업에 주력한다면 머지않아 세계 1위의 건설업체가 될 것이라고 생각합니다. 저 역시 입사 후 저의 역량을 키우고 외국어 능력을 보완하여 세계적인 토목 전문가가 되겠습니다. 그리하여 귀사가 세계 1위의 건설업체가 되는 데에 크게 기여할 것입니다.

〈글쓰기에 앞서〉

자기소개서를 제출할 구체적인 대상과 상황을 설정한다. 실용문으로서의 자기소개서는 단순히 내가 어떤 사람인가를 알리는 고백적인 글이 아니다. 일기나 에세이 등과는 구분되는 대단히 실용적인 글이다. 물론 허위로 꾸며서 작성해서는 절대 안 되겠으나, 읽는 대상을 항상 염두에 두고 써야 하는 게 자기소개서이다. 우리는 통상 친구를 사귈 때에도 그 친구의 성격이나 나에 대한 기대를 고려하여 내가 가지고 있는 어떤 특정한 면을 보다 더 부각하여 보여주지 않는가? 자기소개서도 마찬가지이다. 읽는 사람의 입장을 고려하여 나의 면모를 알려야 한다. 상황에 따라, 지원대상의 성격에 따라 내용을 조정하는 융통성이 필요하다.

1) 성장과정에 대한 소개

(1) 이력서와 차별화하라.

잘못된 예

저는 충청남도의 작은 어촌인 00군 00면 00리에서 태어나 xx초등학교와 xx 중학교, xx 고등학교를 졸업하고 대학은……

분석: 잘못된 자기소개서에 속하는 전형적인 예이다. 자신의 출신지역과 출신학교는 이력서에 기재하도록 되어 있다. 이미 이력서에 기재되어 있는 정보를 자기소개서에서 반복한다면 식상한 느낌을 줄 뿐이다. 더구나 이런 식의 서술을 시작으로 삼는다면 독자의 관심을 끌 가능성은 사라지고 만다.

잘된 예

제가 다닌 초등학교는 충청남도의 작은 어촌에 있는 작은 분교였습니다. 전교생이라야 스무 명이 채 되지 않는 학교였습니다. 그런 까닭에 학교 선배들이 곧 형, 누나였고 후배들은 친동생이나 다를 바 없었습니다. 가족과 같은 따뜻함이 선생님과 선·후배 사이에 있었습니다. 이런 경험 때문인지,

저는 어디를 가든 함께 생활하는 사람들을 가족처럼 느끼는 경향이 있습니다.

분석: 이력서는 자신의 표면을 객관적으로 보여주기 위한 문서이다. 그렇지만 이력서는 당사자의 품성이나 자세와 같은 내면적 사항을 기록하지는 못한다. 이력서에는 기재할 수 없는 내면의 정체를 보여주는 것이 자기소개서이다. 위의 예문은 한 사람의 성장배경이 그 사람의 품성을 어떻게 형성시켰는가를 보여주는 전형적인 예에 속한다. 자기소개서의 성장과정 부분에서 중요한 것은 어떤 학교를 나왔는가가 아니라 그것이 어떤 나를 만들었는가 하는 점이다.

(2) 특이한 점을 서술하라.

잘못된 예

저는 1남1녀의 장녀로 책임감을 배우며 자랐습니다. 동생과 함께 생활하면서 협조와 타협의 필요성도 배웠습니다.

분석: 장남, 혹은 장녀임을 내세워 책임감을 이야기하려면 적어도 동생들이 셋 정도는 되어야 할 것이다. 대부분의 가정들이 둘 정도의 자녀를 두고 있는 요즘 상황에서 둘 중의 첫째인 것을 내세운다는 것은 아무 의미 없는 일이다. 위의 예문과 같이 동생 하나가 있다는 것을 근거로 '책임감'에다 '협조와 타협'까지 이야기한다면, 누가 읽더라도 공감하기 어려운 이야기가 될 수밖에 없을 것이다.

잘된 예

제가 어릴 적부터 지금까지 어머니는 시장에서 국밥을 팔고 계십니다. 국밥의 재료를 준비하기 위해 20년을 넘는 세월 동안 어머니께서는 직접 새벽같이 시장으로 향하십니다. 가장 신선한 채소와 선지를 당신께서 직접 구입하기 위해서입니다. 그래서인지 어머니의 국밥집에는 항상 손님이 바글바글합니다.

이런 어머니를 보면서, 조금 성과가 있다고 방심하는 것은 언젠가는 실패를 낳고 말리라는 경각심을 배웁니다. 인생에서 한 순간도 안일한 삶을 살아서는 성공할 수 없겠구나 하는 생각을 배웁니다.

분석: 어머니가 20년을 넘게 국밥집을 하고 계시다면 평범한 배경이라고는 할 수 없는 일이다. 혹 자기 성장배경에 이런 특이한 상황이 있었다면 자기소개서에서 결코 놓쳐서는 안 될 것이다. 특이한 배경·상황·경력은 일단 읽는 사람의 주의를 끌게 한다. 물론 특이함 자체만으로는 부족하다. 그 특이한 경험이 자신의 가치관이나 태도와 어떤 식으로든 연관되어야 할 것이다. 위의 예문의 두 번째 문단이 예가 된다.

연구과제

자신의 성장과정에 대해 500자 내외로 소개해 보라.

2) 성격 및 자질에 대한 소개

(1) 구체적인 근거를 제시하라.

잘못된 예 1

저는 사소한 것에서는 양보를 많이 하는 편이지만 내가 한번 승부를 건 일에 대해서는 절대 양보하지 않는 성격입니다. 그렇다고 무턱대고 아무 것에나 승부를 걸지는 않습니다. 성격은 차분하면서도 사교적이고, 인물형은 리더형입니다.

분석: 위의 예문에서 제시되는 성격은 크게 두 가지이다. 첫째, 큰일에 맞닥뜨려서는 결코 양보하지 않는 승부사적 기질이 있다는 것. 둘째, 사교적인 리더형이라는 것. 그렇지만 이를 입증할 만한 어떤 구체적인 예도 제시되지 않았기 때문에 전혀 설득력이 없다. '승부사', '리더' 등을 말했지만 본인 스스로가 가지고 있는 자아상일 뿐 객관적 지표로 입증되지도 않았고 타인이 바라보는 모습으로 제시되지도 못했다.

잘못된 예 2

저는 새로운 것을 배우고 경험하기를 좋아합니다. 고등학교에 입학해서도 학생회에서 다양한 활동을 하며 학교의 여러 행사들을 계획하며 추진하였고, 학교를 다니면서도 여러 활동에 참여하여 다양한 체험을 하였습니다.

분석: 위의 예문에서 보듯, '다양한 활동을 하였다'는 말로 예를 제시한 것처럼 생각하는 학생들이 종종 있다. 이는 착각에 지나지 않는다. 학생회에서 어떤 '다양한 활동'을 하였는가? '여러 활동'과 '다양한 체험'은 구체적으로 어떤 것들인가? 명확하고 구체적이지 않으면 예를 제시한 것이 아니다.

잘된 예

성실함과 책임감이 겸비된 일꾼 - 성장과정 및 성격

'똑똑한 사람도 부지런한 사람은 이기지 못한다'라고 항상 강조하시는 아버지께서는 제가 초등학교에 들어갔을 때부터 아침 6시면 누님과 저를 깨우셨고 항상 함께 뒷산을 오르십니다. 처음엔 어린 마음에 남들처럼 늦잠도 자고 싶었고 힘들게 매일 등산은 왜 하냐고 투덜댔지만 군 생활을 시작했을 때 항상 남보다 먼저 깨어 있고 앞서서 행동하는 나 자신을 발견했을 때 이러한 규칙적이고 건강한 생활이 얼마나 중요한지를 처음 느낄 수 있었습니다.

저는 지금까지 아무런 노력 없이 용돈을 받아 본 적이 없습니다. 어렸을 때는 용돈을 받기 위해 아버지의 차를 닦거나 어머니의 심부름을 도맡아 했고 군 전역 후에는 6개월간 우리은행에서 사무보조 아르바이트를 하여 학비를 스스로 마련했습니다. 어릴 적에는 엄하기만 하신 부모님이 이해가 되지 않기도 했지만 지금의 저는 천재는 노력하는 사람을, 노력하는 사람은 즐기는 사람을 이기지 못한다는 걸 되새기며 어제의 나보다 나은 오늘의 내가 되게 노력하고 있습니다.

고등학교부터의 습관 중의 하나가 자기 전에 반드시 하루 동안의 일과를 되새겨보고 잘한 점과 잘못한 점을 반성하는 것인데 자기 발전에 도움이 되어 지금까지 계속하고 있습니다. 앞으로 제가 맡을 업무에도 성실하고 책임감 있는 태도로 임할 것입니다.

분석: 그냥 '나는 부지런하다'고 말하는 것은 아무런 이야기도 하지 않은 것이나 다름없다. 부지런하다는 것을 입증할 수 있는 구체적인 근거를 제시해야 한다. 위의 글에서처럼 '초등학교 입학 때부터 지금까지 아침 6시에 기상하여 뒷산을 올랐다'는 식의 구체적 근거가 있어야 한다는 뜻이다. 이 근거는 '군 생활이 어렵지 않았다'는 진술을 통해 더욱 설득력을 얻고 있다.

두 번째 문단에서는 '자신이 필요한 바를 남에게 의존하지 않고 스스로 노력해 얻는다'는 자세를 입증하기 위해 '용돈을 받기 위해 일(구체적으로 '세차'라고 명시)을 했다'는 것과 '학비를 벌기 위해 사무보조를 했다'는 것을 근거로 들고 있다. 이렇게 위의 두 문단에서 설득력 있는 근거를 제시함으로 인해, 마지막 문단에서 제시된 '하루 일과를 반성하는 습관'도 (입증할 수 없는 사실임에도) 설득력을 가지게 된다.

(2) 단점을 고치겠다는 접근보다는 그러한 성격이 갖고 있는 긍정적 측면을 부각하라.

잘못된 예

저는 무엇이든 과감하게 처리하기를 좋아합니다. 그러다 보니 일을 세밀하게 챙기지 못할 때가 많아 이를 고치려고 노력하고 있습니다.

분석: 쉽게 찾아볼 수 있는 잘못된 자기소개의 예이다. 단점을 고치겠다는데 그것이 왜 문제인가? 가장 핵심적인 문제는 성격이나 기질 상의 단점이 그리 쉽게 고쳐지지 않는다는 사실에 있다. 과감하고 잘 나서는 성격이라면 세밀한 부분을 챙기는 데에는 종종 문제가 생길 수 있지 않을까? 자기소개서를 읽는 사람들은 대개 인생의 선배들이며, 이들은 자신의 경험으로 성격이 쉽사리 바뀌지 않는다는 것을 잘 알고 있다. 어설프게 단점을 고치겠다고 말하는 것은 오히려 자기소개의 진정성을 떨어뜨릴 뿐이다. 진정으로 자기 성격을 개조하려는 의지를 보여줄 수 있는 확실한 노력을 함께 서술하거나, 그게 아니라면 그러한 성격이 가지고 있는 긍정적 측면을 부각하는 게 바람직하다.

잘된 예 1

저는 A형이라 그런지 소심하고 내성적인 편입니다. 소심한 사람은 매사를 신중히 생각하며 내성적인 사람은 남의 심정을 잘 헤아리는 경향이 있다고 합니다. 실제로 저는 발표를 앞두면 다른 친구들보다 훨씬 많은 시간을 투자하여 철저히 준비합니다. 또 조 활동에서는 구성원들의 처지를 잘 헤아려 문제가 있을 만한 부분을 잘 보완하는 까닭에 사람들이 모두 좋아합니다.

분석: 소심하고 내성적인 성격을 적극적이고 외향적인 성격으로 바꾸겠다고 하는 것은 설득력이 없다. 그보다는 위의 예문과 같이 그 성격이 가지고 있는 긍정적 측면을 부각하는 편이 훨씬 설득력을 가지게 된다.

잘된 예 2

자라오면서 저는 선생님들이나 어른들로부터 생각이 엉뚱하고 논리적이지 못하다는 지적을 종종 받아 왔습니다. 엉뚱한 성격은 보기에 따라 기발하고 창의적인 성격을 의미할 수 있습니다. 실제로 심심해서 생각해 본 아이디어가 교내 발명대회에서 채택되기도 하였고, 아이디어 공모전에서 입상한 경우도 여러 번 있습니다. 엉뚱함은 보통 사람들이 잘 생각하지 못하는 창의성을 의미하는 것이라 생각합니다.

분석: 자라면서 생각이 엉뚱하다는 지적을 많이 받았다면 분명 단점이라 할 만한 것이다. 그렇지만, 이것은 일반적인 사람들의 상식과는 다른 생각을 잘 한다는 뜻이 되고 활용 여부에 따라 창의성의 근거가 되기도 한다. 위의 예문은 자신의 엉뚱한 성격을 창의성으로 전환하여 내세운 경우이다. 이 경우에도 구체적인 예를 함께 서술하는 것을 빠트리지 않는 것이 포인트이다.

(3) 성격 변화를 이야기하려면 반드시 구체적인 계기를 제시하라.

잘된 예

중학교 때의 저는 소극적이고 내성적인 성격이었습니다. 남 앞에 나서기 어려워했고 다른 친구들과 말을 제대로 섞지 못했지만 혼자 있는 시간이 많았기에 항상 책을 손에서 놓지 않았습니다. 특히 관심을 가진 분야는 역사였습니다. 역사책을 읽으면서 과거의 행적들을 살펴보고, 현재 일어나는 일들과 연관시켜 보면서 나름대로 이유를 생각해보는 등 많은 시간을 과거의 사람들과 보냈습니다. 또한 저는 감수성이 많았기 때문에 타인의 기쁨과 고통에 공감할 수 있었습니다. 친구의 어머님께서 돌아가셨을 때 친구보다 더 많이 울던 제 모습은 아직도 기억에 남습니다.

그러던 제가 친구의 권유로 마술을 접하게 되었습니다. 다른 사람들이 생각지 못하는 놀라운 무언가를 보여준다는 것은 상당히 재미있는 일이었습니다. 평소에 하던 독서도 멀리 한 채 마술 연습에만 몰두하게 되었습니다. 마술 실력은 늘어갔고 친구들에게만 보여주던 마술을 점차 처음 보는 사람들에게도 보여주기 시작했습니다. 밤잠도 거르면서 연습한 마술을 다른 사람들에게 보여주었을 때 사람들은 저를 보고 환호했고 그 때 얻는 기쁨과 만족감은 평소의 소심하고 내성적인 성격을 적극적이고 외향적인 성격으로 바꾸어주는 동기가 되었습니다. 또한 마술을 보여주기 전에 사람들을 이해시켜야 하기 때문에 자연스레 말솜씨도 늘었습니다.

분석: 학생들 가운데는 자신의 성격 변화를 자기소개서에 쓰고 싶어하는 경우가 있다. 이 때 유의할 것은 성격변화의 구체적 계기를 반드시 서술해 주어야 한다는 점이다. 위의 예문은 이 점에서 모범적인 경우에 해당한다. 지나치게 장황하지 않으면서도 매우 실감있고 구체적으로 자신의 소극적이던 성격이 적극적인 성격으로 바뀌게 된 계기를 서술하고 있다.

연구과제

자신의 성격/자질에 대해 500자 내외로 소개해 보라.

3) 특기 및 활동사항에 대한 소개

(1) 자신을 부각시킬 수 있는 것을 제시하라.

잘못된 예

저는 안 해본 일이 없을 정도로 경험이 풍부합니다. 무슨 일이든 시켜만 주시면 잘 해낼 자신이 있습니다.

분석: 언뜻 보면 적극적 자세가 좋아 보이지만, 만약 이 소개서가 입사용이라면 위의 예문은 대단히 위험한 내용에 속한다. 우선, 안 해본 일이 없다면 어느 한 분야에라도 전문성을 갖추고 있을까 의심을 하게 만든다. 오늘날 사회는 이것저것 조금씩 할 수 있는 사람보다는 한 분야라도 확실한 전문성을 갖춘 사람을 요구한다는 사실을 잊어서는 안 된다. 게다가 젊은 나이에 안 해본 일이 없다면, '한 곳에 오래 붙어 있지 못하는' 사람일 가능성이 크다. 사람을 뽑는 입장에서 가장 기피하는 대상이 금방 '자리를 털고 일어나는' 사람이다. 별 생각 없이 기술하다가 크게 낭패를 볼 수 있는 경우라고 할 수 있다.

잘된 예

무역회사(상사)에 지원한 예

1학년: 축구동아리 매니저로 활동 - 조직생활에 필요한 인간관계 습득. 술 실력이 늘어남.

2학년: 여름방학 때 유럽배낭여행을 감 - 영어공부의 필요성을 절감한 후 회화뿐 아니라 비즈니스 영어를 공부하기 시작함.

3학년: '동남아경제의 분석'이라는 대형 리포트 작성, '국제경제연구모임'을 조직하여 기업의 해외 진출 방안에 대해 연구 토론하고 교내대회에도 출전.

4학년: 마케팅, e-비지니스, 생산관리 등의 과목 수강, 여름방학 동안 물류회사에서 서류작성 아르바이트. 현재 무역영어검증시험 준비 중.

분석: 언뜻 보아 자신의 대학생활을 산만하게 서술한 것처럼 보이나, 가만히 살펴보면 모든 활동들이 하나로 집중됨을 알 수 있다. 확실하게 내세울 경력이 떠오르지 않는다면, 이렇게 지원대상의 성격에 맞춰 자신의 활동들 가운데 필요한 것들을 하나의 고리로 엮어보는 것도 자기소개서를 쓰는 좋은 방법이 될 수 있다.

(2) 지원대상의 성격에 어울리는 경력을 제시하라.

잘못된 예

저는 초등학교 때 보이스카우트 활동을 하였으며 중학교 때는 학급반장을 한 적도 있어서 통솔력과 책임감을 가지고 있습니다. 또 군 경험과 동호회 간부 생활을 통해 리더십도 터득하였습니다.

분석: 위 예문을 찬찬히 짚어 보면 사실 제대로 내세울 것은 하나도 없음을 알 수 있다. 보이스카우트와 같은 정도의 교외단체 활동은 다른 사람들도 많이들 하는 것이며 학급반장 한 두 차례 정도의 경험도 통솔력을 거론할 만한 경력이 못 된다. 더구나 군대에서 병장한 것을 들어 리더십을 이야기한다면 자기소개서가 넌센스에 가까워지게 된다.

잘된 예

출판사 일본서적 기획파트에 지원한 예

대학졸업 후 1년 간 학원 아르바이트를 하여 모은 돈으로 무작정 일본으로 떠났습니다. 도쿄에서 편의점 아르바이트 자리를 구해 생활비를 벌었지만 정작 만날 친구 하나 없었던, 그 때 일을 생각해 보면 눈물나게 외롭고 힘든 시절이었던 것 같습니다. 혼자 지내는 시간이 많았기에 서점에서 보고 싶은 책을 사 읽는 생활을 반복하였고, 결과적으로 누구보다도 일본의 독서문화나 출판현황에 대해서는 잘 알게 되었습니다.

분석: 설명이 달리 필요 없을 정도로 적절한 자기소개서의 예이다. 자신의 여러 경력 가운데 지원

대상의 성격에 가장 어울릴 만한 것 한둘을 어떻게든 잡아내야 한다. 구체적이고 진솔하게 서술하는 것이 포인트이다.

연구과제

자신의 특기/특별활동 경험에 대해 500자 내외로 소개해 보라.

4) 지원동기 및 포부에 대한 소개

(1) 동기(포부)도 구체적일수록 좋다.

잘못된 예

저는 군대에서 행정병으로 복무하였습니다. 이런 경험을 바탕으로 사무행정직에 지원하게 되었습니다.

분석: 군대에서 행정병으로 복무한 사람들은 많다. 이 정도만으로 사무행정직에 지원하는 동기로 설득력이 있다고 할 수 있을까? 행정병 경험이 실제 지원동기가 되었다 하더라도, 자칫하면 취업을 위해 억지로 자신의 경험을 끌어와 끼워 맞추려 한다는 인상을 줄 우려가 있다.

잘된 예

지원동기와 관련하여 저의 군 경험을 말씀드리고 싶습니다. 저는 사단 사령부에서 군수지원 행정을 담당한 바 있습니다. 사단 전체의 군수지원 행정을 맡아보면서 근무시간을 초과해 일하는 경우가 다반사였지만 사실 제겐 별로 고되게 느껴지지 않았습니다. 오히려 전체 군수행정이 제 손에 의해 무리없이 일사불란하게 이루어지는 것을 보면서 기쁨을 느낄 수 있었습니다. 비록 군 복무였지만 기쁘게 할 수 있었다는 데서 저의 적성을 확실히 알 수 있었습니다.

분석: 군 경험을 내세우는 것은 자기소개서에서 가급적 피해야 할 사항이지만, 위의 경우는 예외가 된다. 우선은 구체적이라는 것에 점수를 줄 수 있으며, 군 복무가 고역일 것이라는 통념을 뒤집는 방식의 진술이기에 오히려 인상적으로 보일 수 있다.

(2) 지원대상 집단의 성격과 자신의 희망·능력을 매칭시켜라.

잘못된 예

제가 귀사에 입사한다면 해외 영업 파트, 특히 중국 지역에서 일하고 싶습니다. 어학이 기본이 되어야 하겠는데 저는 중국어에는 누구보다 자신이 있습니다. 중국 전문가가 되어 조직사회에서 제 능력을 인정받고 싶습니다.*

*이 학생이 지원한 회사는 최근 중국 영업라인을 철수했다.

분석: 지원대상의 특성이나 업종에 맞게 지원동기를 서술하는 일은 기본이다. 자신이 지원하고자 하는 대상이 현재 어떤 상태에 있고 향후 어떤 전략을 세우고 있는지에 대해서 가능한 많은 정보를 수집할 필요가 있다. 자기 희망과 회사 사업방향이 맞지 않는 경우, 당연히 좋은 결과를 기대할 수 없을 것이다.

잘된 예

대학에서 행정학을 전공하면서 유난히 제 마음을 두드리는 것이 있었습니다. 복지행정이라는 과목을 배우면서 일반인을 위한 복지가 아닌 장애인 복지에 관심을 가지게 되었던 것입니다. 하지만 졸업 후 직장생활을 시작하면서 제가 마음에 두었던 것과는 다른 일을 하게 되었습니다. 안정된 직장에서 인정을 받으면서 편안한 직장생활을 하였지만 기쁨이 없었고 마음에는 허전함만 쌓였던 것 같습니다. 남들이 힘들다고 하는 재활교사가 되고자 결심을 굳힌 이유는, 이제 진정한 제 삶의 행복과 보람을 찾고 싶어서입니다.

분석: 위 예문은, 지원대상과 자기 경력이 무관하다는 불리함에도 불구하고 자신의 희망을 진실성 있게 피력하여 지원대상에 호소한 경우이다. 아무런 유관 경력이 없지만 자기의 희망을 진실하게 내보이는 것만으로도 설득력을 가질 수 있음을 잘 보여준다.

연구과제

1. 자신의 지원동기/포부에 대해 500자 내외로 소개해 보라.

2. 이제까지 공부한 내용들을 바탕으로 다음에 제시된 자기소개서를 분석해 보자.

【예문 1】

제가 산업기능요원으로 군복무를 할 때 일입니다. 업무를 마무리하고 퇴근준비를 하고 있는데 당시 저의 팀장님께서 이런 질문을 하셨습니다. "자네는 언제가 가장 행복한가?" 저는 이렇게 말씀드렸습니다. "저는 지금이 가장 행복합니다. 매일 스스로에게 부여한 목표를 달성하고 성취감을 느끼는 바로 이 순간이 가장 행복합니다."

저는 지독히 계획적인 사람이고 성취감 중독자입니다. 장기적인 목표를 설정하고 그것을 달성하기 위한 뚜렷한 중기 목표를 설정합니다. 또 중기 목표 달성을 위해 더 뚜렷한 1주일 단위의 단기 목표를 수립하고, 그것을 달성하기 위해 매일 확실한 목표를 설정합니다. 그리고 매일 스스로 설정한 목표를 달성하는 성취감을 즐깁니다. 저는 이 작은 성취들을 가장 소중하게 생각합니다. 작은 성취감들이 모였을 때 스스로 더 발전할 수 있고, 장기 목표에 도달하는 더 큰 성취감을 느낄 수 있기 때문입니다. 저는 이런 것을 항상 삶에 적용하며 살아왔습니다. 학교생활, 자격증 공부, 대인관계 등 모든 것에 적용시켰고, 철저한 계획을 통해 언제나 중심을 잃지 않고 성실하게 생활하며 매일 성취감을 맛보고 발전할 수 있었습니다.

제가 OO투자증권에 지원하게 된 것도 이와 같은 맥락에서 말씀드릴 수 있습니다. 귀사에 입사하는 것은 제가 4년 전에 설정한 장기적인 목표였습니다. 귀사를 목표로 한 것은 다소 감정적인 이유였습니다. OO투자증권은 제 첫사랑입니다. 제가 2007년에 직접 주식투자를 시작했을 때 처음으로 매입했던 종목이 OO증권(OO투자증권의 옛 상호)이었습니다. 저는 OO증권과 함께 울고 웃으며 시장을 겪었습니다. 귀사로 인해 공부의 필요성도 느꼈고, 진로도 증권사로 정하게 되었습니다. 진로를 결정했을 때 자연스럽게 저의 목표는 귀사가 되었습니다. 그리고 귀사에 들어갈 만한 자격을 갖추기 위해 지난 4년간 매일 매일 부단히 노력해 왔습니다. 저는 이제 귀사의 발전을 촉진할 맞춤형 인재가 되었습니다. 치열한 경쟁 속에서도 채권 분야에서 강세를 보이고 있는 OO투자증권의 저력을 드높이는 동력이 될, 저는 OOO입니다.

【예문 2】

OOO에 대한 사랑과 열정까지도 디자인하고 싶습니다.

저의 꿈을 실현시켜줄 OOO의 디자인부서에 지원하게 되어 정말 영광으로 생각합니다. 저는 고등학교 시절부터 옷에 대한 관심을 가지게 되었습니다. 매월 달마다 나오는 패션잡지들은 모두 정기구독을 하였기 때문에 자연스레 패션에 대한 지식도 쌓게 되었습니다. 스무 살 때부터는 제가 직접 디자인하고 박음질을 해서 가방이나 티셔츠 그리고 악세서리를 제작했습니다. 또한 '레고'라는 놀이용 블럭으로 직접 디자인한 브로치를 만들어 인터넷 장터나 서울 홍익대학교 인근 카페에서 매월 정기적으로 열리는 '블링마켓'이라는 벼룩시장을 통해 팔기도 했습니다. 직접 재료를 구하러 동대문 원단시장이나 부자재시장을 매주 두세 번씩 갔기 때문에 원단이나 부자재의 기초지식들을 잘 알고 있습니다. 제가 직접 디자인하고 제작한 옷이나 가방, 악세서리 등을 실제로 착용하고 다니면서 매일 이건 이렇게 색 배치를 하면 좋겠다, 이 부분은 이렇게 박음질을 하면 활동할 때 편하겠다, 라는 점들을 메모장에 기록하게 되었습니다. 또 길거리를 걷다가도 옷을 잘 매치한 사람들을 보면 메모장에 기록한 후 나중에 저만의 것으로 리디자인하기도 했습니다. 이런 것들을 하면서 즐거워하는 제 모습을 보면서 디자이너의 꿈을 키우게 되었습니다.

OOO이 처음 나오게 된 2008년부터 저는 OOO의 매년 매 시즌마다 발매되는 제품들을 구입하고 모으기 시작하면서 패션 커뮤니티에 OOO 제품들에 대한 품평이나 OOO이 개선할 점 등을 작성하기 시작했습니다. 그러면서 자연스레 귀사의 제품들에 대해 누구보다도 많은 지식을 가지게 되면서 제 꿈인 디자이너를 귀사에서 이루어 보고 싶다는 생각을 가지게 되었습니다. OOO의 수집가로서 오랜 단골 구매자로서 OOO 제품을 사용하는 고객의 마음을 누구보다 잘 알고 있다고 생각합니다. 물론 제가 디자인을 전공한 것도, 디자인에 대해서 전문적으로 배운 것도 아닙니다. 하지만 OOO을 설립하신 OOO 회장님께서도 전문적인 디자인 공부를 하지 않고 수많은 실패와 노력을 통해서 성공을 일궈내셨습니다. 저도 OOO 회장님처럼 디자인은 전문적으로 공부하지 않았지만 디자인에 대한 열정이나 사랑은 누구보다도 뛰어나다고 자부합니다. 그리고 꼭 디자이너로 우뚝 서서, 디자인을 전공하지 않고도 열정과 사랑으로 성공할 수 있다는 것을 세상에 보여주고 싶습니다. OOO에 대한 애정 그리고 디자인에 대한 사랑과 열정으로 저의 꿈을 이루어가는 모습을 지켜봐 주셨으면 합니다.

5장

학술자료의 활용과 글쓰기의 윤리

1. 논문 쓰기의 이론과 체계

2. 리포트 작성법

1. 논문 쓰기의 이론과 체계

1) 논문의 개념과 의의

논문이란 어떤 사리(事理)에 관하여 체계적·과학적으로 연구한 결과를 논리성을 가지고 일정한 형식에 맞추어 진술한 글이다. 원래 글은 다른 사람에게 무엇인가를 알리고자 하는 데 목적이 있다. 이런 뜻에서 논문이란 기록에 의한 정보전달(情報傳達)의 한 수단이라고 할 수 있다. 그러나 논문이라는 형식으로 전달되는 정보는 그 내용이 단순한 사실에 그치는 것이 아니라 논문 집필자의 비평이나 평가가 곁들여진다는 점에서 일반 정보와 구별된다. 그리고 전달하고자 하는 정보가 학문에 관련된 것이기 때문에 논문은 곧 학문 발표의 한 수단이 된다.

전달하고자 하는 정보에 비평이나 평가를 곁들인다는 것은 자기의 사상, 견해, 또는 주장의 타당성이나 정확성에 대한 논증을 의미한다. 그리고 이와 같은 자기 입론(立論)에 대한 논증은 바로 논문의 기본 정신이라 할 수 있다.

논문의 양식이나 체재는 곧 논문 집필자와 독자 사이의 약속(convention)을 의미한다. 집필자가 일정한 양식을 따르지 않고 체계를 제대로 갖추지 않는다면 독자와의 약속을 위반하는 일이며, 결국 논문의 내용이 독자에게 바르게 전달되고 이해되기를 바랄 수 없게 된다. 이런 까닭에 논문에서는 내용에 못지않게 양식과 체재와 같은 외형적인 요건도 중요한 것이다.

훌륭한 건축물이 완성되기 위해서는 정성들인 설계도에 따라 건축 자재와 건축 기술 등이 정돈되는 작업 과정을 거쳐야 한다. 또한 아무리 훌륭한 건축 자재라 하더라도 다듬지 않고 무작정 결합하여 놓는다면 훌륭한 건축물이 될 수가 없다. 건축가가 건축물을 완성할 때 어디까지나 자기 책임 아래 완성하지만, 그것을 사용하거나 평가하는 사람은 다른 사람이다. 따라서 자기만의 편견을 떠나 객관적으로 인정받고 평가를 받을 수 있는 건물을 완성하는 것이 건축가의 기본자세이다. 한편의 논문을 쓰는 일도 이와 마찬가지이다. 논문 집필자는 성실한 자세로 계획을 세우고 자료를 수집하고 정리하여 그 객관성과 타당성을 인정받을 수 있도록 해야 할 것이다.

논문에서 그 내용과 형식이 중요한 것은 어디까지나 그것이 연구 결과에 대한 논증의 타당성을 인정받는 데 도움이 되기 때문이다. 그러므로 논증의 전개는 서론·본론·결론의 단계가 논리적으로 연결되면서 그 주장하는 바를 내세울 때 설득력을 얻게 되는 것이다.

논문을 잘 쓰기 위해 가장 필요한 전제조건은 무엇일까? 그것은 우선 각자가 어떤 문제에 관해 깊이 연구함으로써 정확하고 가치 있는 자기 지식을 확보하는 일이다. 논문은 사물의 진상만을 정확히 해명하는 데에 그치는 것이 아니라, 사물의 시비곡직(是非曲直)과 선악을 가려서 판정을 내리고 독자로 하여금 논자의 주장이 옳다고 시인케 하고 설득시킬 수 있어야 하기 때문이다.

학생이건 학자이건 연구하는 사람에게 논문을 쓴다는 것은 일종의 자기 확인의 과정이라 할 수 있다. 자기의 지적 체험과 사유(思惟)의 결과를 정리함으로써 자기의 학문적 연구 성과를 정립하는 계기가 되는 것이고, 나아가 독자에게 발표함으로써 그 결과에 동참하고 공감하게 하며 그들의 생각을 바꾸도록 설득할 수 있는 것이다. 모든 일이 그렇듯이 논문을 잘 쓴다는 것은 짧은 시일 내에 될 수 있는 일은 아니다. 좋은 논문을 쓰기 위해서는 꾸준한 학문적 자기 연마가 있어야 한다. 아울러 논문 작성의 올바른 방법을 터득해 두는 것도 논문을 쓰는 데 크게 도움이 된다.

2) 논문의 요건

논문은 그 성격상 갖추어야 할 몇 가지 조건이 있다. 이를 간추려서 설명하면 다음과 같다.

(1) 독창성(獨創性)

논문은 독창성이 있어야 한다. 이는 논문의 생명이며 논문이 갖추어야 할 여러 가지조건 가운데서 가장 중요한 것이라고 볼 수 있다. 논문의 가치는 독창성이 얼마나 있는가 하는 것으로 판정될 수 있으며, 아무리 공을 들인 논문이라도 독창성을 지니지 않으면 좋은 논문이라고 할 수 없다. 따라서 독창성을 지니기 위해서는 새로운 학설 또는 새로운 사실의 발견을 발표하거나, 아니면 연구 방법이 새로워야 한다. 연구 방법이 비슷하더라도 사용하는 연구재료가 다르다거나, 연구결과는 비슷하지만 이론적 해석이 새롭다면 그것도 독창성이 있다고 할 수 있다. 그러나 대학생의 논문에서 기대되는 독창성은 어떤 분야의 주제에 대한 나름대로의 입장이나 견해, 주장 등을 체계 있게 정리해 보는 정도로 볼 수 있다. 그러므로 어떤 주제에 대하여 문제의식을 가지고 나름대로의 관점을 뚜렷이 한 다음 객관성과 논리성을 잃지 말고 논문을 작성하도록 노력해야 할 것이다.

(2) 정확성(正確性)

논문은 정확성이 요구된다. 정확성이 결여된 논문은 오히려 독자에게 해독을 끼치므로 쓰지 않는 것만 못하다. 논문에 담기는 통계자료에 관해서는 논문 집필자가 충분히 자신을 가질 수 있을 때까지 점검을 해야 한다. 논문에 인용된 인명이나 참고자료, 문헌의 제시 등도 정확하게 해야한다. 정확성 역시 논문의 생명이나 다름없다. 정확도는 바로 신뢰도이며 신뢰성을 잃은 논문은 논문으로서 가치를 부여 받을 수 없기 때문이다. 따라서 논문의 내용은 말할 것도 없고, 각주(脚註)나 참고문헌의 목록작성과 같은 사소한 부분까지도 소홀히 해서는 안 된다.

(3) 객관성(客觀性)

논문은 그 서술이 객관적이어야 한다. 연구자의 단순한 의견이나 주관적인 편견 또는 선입견이 바탕이 되어서는 안 된다. 논문이 타당성을 인정받으려면 객관적인 사실과 증거가 뒷받침되어야 하는 것이다. 따라서 자기의 의견이 개진(開陣)될 때에는 연구과정에서 얻은 통계나 자료가 증거로 제시되어야 하고, 독자가 참고하거나 확인할 수 있도록 근거를 밝혀야 한다.

(4) 불편성(不偏性)

논문은 불편성이 요구된다. 논문 집필자는 개인적인 편견이나 감정, 또는 선입견에 사로잡혀서는 안 된다는 것이다. 어떤 특정한 학설에 집착하지 말고 불편부당한 자세를 가지고 공평하게 사실을 서술해야 한다. 논문은 쓰는 사람의 개인적인 주장에 상반되거나 엇갈린 학설이라 할지라도 엄정하고 공평하게 취급하면서 진실을 추구해 나가는 자세를 가지는 것이 바람직하다.

(5) 검증성(檢證性)

논문은 검증성을 갖추어야 한다. 검증성이란 일명 재현성(再現性)이라고도 하는데, 논문의 내용에 대하여 그 진위(眞僞)를 관찰 또는 측정이 가능하고 그로써 확정적 기술(記述)이 가능해야함을 의미한다. 따라서 논문이 담고 있는 내용은 필요하다면 누구든지 이를 재현할 수 있도록 기술되어야 한다. 특히 자연과학 분야의 논문인 경우에는 그 실험이 본인이나 타인에 의해서 반복되는 경우가 많다. 그러므로 그 실험이 재현될 수 있도록 서술이 명확하고 상세하게 이루어져야 하는 것이다. 사회과학 분야의 논문에서도 역시 자료의 출처, 연구 각도나 방법, 주제에의 접근 방법이 소상히 명시되어야 한다.

(6) 평이성(平易性)

논문은 평이성을 띠어야 한다. 제 아무리 훌륭한 이론을 갖춘 논문이라 하더라도 남에게 읽혀서 이해되지 못한다면 의의가 없어지고 만다. 그러므로 논문은 읽어서 쉽게 이해될 수 있도록 써야 한다. 논문이 읽기 좋은 것이 되기 위해서는 첫째, 문장이 평이하면서 간결해야 한다. 그리고 둘째는 주석(註釋)이 눈에 거슬리지 않도록 궁리되어야 한다. 왜냐하면 불필요한 각주나 부연 설명이 있으면 그만큼 읽어 나가기가 부담스럽기 때문이다. 요컨대 논문의 평이성은 내용이 평이함이 아니라 서술이 간결하고 명료하게 어법에 어긋남이 없이 읽기 좋은 것을 의미한다. 따라서 불필요한 부연 설명은 가급적 배제하고 누가 보아도 그 논지는 충분히 알 수 있도록 평이하게 기술해야 한다.

3) 논문의 종류

우리나라에서 논문이라고 하면 상당히 학술적인 무게를 지닌 글로 인식되고 있다. 그러나 영어에서 흔히 쓰이는 article(논설)·monograph(전공논문)·essay(時論, 評論)·treatise(학술논문)·dissertation(박사학위논문)·thesis(석사학위 논문) 및 paper(논문) 등의 용어를 보면, 논문이란 대단히 뜻이 넓고 다양한 것을 할 수 있다. 우리나라에서는 논설과 논문이 구분되어 쓰이고 있고, 역시 평론과도 차이를 두어 사용하고 있다. 우리나라에서 논문이란 적어도 전공논문(monograph) 이상의 학술적인 것으로서, 대개 연구논문, 졸업논문, 학위논문을 의미하며, 굳이 덧붙인다면 리포트(report)를 논문의 범주에 포함시킬 수 있다.

그러면 이들 논문의 특징을 간단히 살펴보자.

(1) 연구논문 (research paper)

우리가 일반적으로 일컫는 논문을 가리킨다. 여기에는 순전히 이론적으로 연구한 순수 연구논문이 있고, 실제에 접합시킨 응용 연구논문이 있으며, 또는 현장에 직접 나가서 조사 연구하는 현장 연구논문 등이 있다. 그러나 자료를 수집하고 분석, 종합하여 어떤 결론을 찾아낸다는 기본원리는 어느 것이나 다를 바가 없다. 연구결과를 논리적으로 일관성 있게 구성하여 체재에 맞게 쓴 글이 곧 연구논문이다. 연구논문에서는 특히 독창성이 강조된다. 논리의 타당성이나 정확성을 증명하기 위해서는 방증(傍證)이 잘 갖춰져 있어야 한다.

대학교수나 전문 학자들이 각 회지나 논문집에 발표하는 논문들이 모두 연구논문이다. 대학(원)생들도 이 연구논문을 학보에 발표할 수 있다.

(2) 졸업논문

졸업논문은 대학에서 학사학위의 취득에 필요한 논문이다. 이는 대학에서 소정기간 동안 나름대로 전공분야에 대해 연구한 결과를 체계적으로 정리한다는 뜻에서 대학교육의 결산서라고 할 수 있다. 대학의 전공과정은 상당한 정도의 상호 관련성이 있지만 그것들을 종합할 수 있는 기회가 결핍되어 있다. 그렇기 때문에 자기가 상정한 논제, 또는 교수가 선정해 주는 논제에 대해서 깊이 생각하고 스스로 자료를 찾고, 모으고, 평가하고 정리해 보는 가운데 대학 교육에서 얻은 여러 지적 능력이 종합적으로 발휘될 수 있는 것이다. 본디 졸업논문 제도의 의의는 논문 작성의 과정을 통하여, 교수와 학생간의 학문적인 접촉을 도모하고, 전공과목의 지식을 종합하며, 자주적인 학문 연수의 능력과 태도를 함양하는 데 있다.

졸업논문은 본격적인 독창성을 기대하지는 않는다. 물론 독창성이 뛰어나고 학문적인 공헌을 할 수 있는 논문이 나오면 크게 환영할 만한 일이지만, 그러한 것을 기대하기는 실제로는 어려운 일이다. 따라서 대학시절에 배우고 익히고 닦아 온 것을 얼마만큼 정확하고 객관적으로 체계 있게 정리할 수 있느냐가 중요하다. 그러므로 졸업논문은 자기의 대학공부를 종합하고, 연구능력과 연구방법을 함양하기 위한 기회라고 보는 것이 좋겠다.

(3) 학위논문

학위논문에는 두 가지 종류가 있는데, 석사학위 논문과 박사학위 논문이 그것이다. 학위논문은 본격적인 연구논문이다. 그것은 학문상의 업적을 드러내기도 하려니와, 전문적인 연구자로서의 자격을 인정받기 위한 요건이 된다. 이 학위논문을 제출하려면 대학원에서 지정한 학점을 취득하는 것이 전제가 된다. 자기가 선택한 주제에 대하여 지도교수의 승인을 받아 쓰게 되는 것은 학사과정의 졸업논문과 동일하지만, 대학원의 경우는 대학에 비해 인원이 적기 때문에 보다 깊이 있고 자세한 지도를 받을 수가 있는 점이 다르다.

석사과정은 대체로 2년간인데, 이 기간에 스스로 연구한 것을 종합하여 내놓은 것이 석사학위 논문이다. 석사학위 논문에서도 당연히 학문적인 독창성이 중요하지만, 독창성이 그렇게 쉽게 얻어지지 않는다는 것을 감안한다면, 역시 다른 사람의 연구를 얼마만큼 정확하게 이해하고 성실하게 연구하였으며, 자기의 지식을 어떻게 효과적으로 정리, 표현할 수 있는가에 중점을 둔다.

박사학위 논문은 학교라는 제도교육의 테두리 안에서 학문적인 연마를 하는 최종적인 단계라 할 수 있고, 최상급의 논문에 해당된다. 따라서 보다 독창적이고 자주적인 요소가 강조된다. 독창성이 없는 논문은 박사학위 논문으로서 통과되기 어렵다. 자기의 주장이 정확한 자료에 의해서 객관성 있게, 그리고 논리적인 일관성을 가지고 설득력 있게 전개되어야 한다. 학문적 비판력, 자료의 객관성, 논리의 일관성 등은 독창성과 함께 박사학위 논문이 반드시 갖추어야 할 기본적인 요소들이다.

(4) 리포트(report)

리포트란 말은 원래 '논문'이란 뜻을 갖고 있지 않다. 그런데 우리나라 대학에서는 과제, 또는 소논문의 뜻으로 통용되는 실정이다. 리포트는 엄격히 말하면 '보고서'의 뜻을 갖고 있다. 따라서 어떤 문제에 관하여 조사하거나 또는 관측하여 얻어진 여러 가지 자료를 정리하여 보고하는 경우에 한하여 써야 마땅하다. 그런데 대학에서 학생들이 학점을 취득하기 위해 제출하는 과제 역시 교수의 지도에 따라 읽고 조사하고 실험하고 연구한 결과를 정리하여 제출한다는 뜻에서 리포트로 통용되는 것이다.

리포트는 학점을 부여하기 위한 수단만이 아니라, 다음과 같은 학문적 효과를 위해 부여하는 것이다.

① 해당과목에 관련된 참고서나 연구서를 읽어 연구심을 기르게 된다.
② 강의실에서 충분히 다루지 못한 문제를 더욱 깊이 있게 연구할 수 있는 기회가 된다.
③ 여러 가지 자료를 찾는 과정에서 공부하는 방법과 비판력이 길러진다.
④ 수집한 자료를 정리하고 체계화하고 설명하는 과정에서 졸업 논문을 작성하는 데 예비훈련이 된다.

이렇게 볼 때, 대학에서 부과되는 리포트는 지적 수련의 과정이라고 볼 수 있다. 이러한 수련을 통해 학생들은 연구능력을 점차 배양할 수 있다. 스스로의 힘으로 자료를 찾고, 그 자료를 선별하고, 그것을 엮어서 한편의 체계적인 소논문을 완성한다는 것은 앞으로 연구논문을 쓰는 데 디딤돌의 역할을 한다는 점에서 매우 뜻 깊은 일이 되는 것이다.

4) 논문 작성의 단계

논문을 작성하는 절차는 꼭 일정한 것은 아니다. 연구 분야의 성격에 따라 순서가 바뀔 수도 있고, 논문 집필자의 기초 학력의 정도나 논문 집필의 경험, 또는 주제의 난이(難易)에 따라 단계를 달리 할 수도 있다. 그러나 무작정 논문을 쓰겠다고 덤비는 것보다, 적절한 계획에 의거해서 정해진 절차의 단계를 밟는 것이 논문의 순조로운 진행에 도움이 된다.

(1) 주제 선정

논문을 쓰는 데 가장 중요한 것이 주제를 정하는 일이다. 주제(thema)는 논문이 다루는 근본적인 문제나 중심이 되는 내용이다. 그리고 그것을 간결하고 명확하게 나타낸 것이 논문의 제목, 즉 표제(title)가 된다.

논문의 주제로 다룰 문제는 평소에 흥미나 관심을 갖고 있는 것을 택하는 것이 바람직하다. 평소에 관심을 갖고 있다는 것은 문제의 내용을 어느 정도 이해하고 있거나, 자기의 견해를 갖고 있다는 뜻이기 때문에 논문을 쓰는 데 그만큼 자신감이 생기고 일이 수월해진다.

주제를 선정할 때는 다음과 같은 사항을 면밀히 따져 보아야 할 것이다.

① 학문적 연구의 가치가 있는가?

② 새롭고 독창성이 있는가?

③ 참고 자료의 수집은 가능한가?

④ 실험이 가능한가?

⑤ 본인의 능력과 지식으로 가능한 문제인가?

(2) 자료 수집

무엇을 쓸 것인가에 대한 주제가 선정되고 나면, 다음에는 자료 수집을 시작해야 한다. 자료는 논문의 주제를 입증하고 뒷받침하는 도구이기 때문에 자료의 충실성이 논문의 성패를 가름한다고 해도 과언이 아니다.

자료의 수집에서 방법이나 과정 및 활용은 전공분야에 따라 다소 다를 수가 있을 것이다. 자연과학의 경우는 단계적 실험을 통한 선정과 수치 및 반응, 현상의 결과를 명확히 제시할 수 있는 것이어야 하며, 인문과학의 경우는 대체로 문헌 조사를 통한 자료의 수집이 보편적이다.

학문적으로 활용할 수 있는 참고 문헌은 단행본 서적, 학위논문, 연구논문, 각종 학술 비평 및 신문자료 등이 있다. 리포트 작성을 위해서 Daum이나 Naver 등 유명 포털사이트를 통해 검색한 자료를 단순 편집하여 제출하는 경우가 다반사인데, 이는 매우 우려할 일이다. 일단 포털사이트에서 검색된 자료들은 출처가 불분명한 자료들이 대다수이고, 관리자에 의해서 임의 변경·삭제 등이 가능한 것이므로 학문적으로 참고할 수 있는 정전(Canon)이 되지 못한다. 또한 자료의 깊이도 없어, 리포트와 같은 학술연구에서 심도 있는 논의를 전개할 수 없다. 학술적인 참고자료가 될 수 있는 것은 학술 저서, 연구논문, 학술 비평, 온·오프라인 통계자료 이외는 없다고 할 수 있다.

최근에는 학술자료가 데이터베이스화되어 직접 도서관에 가지 않더라도, PDF형태의 파일로 연구논문을 다운로드할 수 있다. 아래 그림은 관동대학교 중앙도서관 전자정보검색 화면이다.

여기서 KISS나 DBPIA 등이 대표적인 국내 학술 데이터베이스인데, 우리대학의 랜(ran)망 안에서는 자동로그인이 되어 모든 학술자료를 무료로 받아볼 수 있다. 2012년 5월 현재, KISS는 1201개 학회의 서비스를 받고 있고, 이 중 한국연구재단 등재(후보)학술지 775개, SCI(E) 등재학술지 25개를 데이터베이스화하고 있으며, DBPIA의 경우는 1651개 간행물의 1,50,44개의 논문이 수록되어 있다. 이들 데이터베이스는 정치·경제·경영·사회·문화·과학·예술 등 전 분야에 걸쳐 학술자료를 디지털화한 것이므로 가히 학술정보의 보고라고 할 수 있다. 특히, 주제어 검색을 통하여 여러 자료들을 손쉽게 필터링하여 받아볼 수 있다는 장점도 지니고 있다.

(3) 자료 평가

수집된 자료를 전부 논문의 작성에 이용할 수는 없다. 자료가 논문의 주제나 논지에 알맞은가 아닌가를 엄정히 가릴 필요가 있다. 당초에 필요하리하고 예상되어 수집한 자료였지만 자기가 쓰고자 하는 논문의 논지와 다소 방향이 다른 경우는 마땅히 제외해야 된다. 어렵게 구한 자료라고 해서 적절하지 못한 자료를 논문에 덧붙인다면 명료하고 세련된 논문을 얻을 수가 없다. 이같이 자료를 취사선택하는 단계가 자료 평가의 단계이다.

자료의 평가는 어느 한 단계에서 그치는 것이 아니라 참고문헌의 선정에서부터 자료를 수집하고 논문을 집필하는 과정까지 계속 이루어져야 한다. 문헌 자료의 평가 요령을 간단히 알아보기로 하자.

① 1차 자료와 2차 자료

자료는 사실이나 사건에서 직접 얻어 낸 것일수록 가치가 있다. 논문을 쓸 때 기본적으로 필요한 것이 이러한 직접적이고 본원적(本源的)인 자료로서 이를 1차 자료라고 부른다. 예를 들면, 김승옥의 문학에 관한 논문을 쓰는 경우 김승옥의 소설 작품이 1차 자료이다. 그리고 김승옥의 여러 작품에 대해서 쓴 다른 평론가의 비평과 논문들은 2차 자료이다. 이 2차 자료는 기술(記述)의 정확도, 평가의 공정성, 해석의 타당성 등에 의해 가치가 결정된다. 이 2차 자료는 연구를 하는 데 이해를 도울 수 있고 미처 깨닫지 못했던 점을 일깨워주기 때문에 여러모로 유익한 참고 자료가 되는 것이다.

② 저자

저자를 기준으로 자료의 신빙도를 평가하고 유익성을 판단할 수가 있다. 이 때 세 가지의 평가 관점이 있는데 첫째, 저자가 저술에서 다루고 있는 주제에 대해 직접적인 지식을 갖고 있는가? 둘째, 저자가 그 분야에서 어느 정도의 전문적 권위와 연구 업적을 갖고 있는가? 셋째, 저자의 인간성이나 환경 요인은 어떠하며 편파적인 견해를 갖고 있지 않는가 하는 것을 따져 볼 필요가 있다.

③ 출판사

내용은 서로 엇비슷한데 같은 제목의 책을 여러 출판사에서 내놓은 것을 많이 볼 수 있다. 이 때 어떤 책을 골라야 할지 망설여지는 경우가 많다. 이때는 정평이 있는 출판사의 책을 선택하는 것이 바람직하다. 전통이 있는 출판사는 명예와 신용을 소중히 여기기 때문에 기획·편집·제작에 신중하며, 따라서 내용은 물론이거니와 활자·인쇄 기술·제본에서도 확실히 차이가 난다. 출판사가 책의 질을 보장한다고 단언할 수는 없지만, 출판사의 책을 표절하거나 도용하여 책을 펴내는 곳이 있기 때문에 거기에 현혹되어서는 안 된다.

④ 발표 및 간행연도

역사적인 문헌이나 고증학적 원전을 제외하고는, 자료 평가에서는 신간을 선택하는 것이 좋다. 학문은 나날이 연구 발전되는 것이기 때문에 최근의 문헌이 더욱 신빙성이 있고 내용이 앞서 있다고 판단할 수 있다. 따라서 참고 자료는 발표 연대가 오래 된 것보다 최근의 것을 우선하여 선택해야 한다.

이상과 같이 자료를 검토하여 이용가치의 유무를 가리고 소용되는 자료를 엄격하게 평가해서 논문 집필에 즉시 참고 할 수 있도록 해야 한다. 효과적인 자료의 평가가 논문의 내용과 질을 결정짓는 것이다. 논문을 취사선택할 때는 다음 세 가지를 염두에 두는 것이 좋다.

첫째, 항상 주제의식을 염두에 두고 자료를 취사선택한다.

둘째, 주제의 발전 단계에 따라 논문을 순서대로 배열한다.

셋째, 냉정한 판단으로 삭제해도 될 자료는 과감히 빼 버린다.

(4) 원고작성

초고 작성 단계에서 주의해야 할 점은 논리의 일관성과 각종 표기 및 양식의 정확성과 통일성이다. 또한 논문 전체의 체재(體裁)에도 유의해야 한다. 초고는 내용과 체재 모두가 만족스러울 때까지 몇 번이고 손질을 해야 한다. 논문의 전체적인 짜임새와 더불어 문장의 무리 없는 전개야말로 논문의 생명이나 마찬가지이다. 논문의 문장은 평이하게 써야하며 간결하고 정확한 표현을 해야 한다. 그러므로 초고는 전체적인 내용과 배열순서, 논지의 일관성, 기록의 명확성, 표현의 적절성과 중요 사항의 누락 여부를 검토하면서 윤문(潤文)의 과정을 거치되, 필요하면 몇 번이고 이 과정을 되풀이 하는 것이 좋다.

5) 논문의 체계와 구성

논문의 구성은 학문의 분야나 연구방법, 그리고 집필자의 의도에 따라 그 구성을 달리 할 수 있기 때문에 하나의 형식만을 주장할 수는 없다. 그러나 체계적인 논리의 전개를 기본요건으로 하는 것이 논문이기 때문에, 논문은 소설류의 문장과는 달리 유기적인 통일과 형식을 필요로 한다. 그것은 논문이 그것을 읽는 사람에게 필요한 정보를 가장 효율적이고 설득력 있게 전달하고자 하는 목적을 갖고 있기 때문에 더욱 그렇다.

대체로 논문은 서론-본론-결론의 3단 구성을 기본으로 한다. 그러나 기(起)·승(乘)·전(轉)·결(結)의 4단 구성도 있을 수 있고, 생각하기에 따라서는 문제 제기 단계-문제 구체화 단계-해결법 모색 단계-해결법 제시 단계-행동화 단계 식의 구상도 가능하다. 연구 방법이나 분야에 따라 구성을 달리 할 수밖에 없기 때문에, 각자가 연구 내용에 어울리게 구성양식을 취해야 할 것이다.

보편적으로 일반 논문이 그 양식에 관대한 편이라면, 학위논문은 비교적 엄격한 양식에 따를 것을 요구하는 편이다. 그러나 어떠한 경우건 그 양식이 절대적인 것은 아니다.

다음에 제시하는 것은 연구 분야 또는 논문의 종류에 따라 일반적으로 사용되는 논문의 구성 양식의 보기이다.

【인문·사회과학 논문의 구성 양식 보기】

Ⅰ. 서론
  1. 연구 목적 및 방법
  2. 연구사 검토 및 문제제기
Ⅱ. 인물의 근대 인식과 대응 양상
  1. 전쟁 체험과 대응 양상
    1) 외적 폭력성과 '자기 세계'
    2) '자기 세계'와 현실 인식
  2. 근대적 일상성과 소외
    1) 도시 체험과 고향 상실
    2) 도시적 삶의 논리와 사물화
    3) 근대 사회의 제도성
    4) 대중 매체와 대중 문화
(중략)
Ⅳ. 결론

【자연 과학 논문의 구성 양식 보기】

Ⅰ. 서론(문제의 제기)
Ⅱ. 실험의 재료와 방법
Ⅲ. 결과(실험 성적·실험 데이터)
Ⅳ. 논의와 평가
Ⅴ. 결론
Ⅵ. 총괄 요약
Ⅶ. 참고 문헌 자료

또 논문 작성을 할 때 계층 기호를 유의하여 사용해야 한다. 논문 구성에서 등위나 종속관계를 체계적으로 명시하기 위해 통일된 계층기호를 사용하는 것이 일반적인 관례로 되어 있다. 어떤 형식을 택하든 간에 가장 중요한 문제는 등위 종속에 따라 기호가 통일성 있게 주어져야 하고, 이로써 전체의 계층 질서를 유지하는 일이다.

【계층에 따른 숫자·문자·기호 표시의 보기】

장절식 목차	수문식 목차	수 목차
제1장	Ⅰ.	1.
제2장	Ⅱ.	2.
제1절	가.	2.1.
제2절	나.	2.2.
제1항	1.	2.2.1.
제1목	1)	2.2.1.1.

계층의 분류는 어지간히 큰 분량의 단행본이나 논문이 아니고서는 흔히 사용하지 않고, 장(章)에서부터 사용하는 것이 일반적이다. 논문의 분량이 그다지 많지 않을 경우에는 숫자나 문자만을 사용하는 계층 표시방법이 편리하고 보기에도 간결하다. 그리고 숫자나 문자로 된 기호에는 반드시 온점(.)을 찍는다. 단 그것들이 괄호 속에 들어 있을 때는 온점을 찍지 않는다.

2. 리포트 작성법

1) 리포트의 개념과 의의

리포트는 일정한 주제에 관한 조사·연구·실험·관찰을 통하여 그 사실을 보고하는 글을 말한다. 리포트는 대학의 학습과정에서 실시되는 독서보고·연구보고·학기보고 등 다양하다. 또 전공분야에 따라 그 성격도 다양해서 인문사회 계열의 경우 문헌 조사·기초 자료 정리·독후감 및 서평·현장답사·통계보고 등이 주류를 이룰 것이고, 자연과학 계열의 경우는 관측·채집·실험 등이 주류를 이룰 것이다.

리포트의 주제는 대개의 경우 담당 교수에 의해서 주어지는데 특별한 경우 복수제 중 1선택, 혹은 제목을 주지 않고 폭넓은 주제를 제시하여 보고자의 재량에 맡기는 경우가 있다. 그러나 단일한 제목을 제시하는 경우라 하더라도 어떤 주제를 선정하고 그것에 어떻게 접근하느냐 하는 방법론은 보고자 자신이 판단해야 한다. 그러므로 리포트를 받은 교수는 결론의 독창성보다는 오히려 주제에의 접근 방법과 문제해결 과정, 그리고 그 논증성에 더 큰 비중을 두게 된다.

리포트 작성의 의의는 먼저 학생의 입장에서는 다음과 같은 의의가 있다.

첫째, 폭넓은 독서를 통해 학습의욕이 고취된다.

둘째, 자료수집 과정에서 도서관의 이용법과 자료 활용법 등을 구체적으로 익힐 수 있다.

셋째, 자료수집 및 정리과정에서 학문적 비판능력이 함양된다.

넷째, 때로 실제 현장을 답사하여 야외실습을 함으로써 현장 감각을 익힐 수 있다.

다섯째, 연구논문 및 졸업논문의 작성법을 익힐 수 있다.

여섯째, 문장력 및 창조적 사고력이 증대된다.

또 교수의 입장에서는 다음과 같은 의의가 있다.

첫째, 학과 단위로 자신의 강의나 수업에 대한 학생들의 반응을 확인할 수 있다.

둘째, 개별 학생의 학업 능력 및 보고 수준을 구체적으로 평가할 수 있다.

2) 리포트의 체계

리포트는 표지, 목차, 내용(서론, 본론, 결론), 참고문헌 등으로 나눌 수 있는데, 단 각주가 충실할 경우 참고문헌란을 생략하는 경우도 있다.

(1) 표지

표지에 들어가야 하는 사항으로는 제목·과목명·담당교수·제출일·소속대학·학과·학번·이름이 포함된다.

과목명: 대중문화론
담당교수: 0 0 0

제목: 예술적 지식의 사회적 유용성

소속대학 :
학과/학년 :
학번:
성명 :
제출일:

(2) 목차

예문

제목: 예술적 지식의 사회적 유용성

1. 서론

2. 교양 수준 향상

3. 정서 순화

   1) 감상의 측면

   2) 자기표현의 측면

   3) 놀이 및 예술치료의 측면

4. 생활의 풍요

   1) 고독감의 탈피

   2) 즐거움의 창조

5. 예술 문화의 발전

   1) 예술 작품의 보편화

   2) 문화산업의 발전

   3) 예술인들과의 교류

6. 결론

(3) 본문

논문과 보고서를 비롯한 학술적인 글들은 다음과 같은 본문 양식을 갖는다.

① 서 론 (introduction) ② 연 구 사 (history) ③ 연구방법 (method)	서론부
④ 연구결과 (results) ⑤ 논 의 (discussion)	본론부

⑥ 총　괄 (summary)
⑦ 결　론 (conclusion)
} 결론부

① 서 론

서론(序論)은 보통 다른 말로 서론(緖論), 서언(序言) 또는 서(序)라고 하며, 한글로는 머리말, 머리글이라고 한다. 서론은 본문의 첫머리인 만큼 연구의 주제가 어떤 성질의 것이며, 이것이 지니는 의의가 무엇인가를 먼저 밝히는 일이 중요하다. 어떤 주제에 대하여 논문을 쓰고자 의도했다면, 논자로서는 그 분야에 대해서 무엇인가 문제의식을 지녔기 때문일 것이다. 따라서 연구의 동기나 목적도 밝힐 필요가 있다. 그리고 논문은 나름대로 범위의 한계가 있기 마련이다. 논자는 어느 범위 안에서 주제를 다루게 될지를 미리 밝히는 것이 좋다. 범위를 밝힐 때는 자기가 왜 그 정도의 범위에서 연구를 하게 되었나, 또는 할 수 밖에 없었나에 대한 이유도 같이 밝히는 것이 바람직하다. 연구사도 곁들여 말할 수가 있으나 별개의 항을 두었을 때는 거기서 논하면 된다.

② 연구사

자기가 다루고자 하는 문제에 관한 기존 연구 상황을 연대순이나, 다른 일정한 기준에 따라 간결하게 요약, 기술한다. 이 때 나름대로 문제점이나 한계점을 지적하는 것이 좋다. 그렇게 함으로써 자기가 연구하고자 하는 문제를 부각시킬 수 있고, 적어도 기존 문헌에 대한 상당한 사전 연구나 이해를 바탕으로 하여 논문이 작성되고 있음을 독자에게 알릴 수 있기 때문이다.

이와 같이 기존의 연구 상황을 검토하지 않으면, 자기도 모르는 사이에 과거의 이론을 재론할 가능성이 있고, 논지의 독창성도 세우기 어렵게 되는 것이다. 때로 연구사의 장황한 설명은 논문의 균형을 파괴할 우려도 없지 않으나, 해당 분야의 연구 업적을 검토하고 문제점을 찾아볼 수 있다는 점에서 연구사의 개관은 의의가 매우 크다고 하겠다.

③ 연구방법

이는 논문의 주제에 대한 연구방법, 즉 접근 방법을 소개하는 것이다. 어떤 논문은 주로 사적

(史的) 접근 방법을 쓸 수도 있고, 어떤 것은 실험이나 현지 조사를 바탕으로 할 수도 있으며, 기존 문헌 자료를 연구의 기초로 삼을 수도 있는 것이다.

동일한 문제나 대상에 대하여 이론(異論)이나 반론(反論)이 생기는 이유는 방법의 차이에서 오는 경우가 많다. 그렇기 때문에 연구의 정확성과 신뢰성을 얻기 위해서는 연구방법을 밝힐 필요가 있는 것이다.

④ 연구결과

이것은 논문 본문에서 몸통(body)에 해당되는 중심부분이요 핵심부분이다. 서론부에서 제기한 문제들을 일정한 연구방법에 따라 본격적으로 정리하고 분석하고 규명해 나간다. 이 때 어떻게 하면 자기의 논지를 효과적으로 일관성 있고 설득력 있게 전개할 것인가에 대해 숙고해야 한다. 논문 작성을 위해 준비했던 자료들을 어떻게 배열하고 인용하여 자기의 주장이나 이론의 타당성을 뒷받침하느냐 하는 문제가 중요하다. 통계 자료를 사용할 때는 도표(figure)나 수표(table)를 제시하는 것으로 그치지 말고 반드시 문장으로 그 개요나 요점을 설명하고 논의해야 한다.

연구결과는 자세하고 정확하게 기술해야 한다. 연구방법에 따라 연구결과는 여러 가지로 다양하게 나올 수 있다. 그러나 같은 자료, 같은 조건으로 연구했을 경우, 누가 연구한들 같은 결과가 나올 수 있는 객관성과 타당성이 있는 결과이어야 할 것이다.

⑤ 논의

본론부에서 중요한 것은 주제나 문제점에 대한 충분한 설명과 명확한 기술(記述)이다. 사실에 대해 낱낱이 따지는 논리의 제시와 논의의 과정도 등한히 할 수 없다. 논의는 서론에서 제시한 기존의 이론이나 견해에 대해서 자신의 의견을 피력해 나가는 것이다. 이때 자신의 의견과 남의 의견을 확실히 구별해서 소개해야 한다. 자료에 관한 논의나 논지의 전개는 포괄적인 데서 시작하여 점차 범위를 좁혀 가는 것이 일반적이다. 또 논리의 전개에서는 연역적인 논리 전개보다는 귀납적 논리 전개의 방법을 택하는 것이 바람직하다. 논지를 전개하는 데에 논리의 비약이나 자료의 공백이 있어서도 안 된다.

논의에서 타설(他設)과의 모순, 충돌이 일어날 경우에는 반드시 증거에 의하여 비판하고, 그 이유를 설득력 있게 해명해야 한다. 감정의 개입이나 선입견의 삽입은 금물이다. 사고와 판단은 논리적이어야 하고, 그렇게 함으로써 독자를 설득할 수 있는 것이다.

⑥ 총괄

이는 논문을 마무리하는 부분이다. 흔히 논문 가운데 '결론'이라고 제목을 붙이지 않고 '요약 및 결론'이라고 한 경우를 볼 수 있는데, 바로 '요약'에 해당하는 것이 이 총괄(summary)이라 할 수 있다.

여기서는 논문 전체의 내용을 일목요연하게 종합을 한다. 그렇게 함으로써 그 동안 서론과 본론에서 장황하게 이끌어 왔던 여러 논지를 좀 더 간명하게 알아 볼 수 있게 하는 것이다. 이 때 내용을 간추려 번호를 붙여서 조목별로 열거하기도 한다. 총괄은 종합 정리를 하는 것이므로 각주를 붙이지 않는다.

이 총괄은 논문의 서두 부분에 붙는 개요와 같은 것으로 생각하기도 한다. 그러나 개요가 일반성을 띠는 데 반해 총괄은 전문성을 띠는 점이 다르다.

⑦ 결론

본론부에서 규명한 이론이나 주장을 토대로 자기가 연구한 결과에 대하여 최종 판단을 내림으로써 논문을 끝맺는 부분이다. 결론은 그 연구 논문의 '열매'라고 생각할 수 있으므로 핵심적인 사항을 간명하게 제시해야 좋다. 흔히 이제까지 본론부에서 논의했던 내용과 관련이 없거나 근거가 없는 주장을 하거나 가상적인 의견을 덧붙이는 경우가 있는데, 그러한 일은 조심해야 한다.

논문에서 다룬 문제의 성격이 어떤 사회 현상에 대한 진단, 처방과 같은 것이라면, 결론에 정책상의 건의나 제언이 제시되어야 논문의 가치를 인정받게 된다. 흔히 '결론 및 제언'이라고 하여 사회과학 분야의 논문에서 이러한 예를 찾아 볼 수 있다.

결론은 한마디로 말해서 간명해야 한다. 그리고 결론은 자기의 조사연구의 범위 내에 머무를 일이지 지나친 단정이나 비약이 심한 주장은 독단으로 흐를 염려가 있으므로 주의해야 한다. 자료는 거창한데 결론이 빈약하다거나, 반대로 자료는 빈약한데 결론이 거창하거나 하는 것도 바람직하지 못하다.

결론의 마지막 부분에 덧붙여서 해당 분야의 문제점이나 앞으로 연구할 필요가 있는 과제를 제시해 놓는 것도 다음의 연구자들을 위해 매우 유익한 일이 된다.

끝으로 논문을 기술하는 마음의 자세가 중요하다. 아무리 어렵게 얻은 결론이더라도 유아독존적인 태도나 오만함을 가져서는 곤란하다. 항상 겸손한 자세로 자기의 견해를 명확하게 꾸밈없이 밝히도록 해야 할 것이다.

3) 인용·주석·참고문헌 작성 요령

논문을 쓰다보면 반드시 인용문제에 마주치게 된다. 인용은 남의 문장이나 소론을 빌어서 자료로 삼는 것인 만큼 당연히 주석란을 통하여 그 출처를 밝혀야 한다.

(1) 인용

① 인용의 효과와 원칙

인용이란 남의 글이나 소론을 끌어오는 것, 곧 남의 것을 빌어 쓰는 것이다. 따라서 인용이 많으면 글이 명쾌한 맛이 없고 독창성이 떨어지는 것 같은 반면, 인용이 없거나 적으면 논문의 전거가 희박하여지고 나아가 그 논문의 독창성이란 오히려 독단적인 것이 아닌지 의심을 받을 수도 있다. 그러므로 적절한 인용이 필요하다.

인용이 없거나 적은 논문 특히 자연 과학 분야의 논문이나 보고서는 그것대로의 독창성이 부각되며, 인문·사회 과학 분야의 논문은 다른 사람이 논한 바를 적당히 인용함으로써 자기의 논의를 돋보이게 하고 때로는 자신의 논지를 해설하는 데 편의를 도모하기도 한다. 일반적으로 인용은 다음과 같은 효과를 노리는 데 목적이 있다.

첫째, 권위 있는 이론이나 주장 또는 표현을 제시함으로써 자기 소론의 타당성·정확성을 뒷받침한다.

둘째, 남의 이론이나 견해와 자기 소론과의 차이점을 밝힘으로써 역시 자시 소론의 정당함과 정확함을 주장할 수 있는 근거를 삼는다.

셋째, 어떤 문제에 대하여 여러 가지 학설이나 견해가 있을 때 이를 비교·대조함으로써 자기의 소론을 전개할 수 있는 바탕을 마련한다.

인용이 이상과 같은 효과를 거두자면 우선 '빌어 온 자료'가 증거로서 충분한 가치를 지닌 것이어야 하고, 다음으로 그것이 논문에서 적절하게 다루어져야 한다. 아무리 권위 있는 학자의 견해나 이론이라 하더라도 이에 대한 해석이 바르지 못하고, 또한 재치 있게 처리되지 못했다면, 인용은 오히려 역효과를 가져올 것이다. 그러나 인용이 요령 있게 이루어지더라도 그것이 너무 잦으면 논문은 조각보와 같은 꼴이 되어 도리어 설득력을 잃게 된다.

인용은 남의 말이나 글을 자신의 말이나 글 속에 끌어 쓰는 것이므로 자기 것이 아님을 명백히 밝혀야 한다. 논의의 출처를 밝히지 않았을 경우에는 도의적인 비난은 물론이고 표절 또는 저작권 침해라는 법률상의 책임 문제까지도 야기될 수 있다.

인용문은 될 수 있으면 짧을수록 좋다. 경우에 따라서는 반 페이지 정도의 인용문도 있지만 한 페이지를 넘는 인용문이란 있을 수 없다고 생각하는 것이 좋다. 그 이유는 만일에 인용문이 한 페이지를 차지하면 독자들은 그 글이 인용문이라는 사실을 잊고 필자의 생각으로 오인하기가 쉽기 때문이다. 뿐만 아니라 지나치게 긴 인용은 당면 문제와 관계가 희박한 사실이 언급될 수도 있기 때문에 문제의 초점을 흐리게 만들 우려도 있다. 따라서 가장 요령 있는 인용의 방법은 원문의 구문을 깨뜨리지 않는 범위에서 인용의 목적을 달성할 수 있는 최소한의 문장을 빼어 내는 것이다. 자기 논문에 필요 불가결의 인용문으로서 도저히 뺄 수가 없다고 생각되면 부록으로 돌리는 방법을 강구해야 할 것이다.

또한 인용문은 반드시 원전에서 인용해야 한다. 다만 원전을 찾아볼 수 없어 어쩔 수 없이 '인용의 인용' 즉 재인용을 하는 경우에는 그 점을 명백히 밝혀야 한다.

② 인용의 방법

㉠ 직접 인용

직접 인용은 원문 그대로 인용하는 것이다. 원문의 표현이 아니고는 다른 적절한 표현을 찾을 수 없을 때, 원문을 그대로 제시하지 않으면 독자가 그릇된 해석을 하게 될 염려가 있을 때, 그리고 저자의 것과 상통되는 견해를 더욱 뚜렷하게 노출시키고자 할 때 사용하는 방법이다.

직접 인용을 할 때 주의해야 할 점은 만일 필자의 필요에 따라 원문에다 어떤 부호를 덧붙이거나 원래 있던 어떤 부분을 생략했을 경우 그 사실을 표시해 주어야 한다.

㉡ 간접 인용

간접 인용은 남의 글을 그대로 인용하지 않고, 논문 필자의 말로 바꾸어 인용하는 것이다. 이것은 인용 원문을 요약하거나 패러프레이즈(paraphrase)하는 방법으로 이루어진다. 요약은 원문의 요점만 간추려 줄인 것이므로 핵심을 포착하여야 한다. 부수적인 것을 건드리고서 그것을 원용하거나 그것에 대해 반박한다면 후일 곤경에 처할 수도 있다. 패러프레이즈는 원문의 뜻에 손상이 가지 않는 다른 말로 바꾸고 부연 설명하는 것으로, 원문보다 길이가 더 길어질 수도 있다. 그러나 이 경우에도 원문의 핵심을 변형시켜서는 안 된다.

(2) 주석과 참고문헌

활용한 모든 자료의 출처는 정확하게 밝혀야 한다. 그것은 정직성에 관계될 뿐만 아니라, 학문적 성과를 인정하는 길이기도 하기 때문이다. 인용된 모든 사실이나 의견 또는 결론에 관한 전거나 출처는 축자적으로 또는 다른 방법으로 정확하게 제시되어야 한다. 어떠한 생각이나 서술이거나 간에 그것들이 남의 것이라면 서적이건 강의이건 면접이건 또 다른 어떠한 기회에서 얻었다 할지라도 그 사실을 반드시 논문 본문이나 주석란에서 명시해야 한다.

또한 주석은 자료원을 밝히는 역할 외에도 본문에서 설명하지 못한 것을 따로 해설 비판하는 역할도 한다. 독자에게 도움은 되지만 논문 속에 넣으면 글의 흐름이 막히게 되는 방증, 해설, 비판, 반증 내지 인용은 주석란으로 미루는 수가 많다.

주(註)는 다양한 방식이 사용되었다. 본문 안의 해당 부분에 붙여 본문의 활자보다 작은 크기로 끼워 넣은 주가 쓰이기도 하였고, 본문 밖에 주를 다는 외주가 쓰이기도 하였다. 이러한 방식들이 지금까지 이어져 오면서 본문 안의 해당 부분 뒤에 괄호를 하고 내각주를 달거나 해당 면의 밑에 일정한 순서로 외각주를 다는 방식이 많이 쓰이고 있다. 비교적 짧은 형식의 자연과학 분야 논문은 내각주의 형식을 취하면서 주들을 묶어 참고문헌란으로 대치시키는 방식을 택하는 경우가 많지만, 나머지 경우는 참고문헌란과는 별도로 해당 면의 본문 밑에다 외각주를 배열하는 방식이 일반적이다. 때로 논문 전체의 끝에, 또는 각 장의 끝에 몰아서 배열하는 미주들도 있으나 이는 독자에게 큰 불편을 주는 단점이 있다.

논문이나 저서를 만들 때 참고한 논문·저서·기사·자료집 등의 문헌들을 일정한 형식으로 작성하는 참고문헌란(Bibliography 또는 References)은 논문이나 저서의 본문 다음, 즉 결론 다음에 넣는다.

참고문헌 정리는 자료 수집의 대상이 되었던 문헌은 물론이고 이론적인 참고 논저들과 비판의 대상이 되었던 논저 전체를 목록화하는 것이기 때문에, 주에서는 동일한 논저가 반복될 수도 있으나 참고문헌으로는 한 번만 쓰면다.

① 외각주와 참고문헌란

본문 밑에 각주를 다는 외각주의 형식을 취할 때에는 그 주들이 인용문헌의 출전을 밝히는 것이든, 보충 설명을 하는 것이든 본문의 해당 부분 끝에 단 주번호의 순서대로 일련번호를 부여하면서 작성한다.

㉠ 완전 주석

인용문헌의 출전을 밝히는 주는 그 자체의 특정 형식을 취한다. 학문분야나 학술지 등에 따라 그 형식이 다를 수는 있으나 대체로 다음과 같은 형식을 취한다.

저서의 경우는 저자명, 『저서명』, 출판지명: 출판사명, 출판년도, 인용 면수.의 순으로 적고, 논문의 경우는 필자명, 「논문명」, 『게재지명』, 권호수, 발행기관명, 출판년도, 인용 면수.의 순으로 서지적 사항들을 배열한다. 단 영어 문헌의 경우는 저서명과 게재명은 이탤릭체로 하고, 논문명은 큰 따옴

표로 표시한다.

ⓛ 약식 주석

앞에서 완전 주석으로 소개된 문헌을 다시금 인용 또는 참조할 때마다 되풀이 소개한다는 것은 여간 번거로운 일이 아닐 수 없다. 이러한 번거로움을 덜고 논문의 간결성을 위하여 일정한 약어나 부호를 사용하는 약식 주석 방법이 쓰이게 된다.

〔Ibid〕

라틴어 'ibidem'의 약어로 '같은 자리에'라는 뜻이다. 바로 앞에서 완전 주석으로 소개되었을 경우, 같은 문헌을 다시 인용하고자 할 때 페이지만 바꾸고 이 약어로 대치해 쓴다. 흔히 '상게서, 위의 책', '상게 논문, 위의 논문' 등으로 번역해 쓰기도 한다.

〔op. cit.〕

라틴어 'opere citato'의 약어로서 '인용된 작품에서'라는 뜻이다. 반복 인용하고자 하는 주석문 다음에 다른 문헌에 관한 주석이 삽입되어 있을 때 저자명 다음에 이 약어를 쓴다. 그러나 동일 저자의 여러 저서가 동일논문 내에서 자주 인용될 경우에는 이 약어를 쓸 수 없다는 것을 알아야한다. 흔히 '전게서, 앞의 책', '전게 논문, 앞의 논문' 등으로 번역해 쓰기도 한다.

예문

아무리 현실을 그대로 말하려고 해도 "리얼리티는 우리가 오직 상상할 수 있을 뿐 경험하지는 못하는 의미, 완성감, 충족감의 가면을 쓰고 있다"[1)]는 명제에서 벗어날 수 없다. 혹은 슬라브예 지젝(S. Zizec)의 지적대로 환상 스크린이 없이는 현실을 보지도 못하고 말하지도 못하고 만다.

창비 세대가 바라본 '현실'은 백낙청의 초기 리얼리즘 논의에서 잘 드러나 있다. 그는 실제의 현실에서 무엇을 '현실'이라고 말하는가. 그의 평론「한국소설과 리얼리즘의 전망」에는 그가 주목하고 담

1) Hayden White,「리얼리티 제시에서의 서술성의 가치」,『현대 서술이론의 흐름』, 전은경(역), 솔, 1997, 206쪽.

론화하고자 하는 '현실'이 분명히 드러나 있다. 그는 이글에서 리얼리즘을 논의하는 데 '실감'이라는 다소 애매한 용어를 강조한다. "리얼리즘을 문학사상의 어떤 특정한 사조나 수법에 국한시킨다면 큰 관심거리가 되기 힘들거니와 그렇다고 실감나는 작품은 모두 리얼리즘이라고 확대시켜도 싱거운 얘기가 되고 만다. 문제는 실감의 종류와 성격에 있다"[2]는 그의 주장은 실감이 아주 '현실적'인 것을 대용하는 표현임을 암시한다. 이때 중요한 것은 '실감', 즉 그가 생각하는 '현실적'인 것의 "종류와 성격"이다.

> 남북의 양단, 빈부의 극대화, 전통의 유실 등으로 누구나 함께 실감할 수 있는 체험의 영역이나날이 줄어가고 있으며 바로 이 사실을 가장 절실한 공통의 관심사로 삼는 일은 비단 문학적만이아닌 여러 가지 전달수단의 제약을 받는 것이다 (…중략…) 한국소설의 고민을 집약하는 리얼리즘의 문제는 문학의 문제이자 사회전체의 문제임을 알 수 있다.[3]

이글이 발표된 1967년도는 문단에서 실존주의와 참여문학이 한창 논의되고 있었을 때이었다. 창비의 진보적 민족문학론은 제안되기 이전이었다. 실존주의와 참여문학에서 말하는'현실'이 단독자의 실존 회복 과정과 관계 있는 것이라면 위의 글에서 '현실'은 그것과는 사뭇 다르다. 백낙청이 실감나는 것 혹은 '현실적'인 것으로 "남북의 양단, 빈부의 극대화, 전 통의유실" 등과 같은 "사회 전체의 문제"를 제시하고 있기 때문이다.

이 부분에서 창비 세대가 담론화한 '현실'의 경계가 어렴풋이 엿보인다. 그 경계가 좀 더 분명해지는 하나의 사례는 백낙청이 신경림의 시를 논의하는 부분에서 확인된다. 백낙청은 시집 『농무』를 긍정적으로 평가하면서 "아무리 암담한 삶이라도 그것은 발전하는 역사의 한 현장임을 믿고"[4]라는 표현을 쓴다. 이때 눈여겨봐야 할 부분은 그가 바라본 '현실'이 시집 속의 현실과는 미묘한 차이를 보인다는 것이다. 시집 『농무』를 여러 번 읽어보면 알겠지만 시인은 백낙청이 말한 "발전하는 역

2) 백낙청, 「한국소설과 리얼리즘의 전망」, 『민족문학과 세계문학 I』, 창작과비평사, 1978, 239쪽.
3) 위의 글, 240~241쪽.
4) 백낙청, 「발문」, 신경림 『농무』, 창작과비평사, 1975, 111쪽.
5) 시 「갈길」에서 싸우러 가는 농민의 모습이, 그리고 시 「전야」에서 성난 농민의 심정이 드러나 있다.

사의 한 현장"을 중심적으로 서술하지 않는다. 그런 시편도 몇 편 있지만[5] 대부분은 촌민의 울분과 분노 그리고 슬픔과 한을 보여준다. 그런데도 백낙청은 1960년대의 농촌 '현실'을 "발전하는 역사의 한 현장"으로 담론화한다.

신경림 「농무」[6]에서 주요 내용은 촌민들이 막막한 울분의 심정을 춤으로 달랜다는 것이다. 이러한 내용은 사실 "발전하는 역사의 한 현장"을 보여주지 않고 오히려 패배적인 느낌을 전달할 뿐이다. 그렇지만 백낙청이 바라본 것은 아마도 그런 해석과는 정반대인 듯하다. 그는 촌민들의 푸념과 춤에서 민중의 저항과 역사의 발전을 읽어 내었을 것이다. 그는 신경림의 시에서 자신이 보고자 하는 '현실'을 본 것이다. 이부분에서 창비 세대의 '현실'이 드러나는 것이며 위의 시가 리얼리즘 경향의 시로 명명되는 것이다. 현실은 창비 세대에 의해서새로운 '현실'로 담론화된 것이다.

창비 세대가 바라본 '현실'은 한 마디로 '억압된 민중의 해방'이다. 민중은 전(全)지구적인자본주의에 의해서 억압 당하고 있는 바 그들의 해방을 모색해 나아가는 과정이 바로 '현실'인 것이다. 그러한 '현실'을 담아내려는 노력 중의 하나가 창비의 리얼리즘이다. 백낙청은리얼리즘을 "현실에 대한 정당한 인식과 정당한 실천적 관심"[7]으로 규정한다.

▶▶▷ 강정구, 「창비 세대와 그 이후의 '현실', 그리고 리얼리즘」, 『계간 시작』 제8권 3호, 2009. 8.(재구성)

6) 신경림, 『농무』, 창작과비평사, 1975, 16~17쪽.
7) 백낙청(1978), 앞의 글, 356쪽.

예문

1. 다음 주석의 예를 통해서 약호의 의미를 이해해 보자.

1) 강명구, 『소비대중문화와 포스트모더니즘』, 민음사, 1993, 15쪽.

2) *Ibid*., p.50. 혹은 위의 책, 50쪽.

3) 권영민, 『한국현대문학사』, 민음사, 1993, 30쪽.

4) 김상태, 『문체의 이론과 해석』, 집문당, 1993, 50쪽.

5) 권영민, *op. cit*., pp.40-41. 혹은 권영민, 앞의 책, 40-41쪽.

6) 김윤식, 『한국현대문학사』, 서울대학교 출판부, 1992, 100쪽.

7) *Ibid.*, p.102. 혹은 위의 책, 102쪽.

8) Calinescu, Matei, *Five faces of modernity*, Duke University Press, 1987, p.23.

9) Foucault, michel, *Surveiller et punir*, Gallimard, 1975, pp.75-76.

ⓒ 참고문헌란

참고문헌을 일람하는 경우는 국내서와 국외서(혹은 서양서나 동양서)로 구분하고 그 하위 범주로 단행본과 저널에 소개된 논문을 구분하여 일람한다. 배열은 저자의 성을 기준으로 가나다순과 알파벳순으로 정리한다. 한편, 필자가 동일할 경우는 연도순으로 배열하되 두 번째부터는 저자명만큼 줄을 긋는다. 단행본과 소논문을 구분하기 위하여 단행본은『 』, 논문은「 」, 신문·잡지는《 》, 기사제목은〈 〉로 묶는다. 원서의 경우는 서명을 이탤릭으로 하는 것이 보통이다.

예문

참고문헌을 일람한 예

1. 국내 단행본

강명구,『소비대중문화와 포스트모더니즘』, 민음사, 1993.

권영민,『한국현대문학사』, 민음사, 1993.

나병철,『근대성과 근대문학』, 문예출판사, 1995.

남기심·고영근,『표준 국어문법론』(개정판), 탑출판사, 1993.

이승훈,『문학과 시간』, 이우출판사, 1983.

———,『문학상징사전』, 고려원, 1995.

현길언,『소설을 어떻게 읽을 것인가』, 나남 출판, 1997.

———,『한국 현대소설론』, 태학사, 2002.

2. 논문 및 평론

곽근,「작품의 심층적 의미—김승옥의「乾」을 중심으로」,『始林』, 1985.

김정남, 「김승옥의 "확인해본 열다섯 개의 고정관념"의 텍스트성 연구-변증법적 문학 연구를 위한 반성적 시론(試論)」, 『한양어문』제16집, 한양어문학회, 1998.

류보선, 「김승옥론—개인과 사회의 대립적 인식과 그 의미」, 권영민 엮음, 『한국현대작가연구—황순원에서 임철우까지』, 문학사상사, 1991.

오생근, 「작가의식의 변천」, 『삶을 위한 비평』, 문학과지성사, 1978.

유종호, 「감수성의 혁명」, 『비순수의 선언』, 유종호 전집 1, 민음사, 1995.

———, 「슬픈 도회의 어법」, 『한국소설문학대계』45, 동아출판사, 1995.

장세진, 「일상적 삶의 실존적 깨달음」, 『비평문학』2, 1988.

정현기, 「60년대적 삶」, 『다산성—자선대표작품선』, 한겨레, 1988.

한형구, 「김승옥론—김승옥 문학의 문학사적 성격」, 『한국현대작가연구』, 민음사, 1989.

3. 외서 및 번역서

Bakhtin, Mikkail Mikhailovich, 「소설 속의 시간과 크로노토프의 형식—역사적 시학을 위한 소고」, 『장편소설과 민중언어』, 전승희(역), 창작과비평사, 1988.

Barthes, Roland, "Style and Its image", Seymour Chatman(Edited and in part translated), *Literary Style: A symposium*, London: Oxford university press, 1971.

Calinescu, Matei, *Five faces of modernity*, Durhum: Duke University Press, 1987.

② 내각주와 참고문헌란

외각주와 약식주의 방식이 오래 쓰여 왔으나, 여기에는 몇 가지 불편한 점들이 있었다. 보충설명을 하는 주 이외의 인용문헌의 출전 표시만을 위한 주를 외각주로 처리한 것은 독서에 큰 불편을 주기도 하고, 또 약식부호들은 필자·독자들에게 혼동을 일으키게 하며, 동일한 저자·필자의 여러 문헌들을 반복해서 인용할 경우에는 약식 부호의 사용이 거의 불가능하기도 하다. 이러한 불편을 피하기 위한 방식으로 내각주의 방식이 최근에 꽤 많이 쓰이고 있다. 내각주를 취하는 정신은 본질적으로는 전통적인 방식의 그것이라 할 수 있다. 즉, 내각주는 본문 속의 해당 부분에서 인용하는 방식의 주인 것이다. 주로 간접 인용이나 극도로 압축된 표적을 제시하면서 그 출전을 해당 부분에서 밝히는 방식이다. 그렇게 되면 보충 설명의 주가 아니라면 인용문이나 참조한 부분의 출처를 굳이 각주란에다 밝히지 않아도 되기 때문에 간편한 체재가 되고 독서의 편의도 꾀할 수 있다. 다음 예문은 내각주 방식으로 쓰인 논문의 일부이다.

예문

종교 안에 침투한 근대성

근대성(modernity)이라는 개념은 이성의 진보에 따른 새로운 생활경험을 의미한다. 러너(Lerner, 1958: 387)는 근대성을 자립화 경제, 정치의 민주화, 합리적 세속화의 규범, 개인의 선택적 자유, 이 모든 것들에 상응하는 인격구조 등으로 개념화하였다. …… 근대성의 부정적 측면은 근대화에 따라 발전하는 제도적·관료적 억압성에서 더욱 뚜렷하게 나타난다.

근대성의 제도적 차원을 기든스(Giddens, 1990)는 다음의 네 가지로 설명하고 있다. 첫째……둘째……셋째……기든스는 이 점에 관해 명쾌한 설명을 한 푸코(Foucault, 1972)를 인용하고 있다. 즉 지식과 권력은 감옥, 학교 등의 공공기구를 통해서 결합되고 개인을 감시하고 감독하게 된다. 다시 말해 이는 자본주의 체제와 그를 뒷받침하기 위한 감기 제도이다. 넷째 폭력을 행사하여 통제하는 제도이다. 특히 군사 권력을 통원하여 전쟁 산업화의 관정에서 파생된 폭력의 방법을 통해 통제하는 제도적 장치가 강화되어 갔다.

물론 근대성의 이 같은 특성이 한국 사회와 같이 근대화 과정을 거치는 나라에서 모두 경험하는 현상은 아니다. 그러나 한국사회의 근대화 과정에서 여실하게 나타나는 현상은 산업화에 따른 경제적 팽창, 가치의 다원화, 생활과 사고의 세속화 그리고 도시화와 거대화, 그에 따른 온갖 아노미 현상 등이다.(김병서, 1981) 특히 도시화는 많은 농민을 도시로 집중시켜 전통적 가족 부락 중심의 공동체를 파괴하여 사람들이 불안 속에서 삶의 방향을 바로잡지 못하고 살고 있다. 이러한 아노미적 상황 속에서 한국의 개신교는 급성장했고 이 모든 근대화의 요소를 흡수하게 되었음을 김병서(1986)는 밝히고 있다.

이러한 내각주의 방식에서 괄호 속에 연대를 넣은 것은 해당 저자 또는 필자의 저서나 논문이 간행된 연도로써 해당 문헌을 대치시킨 것이다. 동일한 논저자의 문헌을 여럿 인용하는 경우에 약식 부호로써는 불가능 하지만, 위의 내각주의 방식을 따르면 김병서(1981), 김병서(1986) 등으로 표시할 수도 있다. 또한 같은 해에 나온 한 저자의 두 편 이상의 논저를 인용할 경우에도 김병서(1984a), 김병서(1984b)등으로 구분해서 표시할 수도 있다. 내각주에서 주의할 점은 그것이 저자나 필자를 나타내는 것이 아니라 그 인용문헌을 가리킨다는 사실인데, 이 때 제시하는 문헌의 저자나 필자를 알파벳으로 적어야 할 경우에 흔히 이름은 생략하고 성만으로 제시된다.

저자명 또는 필자명과 간행 연도로, 그리고 필요한 경우에는 인용 페이지로 표시하면서 본문 안에서 주로 처리하는 내각주의 체제에서는 자연히 참고문헌란에서 이에 맞추어 자자명 또는 필자명 다음에 간행 연도를 괄호 속에 넣어 줌으로써 독자들의 편의를 제공할 수가 있다.

위의 글처럼 내각주 방법을 취할 경우에 참고문헌란은 다음과 같이 제시되어야 한다.

예문

김병서(1981),「한국교회 현상의 사회학적 이해」,『신학사상』 제35집, 한국신학연구소.

김병서(1986),「한국사회의 산업화와 교회 발전」,『기독교 사상』, 1986년 6월호.

Foucault, M.(1972), *Power and Knowledge*, New York: Pantheon Publisher.

Giddens, Anthony(1990), *The Consequences of Modernity*, Stanford: Stanford University Press.

Lerner, Deniel(1958), *The passing of Traditional Society*, Glencoe, Ⅲ.: The Free Press.

4) 퇴고하기

퇴고할 때 가장 먼저 할 일은 글의 전체적인 짜임새를 검토하는 것이다. 글이 주제가 효과적으로 전달될 수 있도록 균형을 잡고 있는지, 부족한 부분이나 빠진 내용이 없는지 확인한다. 그리고 글의 내용이 논리적으로 배열되어 있는가를 확인하여 잘못된 부분은 바로잡아야 한다. 또한 주제를 강조하였는지, 좀 더 명확한 주제문으로 나타낼 수 없는지를 검토한다. 그리고 주제 이외의 다른 부분이 더 두드러지지 않은지도 살펴본다. 이렇게 전체적인 검토가 끝나면 부분적인 검토에 들어간다.

(1) 전체의 검토

① 관심 환기 부분이 자연스럽게 시작되는가? 주제와 부합하는가?

· 관심 환기와 문제 제기가 자연스럽게 결합되는가?

· 문제의식이 명료하게 제시되어 있는가?

· 글 전체의 전개 방향이 제시되어 있는가?

② 글의 본론 부분이 계획적으로 배열되어 있는가?

· 본론의 첫머리에서 문제를 분석하고 있는가?

· 문제를 분석하면서 객관적 논거를 충분히 제시했는가?

· 사용된 논거가 객관적이고 타당한가?

③ 결론에서 전체 내용을 요약하고 있는가?

· 요약을 하며 지나치게 압축적으로 전개하여 불분명하지는 않는가?

· 전망이나 대안 제시가 비현실적이거나 형식적이지는 않은가?

· 자기 글의 의의(의미)를 드러냈는가?

· 새로운 내용이나 어휘, 본론과 상관없는 내용이 나오지는 않는가?

④ 글 전체가 명료하게 짜여 있는가?

· 적절한 제목을 사용하였는가?

· 글 전체를 통하여 일관된 주장을 유지하고 있는가?

· 유의 사항에 위배되는 것은 없는가?

· 글에서 제기한 문제의식이 해결되었는가?

(2) 문단 검토

① 각 문단은 논리적으로 전개되었는가?

· 문단의 구조는 적절한가? / 주제문과 뒷받침 문장으로 이루어졌는가?

· 각 문단의 주제문과 뒷받침 문장의 결합 관계가 자연스러운가?

② 각각의 문단은 글 전체에 대하여 논리 구조상 지니는 기능을 적절히 수행하고 있는가?

· 각 문단은 글의 통일성과 일관성의 원리를 지키고 있는가?

· 본론은 최소한 두 문단으로 구성되어 있는가?

(3) 문장 검토

① 문장의 구조 및 형식들을 적절하게 사용하였는가?

② 주제문이 부정적 표현으로 제시된 것은 없는가?

· 각 문장들이 명백하게 진술되었으며, 문법적으로도 정확한 것인가?

· 문장을 구성하는 요소들 사이의 호응은 적절한가?

· 불필요하게 의문문을 많이 사용하지는 않았나?

③ 중심 생각과 종속적인 생각들이 문법적으로 적절하게 연결되었는가?

· 각 문장들 사이의 연결은 적절한가?

(4)어휘 검토

① 단어 사용이 명료하고 정확한가?

· 글의 문맥과 관련하여 단어 사용이 적절한가?

· 필요 이상으로 지시어를 사용하고 있지는 않은가?

② 맞춤법에 맞게 표기하였는가?

③ 주장하고자 하는 내용을 모호하게 표현한 부분은 없는가?

6장

발표와 토론

1. 발표

2. 토론

코니카우Kornikau와 맥클로이McElroy에 의하면 '읽은 것은 10%를 기억하고, 들은 것은 20%, 본 것은 30%, 듣고 본 것은 50%, 말한 것은 70%, 말하고 행동한 것은 90%를 기억한다.' 고 한다. 이로 미루어 볼 때 언어생활 가운데 발표와 토론 영역이 얼마나 중요한지를 알 수 있다. 특히 발표와 토론은 말하기와 듣기 능력을 향상시켜주고 논리적·비판적·창의적인 사고력을 증진시키며, 글쓰기의 기초를 탄탄하게 다져주므로 바람직한 의사소통의 바탕이 됨을 알 수 있다.

그러나 오랫동안 유교문화가 지배해 온 우리나라의 경우 상하의 종속관계, 장유유서의 수직적 사고가 뿌리내려 토론 문화가 제대로 형성될 수 없었다. 게다가 주입식 학교 교육으로 인해 발표와 토론에 대한 체계적이고 전문적인 연구도 부진했다. 예를 들어, 부모와 자식, 교사와 학생 간의 대화 내용을 살펴보면, "조용히 해라." "숙제해라. "어른에게 말대꾸하지 마라." 등 행위에 대한 통제 중심으로 일방적인 의사전달 형태가 이루어졌다. 그리고 "학교에 가서 선생님 말씀 잘 듣고 와라", "오늘 선생님 말씀 잘 듣고 왔느냐?"는 식의 질문은 교육이 듣기만을 강조한 형태로 되어왔음을 보여준다. 유태인 부모는 자녀에게 "학교에 가서 선생님께 많은 것을 여쭈어보고 오너라.", "오늘은 선생님께 어떤 것들을 여쭈어 보았느냐?"라고 말한다는 점에 주목할 필요가 있다.

다행히 최근 서울시 교육청에서 2014년까지 독서·토론·논술교육의 수업시수를 전체의 30% 수준으로 확대할 계획이라는 보도가 있어, 말하기·듣기·읽기·쓰기 영역에서 중등 교육과정과 대학교육의 연속성을 기대할 수 있게 되었다.

1. 발표

발표는 청중을 대상으로 자신의 생각을 말하여 공감대를 얻어내는 의사소통의 한 방식이다. 지식기반사회가 의사소통의 중요성을 급부상시키면서 발표능력은 단순히 내용 전달의 차원을 넘어 청중과의 소통을 강조하고 있다. 따라서 발표자는 청중의 이해를 돕고 자신이 조사한 내용이나 연구결과, 또는 전문지식이나 수집한 정보를 효과적으로 전달하기 위하여 컴퓨터 응용프로그램이나 다양한 시청각 자료를 활용하는 등 철저하게 사전 준비를 해야 한다.

이미 대학 강단을 비롯해 우리사회의 전반에 걸쳐 보편화 되어 있는 프레젠테이션Presentation은 단순히 '내용전달'이라는 기존의 발표 개념에서 벗어나, 시청각 자료를 비롯한 여러 가지 최첨단 방법을 동원하여 청중과의 의사소통에 중점을 두는 현대적 발표 개념이라고 할 수 있다. 체계적이면서 설득력 있는 의사소통을 하려면 먼저 발표에 대한 기술을 배우고 익힐 필요가 있다. 조리 있게 사고하고 발표하는 것은 선천적일 수도 있으나 교육과 훈련을 통해 배울 수 있는 것이다. 발표의 목적과 주제를 파악하는 일이 기술이요, 청중을 면밀히 분석하는 일도 기술이다. 관련 자료를 수집하고 정리하는 일이나 전달력 있게 자료를 제작하는 일도 기술이요, 컴퓨터 프로그램을 활용하는 일이나 조리 있고 설득력 있는 발표로 청중과 원활하게 의사소통하는 일 또한 기술이다. 이러한 기술을 배우고 익혔을 때 비로소 경쟁력 있고 차별화된 발표를 할 수 있다.

1) 발표를 위한 기초

발표를 잘하기 위해서는 여러 가지 사전 준비가 필요하다. 주제와 관련된 자료를 철저히 준비하는 것은 물론 평소에 발표에 필요한 지식과 테크닉을 함양해야 한다. 그리고 청중을 자유자재로 리드할 수 있는 감각과 능력이 있어야 하며, 참가자의 수준이나 인원수를 미리 파악하고 발표 장소에 대한 사전 답사도 필요하다.

(1) 의사소통과 거리

사람들이 이용하는 공간은 상황에 따라서 또는 친밀감이나 사회적 지위 등에 따라 거리가 조정되는데 의사소통 수단의 하나인 발표 현장에서도 예외일 수 없다. 인류학자 에드워드 홀 Hall은 일찍이 그의 저서『The Hidden Dimension』에서 모든 위치 또는 거리는 청중과의 거리에 따라 결정된다는 '거리론'을 제시한 바 있다. 그에 따르면 모든 동물을 포함하여 사람들은 일정한 자기 영역을 확보하기 위한 본능이 있다는 것이다. 특히 발표의 수단이 말하기라고 할 때 발표자가 말하기를 하는 동안 자신의 영역을 확보하고 자신의 위치를 잘 잡아나가는 일은 대단히 중요하다. 홀은 의사소통의 거리를 다음과 같이 나누어 설명하고 있다.

① 친밀한 거리 (intimate distance)

사람 사이의 거리가 45cm 이내로 아주 친밀한 친구나 애인사이, 또는 엄마와 아기간의 거리에 해당한다. 다정한 대화를 위해 유지되는 거리이며, 낮은 속삭임으로 사적인 의사소통이 가능하다.

② 사적인 거리 (personal distance)

청자와의 거리가 45~120cm로 조용한 대화나 사교할 수 있는 거리다. 낮은 목소리로 허물없는 대화를 할 수 있으며, 주로 사무실 안이나 거리에서 보통 사람들이 유지하는 거리다.

③ 사회적인 거리 (social distance)

청자와의 거리가 120~360cm로 학생과 교사, 사장과 비서 간의 거리다. 주로 사무적 관계로 만난 사람들이 유지하는 거리다.

④ 공적인 거리 (public distance)

청중과의 거리가 360cm 이상으로 공식적인 스피치를 위한 거리다. 강의실에서 교수와 학생, 연사와 청중 간의 거리에 해당한다. 의사소통 거리는 감정을 표현하는 한 가지 방식이다. 좋아하는 사람에게는 가까이 가고, 그렇지 않으면 멀어지게 마련이다. 의사소통 거리 외에 다른 공간적인 요소도 의사소통에 영향을 끼친다. 즉 방의 배치라든가 회의 탁자의 모양, 학생 수에 대비한 교실의 크기, 자리배치 등에 따라 의사소통적 가치가 달라진다. 예를 들어 탁자를 중심으로 마주보고 앉아 있으면 서로 대립관계로 지각되며, 같은 쪽에 나란히 앉거나 모서리를 끼더라도 바로 옆에 앉아 있으면 친근감 내지 협력관계에 있음을 인식하게 된다. 우리가 때때로 다른 사람과 관련하여 자신이 어느 위치에 앉을 것인가를 고민하게 되는데, 의사소통에서 적당한 거리를 유지하는 것은 대단히 중요한 의미를 지니고 있기 때문이다.

(2) 발표와 예절

의사소통의 중요한 수단인 말은 자신의 생각과 느낌을 상대방에게 정확하게 전달하는 데 일차적인 목표가 있다. 이 목표를 달성하기 위해 발표자는 기본적으로 다음과 같은 원칙을 지켜야 한다.

첫째, 청자의 주의를 집중시켜 끝까지 발표의 내용에 흥미와 관심을 갖도록 한다.

둘째, 상대방이 내용을 정확하게 납득할 수 있도록 자신의 생각을 명쾌하게 표현한다.

셋째, 진실한 말과 성실한 태도로 발표에 임한다.

특히 발표자는 언어예절에 각별한 관심을 가져야 한다. 우리말의 경우 상대방에 따라 말을 높이거나 낮추어야 하는 경어법이 있어 이를 지키지 않았을 경우에 큰 시비 거리가 된다. 언어예절은 여러 가지 상황에 따라 다르겠지만 일반적으로 다음 두 가지 요인에 의해 다르게 적용된다.

첫째, 화자와 청자의 관계는 지위와 연령에 따라 달라진다. 상대방을 부르는 호칭체계와 경어체계가 달리 적용된다. 대체적으로 연령에 따라 그 언어예절의 등급이 정해지지만, 경우에 따라서는 연령과 관계없이 사회적 지위에 따라 언어예절의 등급은 달라진다. 둘째, 대화가 이루어지는 상황에 따라 달라진다. 어떠한 상황에서 대화가 이루어지느냐에 따라 그에 맞는 적절한 언어예절이 있다. 단순한 친교적 기능으로서 인사의 상황이 있는가 하면, 격식을 갖추어 말을 해야 하는 애경사의 상황도 있다. 친구 간이라도 사적인 자리와 공적인 자리에서의 언어예절이 달라야 한다. 우리말의 호칭체계가 매우 복잡하므로 발표자는 상대방의 호칭에 대해서도 상황에 맞추어 예의를 갖추어야 한다. 어떤 경우에 어떤 호칭을 사용하느냐에 따라 상대방에 대한 예우의 척도가 달라지므로 발표자가 청중 앞에서 개인이나 단체를 언급할 때는 특히 주의해야 한다.

(3) 효과적인 발표

발표를 잘하기 위해서는 다음과 같은 점에 유의하여 꾸준히 노력해야 한다.

첫째, 발표의 목적과 주제가 무엇인지를 정확히 파악해야 한다. 설득을 위한 발표인가, 아니면 단순히 정보를 전달하기 위한 발표인가를 정확히 판단하고 성격에 맞는 발표를 해야 성공할 수 있다.

둘째, 청중이 어떤 사람들인가를 사전에 면밀히 분석해야 한다. 참석인원이 몇 명 정도며, 성별·연령대별 분포는 대략 어떻게 되는지? 직업이나 교육수준, 사회적 지위 등에 대해서 충분히 알고 발표에 임했을 때 흡족한 결과를 얻을 수 있다.

셋째, 성공적인 발표를 위해 자료를 수집하고 정리한다. 자료 수집은 최신의 것으로 신뢰도가 높아야 하되 조사기관, 대상, 일시, 장소, 방법 등 출처가 분명해야 한다. 아울러 통계자료는 통계청을 비롯하여 공신력이 있는 기관의 자료를 활용하는 게 좋다. 설문조사나 인터뷰를 필요로 할 경우에 조사대상의 대표성이라든가 질문의 적절성을 고려하는 일도 잊으면 안 된다.

넷째, 자료정리는 발표자의 시각이 명쾌하게 드러나야 한다. 주제가 선명하지 않은 자료를 적당히 모양만 갖추어 배열하면 오히려 효과가 감소된다. 일목요연하고 간단명료한 자료정리야말로 발표를 성공으로 이끄는 관건이라고 할 수 있다.

다섯째, 컴퓨터 프로그램을 잘 활용한다. 발표하고자 하는 내용을 가장 효과적으로 전달할 수 있도록 프로그램의 기능을 다양하게 활용할 수 있어야 한다. 발표내용의 디자인과 시각적·청각적 요소를 잘 활용한다면 소기의 목적을 거둘 수 있다.

그밖에 여러 사람 앞에서 당당하게 발표하되 교만하지 않도록 하는 일, 핵심을 간단하면서 명쾌하게 전달하는 일, 목소리를 상황에 따라서 적당한 크기와 속도로 조절하는 등 세심한 주의를 기울였을 때 비로소 발표의 목적인 동의를 얻어낼 수 있는 것이다.

2) 프레젠테이션 과제

최근 대학의 과제 부여 방법이 리포트를 제출하는 과제 대신 여러 사람들 앞에서 프레젠테이션(Presentation, 이하 PT)하는 과제로 바뀌어가고 있다. 취업 면접에서도 구직자들의 태도와 지식 등을 종합적으로 보기 위해 PT 면접을 선호하는 추세이다. 대비책은 연습을 많이 하는 것밖에 없다.

PT는 단순한 리포트보다 실제적으로 많은 준비를 해야 한다.

(1) 충분한 자료조사가 있어야 한다.

PT에서 중요한 것은 자료를 충분히 조사하는 것이다. 제출만으로 끝나는 리포트와 달리 PT는 처음부터 끝까지 발표하는 내용을 스스로 완벽하게 알아야 다른 사람들 앞에서 전달할 수가 있다. 발표할 내용에 대해서 완전히 소화하지 못하면 자신감이 없어지고 얼버무리게 되어 내용이 빈약해지기 쉽다. 발표가 끝난 후 질의응답에서도 제대로 답변하지 못하면 신뢰도가 떨어지고 공감을 얻지 못한다.

(2) 자료구성은 간단명료해야 한다.

PT를 할 때는 발표할 자료를 참석자들에게 나누어 주거나 파워포인트 등 영상 자료를 만들어 발표하게 되는데, 이때는 내용을 파악하기 쉽도록 간단명료하게 구성해야 한다. 핵심내용을 중심으로 정리하되 부연설명이나 중복된 내용은 과감히 빼는 것이 좋다. 자료를 너무 지나치게 자세히 구성해 놓으면 단순히 자료를 읽어나가는 발표가 되기 쉽기 때문에 될 수 있는 한 자료를 간단히 구성하고 발표하는 동안에 부연설명을 직접 해주는 것이 좋다.

(3) 당당한 태도와 자신 있는 목소리로 말해야 한다.

청중 앞에 섰을 때 떨거나 주저하는 모습을 보이는 것은 보는 사람 역시 불편하게 만든다. PT를 할 때 가장 중요한 것 중의 하나는 당당하고 자신 있는 모습을 보여주는 것이다. 곧은 자세와 당당한 태도, 자신감 있는 목소리로 또박또박 발표를 해야 한다. 내용이 아무리 알차더라도 발표할 때의 태도가 어색하다면 내용 전달이 제대로 되기 어렵다. 발표하는 내용에 스스로 최고의 권위자라고 생각하는 태도가 필요하다.

(4) 상황에 따라 적절한 언어와 제스처를 써야 한다.

발표자는 여러 사람 앞에서 경직된 자세로 내용을 읽어 내려가는 일이 없도록 주의해야 한다. 이러한 태도는 대부분 분위기를 지루하고 따분하게 만들어 역효과를 가져온다. 중요한 부분을 레이저 포인트로 짚어주거나 참석자들의 얼굴을 일일이 보면서 강조하듯 말을 하는 것이 좋다. 그리고 어느 정도의 동선을 유지하면서 움직인다든가 시선을 주는 것은 집중력을 끌어올리는 데 효과가 있다. 그러므로 발표자는 미리 거울 앞에 서서 언제 어떻게 제스처를 쓰는 게 효과적인가 연습을 해야 한다.

(5) 결말은 명쾌하게 내려야 한다.

결말이 나올 때쯤이면 참석자들의 집중도가 많이 떨어져 있기 때문에 이미 발표되었던 내용을 간단히 정리해서 전달해야 한다. 이 때 핵심 주제가 무엇이었는지, 어떻게 여기까지 진행이 되었는지에 대한 과정을 간단히 요약하고 결론을 도출해 내는 게 좋다. 발표내용을 다시 정리하여 들으면서 참석자들은 전체를 분명하면서도 체계적으로 이해하게 된다.

3) 발표의 절차

발표를 하게 되면 의외로 당황하여 많은 발표자가 스스로 무슨 말을 먼저 해야 하며, 발표의 핵심이 무엇이며, 어떤 순서에 따라 논지를 펼쳐야 할지 망설이는 경우가 많다. 주장과 설득과 반박이 원만하게 잘 이루어지게 하려면 다음과 같은 절차를 기억해 두자.

첫째, 주장은 '자기의 의견이나 주의를 굳게 내세운다.'는 사전적 의미를 가지고 있다. 특정 사안에 대하여 자신의 소신이나 의견을 밝히는 일이기 때문에 무엇보다도 자신의 주장을 자신감 있고 당당하게 관철시키는 게 필요하다. 주장은 상대방의 동의를 목표로 하므로 그 목표를 달성하기에 적합한 주장을 펼치는 것이 무엇보다 중요하다. 따라서 어떤 주장을 할 때는 먼저 그것이 보편타당성과 합리성을 갖추고 있는지를 심사숙고해야 한다. 아무리 그럴싸한 수사력과 표현력을 지니고 있다하더라도 보편타당성과 합리성이 결여되면 주장은 실패하기 때문이다.

보편타당성과 합리성을 갖추기 위해서는 인문학적인 교양을 쌓아야 한다. 목소리가 크고 말솜씨 좋은 사람이 유리할 것 같지만 논쟁이 계속되면 결국 지성을 지니고 보편타당하고 합리적인 논지를 펼치는 사람이 승리하는 경우를 쉽게 볼 수 있다. 아울러 확실한 논거를 제시해야 신뢰도가 높아진다. 발표자가 어떤 주장을 내세웠을 때 그 주장의 타당성과 합리성을 증명하지 못하면 그 주장은 단순히 독설에 불과하기 때문에 확실한 논거의 제시야 말로 설득과정에서 가장 중요한 부분이다.

둘째, 설득은 상대편이 이 쪽 편의 이야기를 따르도록 여러 가지로 깨우쳐 말하는 의사소통 방법이다. 이를 위해서는 반드시 그 의견이 알맞다고 여길만한 이유가 제시되어야 한다. 성직자의 설교, 변호사의 변론, 기업체의 상품광고, 사회단체의 선전, 정치가의 의견과 결심을 담은 글이 설득의 대표적인 유형에 속한다. 주장이 아무리 타당하고 합리적이어도 그것을 어떻게 표현하느냐에 따라서 반응은 달라진다. 같은 말이라도 어떻게 표현하느냐에 따라서 상대방의 수용도는 현저히 달라질 수 있다. 자칫하면 발표자의 주장에 동의하기는커녕 오히려 오해와 편견을 가질 수 있으며, 심지어 적대감을 가져올 수도 있다. 설득이 신뢰와 호감을 얻어내는 데 목적이 있다고 생각할 때 발표자는 어떤 방법으로든지 상대방의 신뢰와 호감을 얻어내기 위해서 최선을 다해야 한다.

셋째, 반박은 어떤 의견이나 주장, 논설 등에 반대하여 잘못된 것을 규명하면서 자신의 주장이 정당함을 입증하는 일이다. 주장이 있으면 반드시 그에 대한 비판이 나오게 되어 있다. 일단 어떤 주장이 제기되고 그에 대한 비판이 있은 후에는 반박과 재반박이 끊임없이 이어진다. 효과적인 반박은 상대방의 논리에 담긴 모순이나 허점을 정확하게 지적할 때 가능하다. 그러려면 먼저 상대방의 얘기를 잘 들어야 한다. 자기의 주장을 펼치는 데 급급한 나머지 남의 말을 제대로 듣지 못하면 그 내면에 숨어 있는 논리적 모순이나 허점을 찾아낼 수 없기 때문이다.

상대방의 주장에 대한 허점과 모순을 찾아냈다면 그때부터 본격적인 반박에 들어가게 되는데, 반박의 핵심이 상대방의 논리가 왜 잘못된 것인지를 밝히는 것이기 때문에 이 과정에서도 확실한 논거를 제시하는 일이 중요하다. 그런 다음에 그것을 바탕으로 자신의 주장이 옳고 정당함을 재입증해야 한다. 이때는 비판의 대상이 되었던 사항들을 중심으로 새로운 논거를 제시하는 것이 효과적이다. 다만 상대방의 비판에서 타당성이 있는 부분은 적극적으로 수용하여 자신의 견해를 보완하는 태도가 필요하다. 상대방의 비판을 전적으로 부정하고 자신의 주장만을 고집하는 것은 설득력을 떨어뜨린다는 점을 명심해야 한다.

4) 발표의 실제

발표를 잘하기 위한 기초 지식이 어느 정도 갖추어지면 발표의 목적과 방향을 정해야 한다. 예를 들어 발표 목적이 설득인가? 아니면 정보전달인가? 를 분명히 해야 한다. 발표 목적에 따라 동일한 소재라도 다른 방법으로 접근해야 하기 때문이다. 그러나 발표는 청중과의 소통이 중요하기 때문에 청중을 고려하여 발표 방향을 정하는 것이 좋다.

주제 선택은 청중이 이미 알고 있는 식상한 것보다 신선한 것으로 하되 범위를 좁히고 구체적으로 해야 한다. 주제에 맞는 자료는 인터넷이나 책자, 설문이나 인터뷰, 탐방 등을 통하여 다양하고 풍성하게 수집하여야 한다. 수집된 자료는 아무리 흥미로운 자료라 하더라도 직접 주제와 관련이 없으면 과감히 버릴 줄 알아야 한다. 어렵게 얻은 자료라서 버리기 아까워 이것저것을 끼워 넣다보면 논점이 흐려져 오히려 발표의 효과가 떨어진다.

또한 성공적인 발표가 되기 위해서는 구체적인 발표계획이 있어야 한다. 먼저 간단한 발표계획서를 만들고 파워포인트를 이용해 자료를 작성하되, 조사한 내용을 사진자료와 함께 나열하고 최종적으로 체계적인 정리를 거쳐 완벽하게 발표 준비를 한다. 발표계획서는 대체로 제목, 주제, 주제와 관련된 구체적이며 세부적인 소재, 조사내용 및 방법 등의 순서로 꼼꼼하게 작성하면 된다. 이와 같은 과정이 끝나면 곧이어 상황에 맞는 발표 자료를 제작하고, 발표할 대본을 작성하고, 실제로 발표연습을 하는 등 철저하게 실전에 대비하여야 한다.

(1) 주제 선정

주제의 선정은 발표의 성패를 좌우한다고 해도 과언이 아닐 만큼 매우 중요하다. 좋은 주제가 선정이 되어야 주제에 맞는 자료를 수집, 분석, 정리하는 데 가속도가 붙게 되고 발표문의 대본을 작성하는 일도 수월해진다.

주제는 일반적으로 다음 사항에 유의하여 선정하면 된다.

① 자신이 잘 알고 있는 주제를 선정하는 것이 좋다.

② 자신이 해결할 수 있는 주제를 선정하는 것이 좋다.

③ 자신이 잘 알지 못하더라도 더 많은 것을 알고 싶거나 특별히 관심 있는 주제를 선정해도 좋다.

④ 주어진 시간 안에 다루기 좋은 주제를 선정한다.

⑤ 참고자료가 충분한 주제를 선정한다.

⑥ 청중이 관심을 갖는 주제를 선정한다.

⑦ 청중과 상황, 발표자의 능력, 발표시간을 고려하여 선정한다.

⑧ 주제선정이 막연한 경우 자신의 경험, 관심, 취미, 기술, 신념 등에 관한 세부 사항을 브레인스토밍 해 본다.

(2) 발표 자료 제작

발표에 사용할 자료는 상황에 따라 여러 가지 형태로 제작할 수 있다. 대표적으로 프레젠테이션 프로그램, OHP, 슬라이드, 화이트보드, 빔 프로젝트, 발표유인물 등 다양한 형식이 있다. 특히 디지털시대로 접어들면서 PT가 대학이나 기업체의 주목을 받고 있다.

① PT 자료는 일반적으로 '목차⇒도입⇒전개⇒정리'의 순으로 구성한다. 각 항목의 내용은 논리적이면서 체계적으로 정리한다.

② 짧고 간결한 어구의 키워드를 중심으로 하는 목차식 개요 형태가 효과적이다.

③ 글자 크기, 번호 매기기, 들여쓰기 등 전체적인 구성이 일목요연해야 한다.

④ 한 화면에 핵심내용이 빠지지 않도록 하되 너무 많은 양이 들어가지 않도록 한다.

⑤ 눈을 피로하게 하는 원색을 피하고 그림과 글의 비율을 고려한다. 글만 있다거나 그림만 있다거나 하는 자료는 전달력이 떨어진다.

⑥ 전체 형식은 같은 모양과 배색으로 통일감 있게, 단순하면서 세련되게 만든다. 배경색과 글자의 색은 비슷한 계열을 피하는 것이 좋다.

⑦ 글자 크기는 뒷자리에서도 보이도록 해야 하며, 글씨체는 쉽게 알아볼 수 있는 단순체로 여러 가지 체를 사용하지 않는 것이 효과적이다.

⑧ 표, 그래프, 이미지, 동영상 등을 활용하여 효과적으로 내용을 전달하되, 특히 동영상 자료는 꼭 필요할 때 2~3분을 넘지 않도록 유의해야 한다.

⑨ 청중에게 배부하는 발표유인물은 핵심 내용이 담겨 있어야 한다. 일목요연하게 작성하되, PT 자료와 똑같게 하거나 발표자가 준비한 발표 대본을 그대로 복사해 주면 안 된다. 청중이 발표에 집중하면서 메모를 할 수 있도록 작성하는 것이 효과적이다. 그리고 PT 자료나 발표 유인물 마지막 부분에는 반드시 정확한 출처를 밝혀 신뢰성을 높일 뿐 아니라 발표 이후에도 청중이 참고 할 수 있도록 해야 한다.

(3) 발표 대본 작성

주제가 선정되면 자료를 수집, 분석, 정리하여 발표 대본을 작성해야 한다. 대본은 발표할 때 읽어 내려가기 위한 목적으로 만드는 것이 아니라, 만약의 경우 내용을 잊어버리거나 실수를 대비해서 작성한다는 것을 명심해야 한다. 처음부터 대본에 의존한다는 생각을 갖게 되면 발표가 매끄럽지 못하고 신뢰도가 떨어지게 된다.

발표 대본은 일반적으로 다음 요령에 의해서 작성하는 것이 좋다.

① 대본은 구어체 문장으로 작성한다.

② 긴 문장이 아닌 키워드 중심으로 압축한다.

③ 발표 현장에서 발표 대본을 보지 않고 발표할 수 있도록 준비해야 한다.

④ 발표자 자신이 참고로 하기 위해 작성하는 것이기 때문에 알아보기 쉽게 작성해야 한다.

⑤ 용지는 대본을 넘길 때 소리가 나지 않는 것이 좋으며, 넘기기 쉬운 것으로 선택해야 한다.

(4) 발표 연습

준비한 내용을 효과적으로 전달하면서 청중과 원활한 소통을 하기 위해서는 발표 전에 충분한 연습이 필요하다. 여유를 두고 미리 내용을 숙지하는 일은 물론 여러 사람 앞에서 어색한 태도로 발표하는 일이 없도록 여러 차례 연습을 하여 미비한 부분을 점검하고 보완하도록 한다.

① 연습할 때 마음가짐은 실제 상황처럼 하는 것이 중요하다. 혼자 거울 앞에서 자신의 자세나 표정을 보며 연습하는 것도 좋은 방법이며, 친구들 앞에서 연습해 보는 것도 부족한 점을 보완하는데 많은 도움이 된다.

② 여러 차례의 연습을 통해 구체적인 요소를 점검한다. 시간 배분이 잘 되었나? 발표 내용에서 가감 삭제할 부분은 없나? PT 자료는 뒷자리까지 충분히 보이는지, 국어정서법에 맞으며 표현이 쉽고 적절한지 등을 세밀하게 점검하고 보완해야 한다.

③ 발표 현장에 대한 사전 점검을 한다. 발표할 장소에 인터넷이나 관련 프로그램이 준비되어 있나? 컴퓨터, 빔 프로젝트, 음향시설 등은 제대로 작동이 되는지, PT 자료의 동영상이나 이미지, 애니메이션 효과 등은 이상이 없는지, 마이크 시설은 발표자가 편리하게 조작하여 사용할 수 있도록 되어 있는지 등을 꼼꼼히 점검해야 한다. 현장점검이 제대로 안 되면 아무리 발표 준비가 잘 되었더라도 당일의 발표에서 당황스러운 일이 생길 수 있다.

④ 발표 전날에는 예상되는 질문이나 답변, 청중의 반응 등을 상상하면서 발표 내용을 정리하여 자신감을 유지하도록 한다.

(5) 현장 준수사항

그동안 충분한 시간을 두고 준비와 연습을 했다 하더라도 막상 발표를 하게 되면 자신감이 없어져 전달력이나 흥미도가 떨어지게 되고, 그결과 청중과 의사소통이 안 되어 낭패를 보는 경우가 종종 있다. 발표자는 차분한 마음으로 원만한 발표를 위해서 다음 사항들을 잘 지키도록 노력해야 한다.

① PT 자료는 반드시 USB나 CD 등 여러 곳에 저장해야 한다. 인터넷에만 의존할 경우 인터넷이 연결되지 않거나 다운로드가 잘 안되어 당황하는 경우가 있다. 만약의 경우를 대비하여 여러 곳에 자료를 저장하는 것이 안전하다.

② 발표 전에 사용할 프로그램의 작동여부를 점검한다. 인터넷은 물론이고 동영상, 음향시설, 스크린 등이 잘 작동하는지 발표 시작 전에 다시 한 번 기자재를 점검해야 한다. 특히 독특한 글씨체를 사용했을 경우 반드시 폰트를 저장해 와서 글씨체가 깨지는 일이 없도록 주의해야 한다.

③ PT 화면은 열어놓고 발표 유인물을 배부하는 게 좋다. 발표 시작 후에 PT 화면을 열거나 발표 유인물을 나누어 주는 경우도 있으나 초반에 청중을 집중시키지 못하면 분위기가 산만해지기 쉽다.

④ 발표의 목적과 내용을 뚜렷하게 드러내야 한다. 발표의 핵은 바로 여기에 있기 때문에 구체적인 비교와 평가, 체계적인 정리, 일목요연한 자료제작, 적당한 도표나 그래프, 사진과 영상자료 이용, 명쾌한 결론 추출 등에 혼신의 노력을 기울여야 한다. 특히 PT 자료와 발표의 연결이나 진행이 매끄럽지 않아서 전체적인 흐름이 끊어지는 일이 없도록 주의해야 한다.

⑤ 효율적인 시간 배분을 통하여 준비한 내용을 충분히 전달해야 한다. 발표 연습을 통해 발표 시간을 정확히 맞추고 발표를 진행하는 동안에도 수시로 시간을 점검하면서 상황에 맞게 시간을 배분하는 것이 필요하다. 예정된 시간보다 짧거나 길어지는 일이 없도록 서론은 짧고 강렬하게, 본론은 진지하면서도 신뢰성 있게, 마무리는 여유를 가지고 명쾌하게 정리하는 등 시간을 지혜롭게 잘 조절해야 한다.

⑥ 효과적인 의사소통을 하기 위해서는 시선처리도 매우 중요하다. 지나치게 PT 화면에 시선을 고정하거나 청중을 제대로 바라보지 못하고 말을 한다면 분위기는 금방 산만해진다. 시선으로 청중을 사로잡는 것도 말하기 못지않게 중요하다. 그리고 발표자가 부드러운 표정과 알맞은 목소

리, 예의 바른 태도를 가졌을 때 훨씬 더 설득력이 있다는 점도 유념해야 한다. 아울러 공식적인 발표라는 점을 감안하여 표준어를 사용하여 분명하게 말을 하되 전문용어나 외국어를 지나치게 많이 사용하면 오히려 반감을 살 수 있다.

⑦ 발표 중에 돌발할 수 있는 여러 가지 상황에 지혜롭게 대처해야 한다. 수시로 청중의 반응을 살펴 지루해 하거나 난해한 듯한 표정을 보이면 곧바로 분위기를 전환하여 발표를 이끌어가야 한다. 갑자기 기자재의 문제가 발생했거나 정전이 되었을 경우에 당황하거나 중단하지 말고 차분하게 대처하면서 위기를 모면해야 한다.

⑧ 질의응답은 정해진 시간 안에서 하는 것이 좋다. 핵심만 간단하게 주고받아야 하며, 발표자나 질문자는 피차 공격한다는 의미가 아니라 발표내용에 대하여 궁금한 점이나 이견을 논의하는 것에 목적이 있기 때문에 서로 깍듯이 예의를 갖추어야 한다.

(6) 발표의 평가

발표가 끝나면 소정의 양식에 맞추어 간단한 평가과정을 거치는 것이 다음 발표를 위해 꼭 필요하다. 이 때 평가자는 발표자나 학술적인 이론에 편견을 가져서는 안 되며 어디까지나 공평하고 객관적인 자세로 평가에 임해야 한다. 평가표에 의해 각자의 평가가 끝나면 토의를 통해 자유롭게 잘된 점과 시정해야 할 점을 함께 정리해보아야 한다. 발표자나 청중 모두가 발전적인 발표를 위해 고민하는 계기가 되기 때문이다. 평가는 공정성을 위해 무기명으로 하는 것이 좋다.

발표 평가표

발표자	학과:	학번:	이름:
발표제목	제목:		
일시 및 장소	일시:	장소:	

항 목		**평 가 내 용**	**비 고**
잘된 점	발표 내용	1. 2. 3.	
	태도 및 기타	1. 2.	
시정할 사항	발표 내용	1. 2. 3.	
	태도 및 기타	1. 2.	
의문점 또는 질문사항	발표 내용	1. 2. 3.	
	태도 및 기타	1. 2.	
최종평가 등급		A B C D E	해당등급에 ○표

2. 토론

21세기를 일컬어 개인의 자율성을 존중하고 소통과 협력을 중시하며 수평적 관계가 핵을 이루는 네트워크사회라고 한다. 의사소통에 의해서 만남이 이루어지고, 그 만남들이 모여 하나의 네트워크를 형성하므로 네트워크를 만들지 못하면 사회에서 고립되고 소외될 수밖에 없다. 다시 말해서 네트워크사회에서 가장 중요한 능력은 바로 의사소통 능력이고, 네트워크는 그 자체가 의사소통이라는 매체에 의해 구성되므로 의사소통 능력이 없는 사람은 자연히 집단생활에서 도태될 수밖에 없다.

토론에 대하여 여러 가지 정의를 내리고 있지만, 프릴리(Freely)에 의하면 '어떤 논제에 대해 긍정하고 부정하는 양측이 논증을 통해서 자기주장의 정당함을 내세우고, 상대방의 주장이 부당함을 밝힘으로써 청중으로 하여금 합리적인 의사 결정에 이르게 하는 경쟁적 담화의 한 유형이며, 어떤 명제에 대해 합리적 이유에 입각한 판단을 내리기 위하여 진행되는 주장과 반박 및 질의와 응답의 과정'이다. 배상식이 '토론은 토의에 비해 훨씬 더 논리적이고 비판적이며 대결적'이라고 한 견해는 토론의 성격을 분명히 제시해주고 있다.

한마디로 토론이란 어떤 논쟁거리에 대하여 찬성하거나 반대하는 사람이 자신의 주장을 관철시키기 위하여 논리적인 근거를 제시하면서 상대방의 의견을 반박하는 말하기의 한 방식으로 설득을 통하여 상대방의 태도를 변화시키는 것이 주된 목적이다. 따라서 토론은 대립적 입장에 서서 생각을 전개하면서 최선의 결론을 얻어내는 합리적 의사결정의 한 수단이라고 할 수 있다.

1) 토론을 위한 기초

(1) 토론과 토의

토론은 어떤 논제에 대하여 찬성 팀과 반대 팀으로 나뉘어져 각기 논리적인 근거를 발표하고 상대방의 논거가 부당하다는 것을 명백히 하면서 대립을 전면에 나타내는 말하기 방식이다. 반면 토의는 일정한 사람들이 공동 목적을 가지고 어떤 문제에 대하여 해결을 위해 의견의 일치를 얻으려고 서로 협동하여 이야기하는 의사소통의 한 형태라는 점에서 차이가 있다. 토론은 넓은 의미에서 토의의 일종이라고 할 수 있다. 따라서 토론을 이야기하기 이전에 먼저 토의에 대하여 바르게 이해하는 것이 중요하다.

첫째, 토의는 일정한 사람들이 공동 목적 아래 똑같은 자격으로 참가하여 누구나 자유로이 자기 의견을 내놓을 수 있다. 둘째, 토의의 개최에 관한 명백한 이유나 근거가 있어야 하며, 참가자들이 그에 대하여 충분히 알고 있어야 한다. 셋째, 지식이나 경험에 입각한 의견이 서로 교환되어야 한다. 어느 한 쪽의 일방적인 견해가 지배해서는 좋은 토의가 될 수 없다. 넷째, 토의의 궁극적인 목적은 바람직한 결정이나 결론을 얻어 그것을 실제로 이행한다는 데 있다. 그러기 위해서는 참가자 모두가 개인적인 고집을 부리거나 개인의 이익을 추구해서는 안 된다. 다섯째, 토의의 원활한 진행을 위하여 사회자를 둔다. 사회자는 토의 분위기를 자연스럽게 조성하고, 의견을 유도할 수 있다.

토의를 하려면 소정의 절차에 따른 준비와 진행이 필요하다. 먼저 토의할 문제를 내세운 사람이 토의의 모임을 갖게 된 이유를 설명해야 한다. 그리고 토의할 사람을 선정해야 하는데, 사회자는 누구로 할 것이며 어떻게 선출할 것인가를 참가자에게 물어서 결정해야 한다. 다음으로 사회자의 사회로 시간의 예정, 주제의 설명, 질의응답, 발언의 순서로 토의를 진행해 나간다. 마지막으로 어떤 해결점을 찾으면 사회자는 토의의 결론을 확인하고 참가자들에게 공표하며, 어떻게 하면 좋겠다는 실행 안이 있을 경우 그에 대한 구체적인 의견을 듣고 회의를 마치면 된다. 토의의 종류는 대체로 다음 네 가지가 있다.

① 집단 토의

어떤 형식에 구애받지 않고 집단 전원이 참가하는 토의를 말한다. 전원이 발언하기 때문에 전체적 이해를 얻는 장점이 있다.

② 포럼forum

공개 토론회이라고도 하는데, 전문 지식을 가진 연사 한 사람 혹은 두 사람이 강연하고 나서 청중이 질문을 하거나 의견을 말하는 형식이다. 사회자가 그 문답을 적절히 조절한다.

③ 패널panel

배심 토의라고도 하며, 일정한 시간 내에 의견이 서로 다른 각파의 대표자 5명 내지 6명이 사회자의 사회 아래 토의를 한다. 사회자가 마지막 결론을 요약한다. 이 형식에서는 사회자의 역할이 무엇보다도 중요하다.

④ 심포지엄symposium

이른바 학술토론회의를 말하는데, 공통된 논제에 대하여 3명 내지 4명의 전문가가 미리 준비한 원고를 가지고 차례로 연구를 발표해 나간다. 한 사람의 발표 시간은 10~20분이 적당하다. 발표가 끝난 뒤 청중도 질문이나 자기 의견을 말할 수 있다.

(2) 토론의 규칙

토론이 원만하게 이루어지려면 먼저 공정한 토론 규칙을 만들고 토론자로 하여금 그 규칙을 엄격히 지키도록 해야 한다. 사회자는 토론자들이 자기만의 승리를 위해 상대방을 무시하거나 경우에 어긋난 주장을 내세워 감정적인 싸움으로 변질되는 것을 방지하기 위해 철저하게 토론 규칙에 맞춰 진행하도록 해야 한다. 성공적인 토론을 하기 위해서는 대체로 다음과 같은 규칙이 필요하다.

첫째, 토론의 주제를 정한다. 토론의 논제는 뚜렷한 논쟁점을 지녀야 하고 찬성과 반대가 뚜렷하게 나타나는 것이 좋다. 둘째, 토론의 전체적인 시간을 정한다. TV의 시사토론을 비롯한 모든 토론은 대체로 일정한 시간을 정해 놓고 이루어진다. 셋째, 양측의 발언시간, 발언순서, 발언횟수를 동등하게 분배한다. 특히 이 부분은 어느 한 쪽이 불이익을 당하지 않도록 사회자의 공평한 진행이 요구된다. 넷째, 원칙적으로 주제에 찬성하는 쪽이 먼저 발언하도록 진행하되, 먼저 발언한 쪽의 불리함을 감안하여 마지막 발언 또한 찬성하는 쪽이 하도록 한다. 다섯째, 토론은 구두로 진행해야 한다. 여섯째, 토론이 끝나면 판정을 내리고 토론자는 그 결과에 긍정적으로 승복한다.

(3) 토론의 유형

① 자유토론

주제 발표에 대해서 참가자 전원이 자유롭게 논의할 수 있는 토론방식이다. 비교적 주제가 평범하고 일반적이거나 참가자들이 주제와 관련하여 일정한 수준의 지식을 가지고 있을 때 효과적인 토론방법이다. 참가자 누구나 자유롭게 토론에 참여할 수 있을 뿐 아니라, 주제발표 후에 곧바로 전체토론으로 이어지기 때문에 사회자가 효과적으로 운영만 잘 한다면 다수의 참가자들이 적극적으로 참여하게 되므로 토론의 본래 목적에 가장 부응하는 방법이라고 할 수 있다. 따라서 자유토론에서 사회자의 역할은 막중하다. 사회자가 토론 주제에 대해서 객관적인 견해를 가져야 함은 물론이고, 주제발표자 이상으로 토론 주제에 대해 깊은 지식을 가지고 있어야 한다. 참가자 누구나 토론에 참여할 수 있으므로 논의가 주제에 어긋날 경우, 사회자는 쟁점을 명쾌하게 정리해주면서 토론을 올바른 방향으로 유도할 수 있어야 하고, 소주제를 적재적소에 적당히 배치하여 논의함으로써 토론의 맥을 짚어주어야 한다.

자유토론은 미리 대주제만 제시하고 주제발표가 끝난 후에 사회자가 쟁점별, 또는 세목별로 소주제를 잡아서 진행하는 게 일반적이지만, 처음부터 미리 대주제와 소주제를 정한 후에 진행할 수도 있어서 주제의 성격에 맞게 결정하면 된다. 하지만 자유토론은 참가자들이 주제에 대해서 사전 준비가 없거나 주제에 대한 지식이 부족할 경우 토론의 내용이 빈약해질 수 있고, 주제로부터 거리가 멀어져 방만해지기 쉽다는 단점이 있다.

자유토론은 대체로 다음과 같은 순서에 의해 진행하는 게 좋다.

첫째, 발표자와 사회자를 정한다.

둘째, 주제발표 후 쟁점별 또는 세목별로 소주제를 정한다.

셋째, 소주제별 토론과 대주제에 대한 종합토론 순서로 진행한다.

넷째, 사회자는 토론의 핵심내용과 쟁점을 정리해 준다.

다섯째, 강평을 한다.

② 지정토론

자유토론과 달리 토론 주제가 어렵거나 전문적인 성향을 띤 경우 효과적이다. 지정토론은 발표자와 지정토론자가 미리 정해진 상태에서 진행되기 때문에 발표자와 지정토론자 사이에 철저한 사전 준비가 전제되었을 때 효과가 극대화될 수 있다. 또한 지정토론자의 분위기가 전체 토론으로 이어지기 때문에 지정토론자들도 발표자 이상으로 철저한 준비가 필요하다. 따라서 주제발표 원고는 최대한 빨리 지정토론자들에게 전달하여 사전에 철저히 토론 준비를 하도록 해야 한다. 발표자와 지정토론자의 사전 준비가 부실할 경우, 전문성이 희박해지거나 깊이가 없어 토론의 성과를 기대할 수 없으며, 발표자와 지정토론자가 중심이 되므로 일반 참가들이 토론에 참여하는 태도가 소극적이고 참여율도 저조하다는 게 단점이다.

지정토론을 하기 위한 준비와 순서는 다음과 같다.

첫째, 발표자와 지정토론자를 정한다.

둘째, 발표원고와 지정토론문을 사전 검토하고 보완한다.

셋째, 발표와 지정토론을 진행한다.

넷째, 전체 토론 전에 사회자가 지정토론의 주요 쟁점을 정리해 준다.

다섯째, 전체 토론을 통해 쟁점에 대한 다양한 의견을 듣는다.

여섯째, 강평을 한다.

③ 분임토론

몇 개의 조를 단위로 이루어지는 토론방법이다. 분임토론은 참가자가 많아서 몇 개의 조로 나누어 토론해야 할 경우나, 주제의 폭이 넓어서 조별로 소주제를 주어 토론할 경우에 효과적이다. 각 조별로 사회자가 있기 때문에 참가자가 많더라도 집중력 있게 토론을 이끌어 갈 수 있으며, 각 조마다 소주제를 주어 토론하게 하고 그 결과를 전체 토론에서 종합할 경우 짧은 시간에 효과를 극대화할 수 있다는 점이 장점이다. 특히 토론의 규모가 작으면 토론 참여가 훨씬 용이하고 분위기에 적응하는 것도 쉽기 때문에 토론에 익숙하지 못한 학생집단에 적절한 방식이다. 반면, 각 조에 사회자나 토론자를 능력별로 잘 배치하지 않을 경우, 조별로 토론의 수준이 천차만별이 되어 좋은 결과를 기대하기 어렵고, 조를 여러 개로 나누었을 때 토론에 대한 전체적인 관리가 어렵다는 게 단점이다.

분임토론의 주제는 전체적으로 동일한 주제를 주어 토론하게 하는 경우와 동일한 주제 아래 각조별로 소주제를 정해주어 토론하도록 하는 경우가 있다. 다만, 분임토론의 조별 결과물은 최종적인 것이 아니기 때문에 반드시 전체 토론의 과정을 통해 의견을 종합해야 한다.

분임토론을 효과적으로 진행하기 위해서는 다음과 같은 준비와 순서가 필요하다.

첫째, 우선 토론 조를 편성하고 조별로 사회자와 서기를 정한다.

둘째, 조별 사회자의 진행으로 조별 토론을 하고, 서기는 토론의 주요 내용을 논리적으로 정리한다.

셋째, 분임토론이 끝나면 전체토론을 통해 의견을 수렴하고 종합한다.

넷째, 강평을 한다.

④ 난상토론

일정한 주제를 놓고 아무런 격식이나 제한을 두지 않고 자유롭게 이루어지는 토론방식이다. 특별히 주제발표가 없어도 되고 사회자의 역할 또한 극히 최소화된다는 점에서 자유토론과 구별된다. 난상토론은 모든 사람이 관심을 갖고 있는 시사적인 문제를 다룰 때에 효과적이다. 간혹 전문적인 문제를 놓고 난상토론을 하는 경우도 있지만 아무래도 시사성 있는 문제가 사전 준비에도 좋고 가까이 접할 수 있어서 토론의 주제로 알맞다. 토론 가운데 가장 자유로운 토론이므로 신선하고 창의적인 의견을 도출해낼 수 있다는 게 장점이다. 또한 불특정다수의 참가자들로부터 상식과 통념을 뛰어넘는 발언이 언제든지 튀어나올 가능성이 있기 때문에, 사회자는 토론을 이끌 생각보다 토론이 주제에서 지나치게 벗어나지 않도록 제어하는 데 주력해야 한다. 토론자들이 토론을 이끌 경우 사회자가 굳이 필요한 것은 아니므로 최상의 난상토론은 사회자를 두지 않는 형태라고 할 수 있다.

난상토론의 단점은 토론이 주제에서 벗어날 위험성이 크다는 점이다. 자칫 난장판으로 전락할 위험성이 가장 높은 토론인데 바로 이 부분에서 사회자의 역할이 요구된다. 즉 사회자는 토론 주제에 대해서 누구보다도 깊이 있고 전문적인 지식을 갖춰 토론의 개입은 최소화하면서 토론의 방향을 분명하게 잡아주어야 한다. 그리고 참가자들이 주제에 대해 충분히 숙지했을 경우 사회자가 없어도 원만한 토론이 이루어 질 수 있으므로 미리 토론의 주제에 대하여 공지하는 것도 바람직한 방법이다. 난상토론이 제대로 이루어졌을 때 최선의 합리성과 최고의 생산성을 이끌어 낼 수 있으므로 난상토론은 토론의 이상형이라고 할 수 있다.

난상토론은 대체로 다음과 같은 순서에 의해 진행한다.

첫째, 먼저 토론 참여자들과 협의하여 주제를 정한다.

둘째, 사회자는 상황에 따라 둘 수도 있고 안 둘 수도 있다.

셋째, 주제를 놓고 난상토론을 시작한다.

넷째, 사회자가 필요할 경우 사회자의 개입은 최소화한다.

다섯째, 강평을 한다.

⑤ 세미나

세미나는 학술토론을 의미한다. 토론 참여자들이 발표자인 동시에 토론자가 되는 토론으로 참여도를 극대화할 수 있는 방식이다. 또한 세미나는 학술적인 분야의 토론인 만큼 가장 깊이 있는 토론이 가능하지만, 주제에 대한 지식이 미흡할 경우 토론 자체가 불가능하다는 점이 문제다. 따라서 세미나에 관심이 있다면 자신의 세부 전공에 맞춰 참가하는 일이 중요하다. 아울러 세미나는 참석인원이 많으면 원활한 토론이 어렵다. 10여명 내외가 적절한 인원으로 최대 20명이 넘을 경우 사실상 세미나는 불가능하다. 세미나 참여자는 최대 20명 이내로 제한하고 나머지는 참관인 자격으로 배치하는 것이 좋다. 세미나의 효율적인 진행을 위해서는 인원조정이 불가피하다. 참관인들에게는 세미나가 종료된 다음 질의·응답의 기회를 주는 것이 좋다.

원활한 세미나를 위해서 다음과 같은 준비와 순서가 필요하다.

첫째, 먼저 토론 참여자들과 협의하여 전공과 직결된 주제를 정한다.

둘째, 세미나 참여자와 참관자를 정한다.

셋째, 세미나를 진행한다. 참여자들은 발표와 토론을 병행한다.

넷째, 세미나 종료 후에 참관인들에게 질의·답변 시간을 준다.

다섯째, 강평을 한다.

2) 토론의 실제

(1) 토론 진행자의 요건과 역할

토론은 근본적으로 한 주제를 놓고 찬성과 반대의 양론이 대립하기 때문에 원활한 진행을 위해서 진행자가 필요하다. 진행자는 주어진 문제 해결을 위해서 참여자들이 주제에서 벗어나지 않도록 조정하는 일, 참여자에게 균등한 기회를 제공하는 일, 상황에 맞는 사례들을 적재적시에 제시하는 일, 해결방안을 모색하거나 새로운 정보를 제공하는 일, 해결방안 사이의 관계를 명쾌하게 해 주는 일, 지금까지의 논의를 수시로 요약하고 방향을 제시하는 일 등 전체적인 흐름을 주도하기 때문에 어느 한 쪽에 치우치는 일 없이 공평하고 객관적인 자세를 갖는 것이 중요하다.

토론의 진행자가 갖추어야 할 요건과 역할은 대체로 다음과 같다.

첫째, 적극적인 자세와 폭넓은 사고로 토론이 끝까지 원만하게 잘 진행되도록 최선을 다 해야 한다. 특히 토론 참여자들이 서로 잘 모르는 사람들로 구성되었을 경우 어색한 분위기 속에서 토론 진행이 어려우므로 진행자는 서로의 관계가 활성화되도록 분위기를 조성한다. 아울러 발제를 선명하게 알리고 토론이 논점에서 벗어나지 않도록 주의를 준다.

둘째, 찬성과 반대쪽의 의견이 팽팽히 맞섰을 때, 어느 한 쪽에 치우치지 않도록 진행하되 주제에서 이탈할 경우 수시로 양측을 제어해야 한다. 따라서 진행자는 이따금 토론의 진행 상황을 요약하거나 설명해 줌으로써 결론이나 해결책을 유도하고 참가자들의 주의를 환기시킨다. 이 때 자신의 의견이나 발언은 억제한다.

셋째, 특정한 사상이나 의견을 옹호하지 않는, 객관적이고 중립적인 태도를 지켜야 한다. 토론 중에 사실과 의견을 명확히 구분하되 요약과 질문을 적절히 삽입하여 토론이 매끄럽게 진행되도록 한다.

넷째, 마무리 발언을 통해 토론의 결과, 의의 등을 사실대로 간략하게 정리, 보고한다. 결론이 도출되는 단계에 이르면 지금까지의 토론 내용을 다시 한 번 정리하고 마무리를 짓는다. 특히 이 때 진행자 개인의 생각으로 결론을 내리거나 의견을 제시해서는 안 된다.

(2) 토론 참여자의 태도

토론의 가장 주된 목적은 원활한 의사소통으로 최상의 결과물을 도출해 내는 데 있다. 그러나 인간이나 동물들이 모여 사는 세상에서는 이권과 관계되는 어떤 문제가 발생했을 때 필연적으로 갈등 상황에 빠지게 된다. 그런 경우에 동물은 힘으로 갈등문제를 해결하지만, 인간은 토론이라는 수단을 통해 문제를 원만히 해결하고자 노력하는 점이 다르다. 특히 인간은 자라온 환경이나, 지식수준, 성격, 감정, 사고, 정서 등이 다르기 때문에 같은 문제를 놓고도 서로 다른 견해를 가질 뿐 아니라, 편협한 시각으로 자기의 생각만을 옹호하려는 경향이 있어서 토론에 대한 기본 지식이나 토론자로서의 교양을 갖추지 않으면 동물과 다름없이 폭력이나 힘에 의존하여 문제를 해결하려고 한다. 토론을 품위 있게, 효율적으로 하기 위해서는 먼저 토론자 스스로가 다음과 같은 기본적 소양을 갖추도록 노력해야 한다.

첫째, 예절 바르고 품위 있는 행동을 해야 한다. 평소에 조용하고 교양이 있다는 사람도 막상 토론에 임하게 되면 감정에 치우쳐서 언어가 거칠어지거나 행동이 격해지는 경우가 발생할 수 있으므로 특별히 감정조절에 유의해야 한다. 그렇다고 토론을 할 때 침묵을 하면서 얌전히 앉아 있기만 하면 안 된다. 토론을 할 때는 열정적이고 적극적인 태도로 참여해야 한다. 이와 같은 태도는 토론에 참여하는 자로서 상대방을 존중하는 의미도 있지만 토론의 주제에 집중하고 있다는 의미이기도 하다. 오히려 수동적이거나 소극적인 자세는 상대방을 불쾌하게 만들며 토론을 지켜보는 사람들에게도 무능한 존재로 비춰질 수 있다. 다만, 지나친 열정으로 오만과 편견으로 일관하거나 독선적인 태도를 취하지 않도록 유의해야 한다.

둘째, 토론의 논제에 대해 미리 충분한 자료를 준비해야 한다. 먼저 지금 이 시점에서 왜 그와 같은 주제로 토론하는지 그 목적을 분명히 알아야 건강한 결론을 추출할 수 있다. 다시 말해서 토론자들이 논제의 성격이나 범주를 제대로 알았을 때 논제에서 이탈하지 않고 정해진 시간에 최대의 효과를 얻어낼 수 있는 것이다. 그러기 위해서는 논제에 대한 충분한 지식을 가지고 있어야 한다. 개인적이고 일반적인 지식이 아니라 전문성과 객관성이 있어야 하며 깊이 있는 지식이라야 설득력이 있다. 그러나 그러한 지식들이 자료수집으로 끝나면 안 되고, 자신의 것으로 완전히 소화시켜서 자유자재로 현장에 활용할 수 있어야 가치가 있다. 또한 자신의 논지에 대해 상대가 어떤 반론을 제기할지 예상하고 그에 대한 대응책을 치밀하게 준비해야 한다. 자기주장의 전달력과 호소력을 극대화하기 위하여 논거에 대해 충실히 검토하고 논리적 질서를 갖추어 발표하도록 준비해야 하며, 심지어 언어의 선택이나 음성의 고저장단 조절, 적당한 상황연출 등에 대해서도 세심한 준비가 필요하다.

셋째, 상대방의 말을 경청해야 한다. 상대의 의견을 듣지 않고는 자신의 의견을 내세울 수 없기 때문이다. 상대의 말을 잘 들으면서 자신과 공통점은 무엇이며, 어떤 부분에서 차이가 있으며, 서로 주장하는 견해 사이에는 어떤 관련이 있으며, 한 차원 더 높게 발전시키기 위해서는 어떤 전략이 필요한지를 차분한 마음으로 이해하며 다음 단계로 진행해 나가야 한다. 토론은 힘이나 폭력을 통해서 이루어지는 것이 아니기 때문에 서로 다른 견해를 드러내는 과정에서 상대의 의견을 존중하며 설득력 있게 자신의 생각을 관철해 나가는 태도가 무엇보다 중요하다. 상대의 의견을 반박해야 할 경우에도 상대방의 견해를 인정하는 기술이 필요하다. 토론에서 비판의 대상은 사람이 아니라 바로 의견 자체이기 때문이다.

아울러 상대방의 말을 들을 때는 스스로의 마음부터 개방해야 한다. 토론자가 자기의 생각만이 최상인 것처럼 폐쇄적인 사고를 가지고 있는 한 원만한 토론은 기대하기 어렵다. 개방적인 사고로 상대방의 말을 참을성 있게 경청했을 때 비로소 상대방의 생각과 논지를 정확히 파악할 수 있을 뿐 아니라, 정곡을 찌르는 언어와 역동적인 표현으로 자신의 생각을 통쾌하게 관철시킬 수 있다.

(3) 토론의 주제 정하기

토론의 목적이 합리적인 문제해결점을 도출해내는 데 있는 만큼 토론의 주제를 선정하는 일은 대단히 어렵고도 중요한 의미를 갖는다. 논제를 무엇으로 정하느냐에 따라 토론의 방향과 성패가 결정되기 때문이다.

토론의 주제는 대체로 다음과 같은 요건을 갖추는 것이 좋다.

① 찬성과 반대 의견이 분명히 나뉠 수 있어야 한다.

② 다양한 문제의식, 관점, 추론을 불러일으킬 수 있는 게 좋다.

③ 창의적 문제해결의 가능성이 큰 논제가 좋다.

④ 진리탐구 및 지식 습득에 도움이 되는 논제라야 한다.

⑤ 위의 조건을 충족시켜도 자신의 흥미와 관심을 끄는 논제가 좋다.

반면, 다음과 같은 주제는 가급적 피하는 것이 좋다.

① 결론이 분명하게 예측되는 논제

② 개인의 사생활과 관련된 논제

③ 개인의 취향이나 기호에 관련된 논제

④ 어느 특정단체의 이념이나 사상과 관련된 논제

⑤ 지나치게 전문적인 지식을 필요로 하는 논제

(4) 토론의 절차

토론은 성격이나 상황에 따라 다소 차이가 있지만 일반적으로 다음과 같은 절차에 따라 이루어진다.

① 주장 펼치기

자기의 주장을 분명하게 제시한다. 자기주장의 근거인 사실과 논거가 더 정당하고 가치 있음을 자신 있게, 구체적으로 진술한다. 주장은 상대의 동의를 목표로 하기 때문에 그 목표를 달성하기에 적합한 주장을 펼쳐야 하는데, 첫째로 보편타당성을 인정받을 수 있도록 합리적인 주장을 해야 하고, 다음으로 논리적 근거와 경험적 근거를 적절하게 제시할 수 있어야 한다. 이를 뒷받침하기 위해서는 평소에 폭넓은 독서를 통해서 사고력을 갖추는 훈련이 필요하다.

② 반론하기

자신의 주장에 대하여 호감과 신뢰성을 높이는 단계이므로 무엇보다도 표현력을 갖추어야 한다. 같은 내용을 말하더라도 어떻게 말하느냐에 따라서 다르게 받아들이기 때문이다. 상대방의 주장과 근거인 사실과 논거를 일단 인정하는 태도를 보이되 상대방의 주장과 근거에 문제가 있는지 여러 각도에서 분석하여 취약점을 찾아내고 그 약점들을 지적하면서 상대방의 논거를 반박한다. 이때 상대방 주장의 결함을 파악하여 이를 비판함과 동시에 자기편 주장의 타당성이나 우월성을 인식시킨다. 이를 위해서 상대방의 주장을 잘 듣는 것이 매우 중요하다.

③ 주장 다지기

반론하기에서 인정된 근거로 주장을 다지는 단계로 자기주장의 요점들을 중간에 반복하여 말함으로써 상대방에게 자신의 주장을 분명하게 인식시킨다. 결론 단계에 이르면 토론 내용을 정리, 요약, 반복하고 만약 결론이 나지 않았을 때는 토론의 범위와 문제점을 정리하고 토론을 종결한다.

④ 판정하기

각 단계에서 잘된 점을 중심으로 평가하고 결과를 판정한다.

(5) 토론의 평가

토론은 우리의 삶 가운데서 중요한 판단이나 결정을 내릴 때에 가장 민주적으로 이루어지는 의사소통 행위이기 때문에 본질을 벗어나면 문제해결은커녕 갈등이나 편견이 고조되어 오히려 인간관계가 악화되는 경우가 있다. 따라서 토론이 끝나고 나면 반드시 모든 참여자가 객관적인 입장에 서서 토론의 진행과정이나 결과에 대하여 평가의 기회를 갖는 것이 좋다.

토론 평가표

평가자	학과:	학번:	이름:
토론제목	제목:		
일시·장소	일시:	장소:	
진행자	소속:	이름:	
토론자	찬성 팀 이름		
	반대 팀 이름		

	평가 항목	배점	찬성팀 평점	반대팀 평점
진행자 역할	개방적이고 폭넓은 사고로 공정하게 진행했나?	4		
	찬·반이 대립했을 때 조정 역할을 잘 했나?	3		
	진행과정에서 의견을 잘 정리하면서 원활하게 이끌어 갔나?	3		
토론자의 태도	적극적으로 참여하되 예의 바르게 행동했나?	10		
	중간에 상대방의 말을 가로채지 않고 경청했나?	10		
	적재적소에서 자기의 주장을 논리적이며 합리적으로 내세웠나?	10		
토론 내용	언어는 상황에 맞게 잘 사용하였나?	10		
	문제점을 발견하고 적절한 논거로 주장했나?	10		
	결과물을 합리적으로 도출해냈나?	10		
토론 절차	자기의 주장을 명쾌하게 제시했나?	10		
	상대방의 결함을 제대로 비판하되 자기편 주장의 타당성이나 우월성을 바르게 인식시켰나?	10		
	상대방에게 자신의 주장을 분명하게 인식시켰나?	10		
총점				

부록: 한글 맞춤법과 표준어 규정

한글 맞춤법은 한국어를 국어를 한국 언어 사회의 규범이 되도록 어법에 맞게 표기하는 방법을 가리키는 말이다. 만약 우리말을 적는 통일된 방식이 없어 사람마다 표기하는 방식이 모두 다르다면 우리의 문자 생활은 큰 혼란에 빠질 것이다. 따라서 한글 맞춤법은 불필요한 규제가 아니라 효율적인 문자 생활을 위해서는 없어서는 안 될 규범이라고 할 수 있다. 한글 맞춤법의 원리는 '한글 맞춤법' 총론에 잘 집약되어 있다. 여기에는 한글 맞춤법의 제1장 총칙과 제2장 자모를 제외하고 나머지 내용을 소개하기로 한다.

1. 한글 맞춤법

1) 소리에 관한 것

(1) 된소리

(제5항) 한 단어 안에서 뚜렷한 까닭 없이 나는 된소리는 다음 음절의 첫소리를 된소리로 적는다.

1. 두 모음 사이에서 나는 된소리

소쩍새	어깨	오빠	으뜸	아끼다
기쁘다	깨끗하다	어떠하다	해쓱하다	가끔
거꾸로	부썩	어찌	이따금	

2. 'ㄴ, ㄹ, ㅁ, ㅇ' 받침 뒤에서 나는 된소리

산뜻하다	잔뜩	살짝	훨씬	담뿍
움찔	몽땅	엉뚱하다		

다만, 'ㄱ, ㅂ' 받침 뒤에서 나는 된소리는, 같은 음절이나 비슷한 음절이 겹쳐 나는 경우가 아니면 된소리로 적지 아니한다.

국수	깍두기	딱지	색시	싹둑(~싹둑)
법석	갑자기	몹시		

(2) 구개음화

(제6항) 'ㄷ, ㅌ' 받침 뒤에 종속적 관계를 가진 '-이(-)'나 '-히-'가 올 적에는, 그 'ㄷ, ㅌ'이 'ㅈ, ㅊ'으로 소리 나더라도 'ㄷ, ㅌ'으로 적는다.(ㄱ을 취하고, ㄴ을 버림.)

ㄱ	ㄴ	ㄱ	ㄴ
맏이	마지	핥이다	할치다
해돋이	해도지	걷히다	거치다
굳이	구지	닫히다	다치다
같이	가치	묻히다	무치다
끝이	끄치		

(3) 'ㄷ' 소리 받침

(제7항) 'ㄷ' 소리로 나는 받침 중에서 'ㄷ'으로 적을 근거가 없는 것은 'ㅅ'으로 적는다.

덧저고리	돗자리	엇셈	웃어른	핫옷
무릇	사뭇	얼핏	자칫하면	뭇[衆]
옛	첫	헛		

(4) 모 음

(제8항) '계, 례, 몌, 폐, 혜'의 'ㅖ'는 'ㅔ'로 소리나는 경우가 있더라도 'ㅖ'로 적는다.(ㄱ을 취하고, ㄴ을 버림.)

ㄱ	ㄴ	ㄱ	ㄴ
계수(桂樹)	게수	혜택(惠澤)	헤택
사례(謝禮)	사레	계집	게집
연몌(連袂)	연메	핑계	핑게
폐품(廢品)	페품	계시다	게시다

다만, 다음 말은 본음대로 적는다.

게송(偈頌)　　게시판(揭示板)　　휴게실(休憩室)

(제9항) '의'나, 자음을 첫소리로 가지고 있는 음절의 'ㅢ'는 'ㅣ'로 소리나는 경우가 있더라도 'ㅢ'로 적는다.(ㄱ을 취하고, ㄴ을 버림.)

ㄱ	ㄴ	ㄱ	ㄴ
의의(意義)	의이	닁큼	닝큼
본의(本義)	본이	띄어쓰기	띠어쓰기
무늬[紋]	무니	씌어	씨어
보늬	보니	틔어	티어
오늬	오니	희망(希望)	히망
하늬바람	하니바람	희다	히다
늴리리	닐리리	유희(遊戲)	유히

(5) 두음 법칙

(제10항) 한자음 '녀, 뇨, 뉴, 니'가 단어 첫머리에 올 적에는, 두음 법칙에 따라 '여, 요, 유, 이'로 적는다.(ㄱ을 취하고, ㄴ을 버림.)

ㄱ	ㄴ	ㄱ	ㄴ
여자(女子)	녀자	유대(紐帶)	뉴대
연세(年歲)	년세	이토(泥土)	니토
요소(尿素)	뇨소	익명(匿名)	닉명

다만, 다음과 같은 의존 명사에서는 '냐, 녀' 음을 인정한다.

냥(兩) 냥쭝(兩-) 년(年)(몇 년)

[붙임 1] 단어의 첫머리 이외의 경우에는 본음대로 적는다.

남녀(男女) 당뇨(糖尿) 결뉴(結紐) 은닉(隱匿)

[붙임 2] 접두사처럼 쓰이는 한자가 붙어서 된 말이나 합성어에서, 뒷말의 첫소리가 'ㄴ' 소리로 나더라도 두음 법칙에 따라 적는다.

신여성(新女性) 공염불(空念佛) 남존여비(男尊女卑)

[붙임 3] 둘 이상의 단어로 이루어진 고유 명사를 붙여 쓰는 경우에도 붙임 2에 준하여 적는다.

한국여자대학 대한요소비료회사

(제11항) 한자음 '랴, 려, 례, 료, 류, 리'가 단어의 첫머리에 올 적에는, 두음 법칙에 따라 '야, 여, 예, 요, 유, 이'로 적는다.(ㄱ을 취하고, ㄴ을 버림.)

ㄱ	ㄴ	ㄱ	ㄴ
양심(良心)	량심	용궁(龍宮)	룡궁
역사(歷史)	력사	유행(流行)	류행
예의(禮儀)	례의	이발(理髮)	리발

다만, 다음과 같은 의존 명사는 본음대로 적는다.

리(里): 몇 리냐?

리(理): 그럴 리가 없다.

[붙임 1] 단어의 첫머리 이외의 경우에는 본음대로 적는다.

개량(改良)	선량(善良)	수력(水力)	협력(協力)
사례(謝禮)	혼례(婚禮)	와룡(臥龍)	쌍룡(雙龍)

하류(下流)　　급류(急流)　　도리(道理)　　진리(眞理)

다만, 모음이나 'ㄴ' 받침 뒤에 이어지는 '렬, 률'은 '열, 율'로 적는다.(ㄱ을 취하고, ㄴ을 버림.)

ㄱ	ㄴ	ㄱ	ㄴ
나열(羅列)	나렬	분열(分裂)	분렬
치열(齒列)	치렬	선열(先烈)	선렬
비열(卑劣)	비렬	진열(陳列)	진렬
규율(規律)	규률	선율(旋律)	선률
비율(比率)	비률	전율(戰慄)	전률
실패율(失敗率)	실패률	백분율(百分率)	백분률

[붙임 2] 외자로 된 이름을 성에 붙여 쓸 경우에도 본음대로 적을 수 있다.

신립(申砬)　　최린(崔麟)　　채륜(蔡倫)　　하륜(河崙)

[붙임 3] 준말에서 본음으로 소리나는 것은 본음대로 적는다.

국련(국제연합)　대한교련(대한교육연합회)

[붙임 4] 접두사처럼 쓰이는 한자가 붙어서 된 말이나 합성어에서, 뒷말의 첫소리가 'ㄴ' 또는 'ㄹ' 소리로 나더라도 두음 법칙에 따라 적는다.

역이용(逆利用)　연이율(年利率)　열역학(熱力學)

해외여행(海外旅行)

[붙임 5] 둘 이상의 단어로 이루어진 고유 명사를 붙여 쓰는 경우나 십진법에 따라 쓰는 수(數)도 붙임 4에 준하여 적는다.

서울여관　　신흥이발관　　육천육백육십육(六千六百六十六)

(제12항) 한자음 '라, 래, 로, 뢰, 루, 르'가 단어의 첫머리에 올 적에는, 두음 법칙에 따라 '나, 내, 노, 뇌, 누, 느'로 적는다.(ㄱ을 취하고, ㄴ을 버림.)

ㄱ	ㄴ	ㄱ	ㄴ
낙원(樂園)	락원	뇌성(雷聲)	뢰성
내일(來日)	래일	누각(樓閣)	루각
노인(老人)	로인	능묘(陵墓)	릉묘

[붙임 1] 단어의 첫머리 이외의 경우에는 본음대로 적는다.

쾌락(快樂)　　극락(極樂)　　거래(去來)　　왕래(往來)
부로(父老)　　연로(年老)　　지뢰(地雷)　　낙뢰(落雷)
고루(高樓)　　광한루(廣寒樓)　　동구릉(東九陵)　　가정란(家庭欄)

[붙임 2] 접두사처럼 쓰이는 한자가 붙어서 된 단어는 뒷말을 두음 법칙에 따라 적는다.

내내월(來來月)　상노인(上老人)　　중노동(重勞動)
비논리적(非論理的)

(6) 겹쳐 나는 소리

(제13항) 한 단어 안에서 같은 음절이나 비슷한 음절이 겹쳐 나는 부분은 같은 글자로 적는

다.(ㄱ을 취하고, ㄴ을 버림.)

ㄱ	ㄴ	ㄱ	ㄴ
딱딱	딱닥	꼿꼿하다	꼿곳하다
쌕쌕	쌕색	놀놀하다	놀롤하다
씩씩	씩식	눅눅하다	눙눅하다
똑딱똑딱	똑닥똑닥	밋밋하다	민밋하다
쓱싹쓱싹	쓱삭쓱삭	싹싹하다	싹삭하다
연연불망(戀戀不忘)	연련불망	쌉쌀하다	쌉살하다
유유상종(類類相從)	유류상종	씁쓸하다	씁슬하다
누누이(屢屢-)	누루이	짭짤하다	짭잘하다

2) 형태에 관한 것

(1) 체언과 조사

(제14항) 체언은 조사와 구별하여 적는다.

떡이	떡을	떡에	떡도	떡만
손이	손을	손에	손도	손만
팔이	팔을	팔에	팔도	팔만
밤이	밤을	밤에	밤도	밤만
집이	집을	집에	집도	집만
옷이	옷을	옷에	옷도	옷만
콩이	콩을	콩에	콩도	콩만
낫이	낫을	낫에	낫도	낫만
꽃이	꽃을	꽃에	꽃도	꽃만

밭이	밭을	밭에	밭도	밭만
앞이	앞을	앞에	앞도	앞만
밖이	밖을	밖에	밖도	밖만
넋이	넋을	넋에	넋도	넋만
흙이	흙을	흙에	흙도	흙만
삶이	삶을	삶에	삶도	삶만
여덟이	여덟을	여덟에	여덟도	여덟만
곬이	곬을	곬에	곬도	곬만
값이	값을	값에	값도	값만

(2) 어간과 어미

(제15항) 용언의 어간과 어미는 구별하여 적는다.

먹다	먹고	먹어	먹으니
신다	신고	신어	신으니
믿다	믿고	믿어	믿으니
울다	울고	울어	(우니)
넘다	넘고	넘어	넘으니
입다	입고	입어	입으니
웃다	웃고	웃어	웃으니
찾다	찾고	찾아	찾으니
좇다	좇고	좇아	좇으니
같다	같고	같아	같으니
높다	높고	높아	높으니
좋다	좋고	좋아	좋으니
깎다	깎고	깎아	깎으니

앉다	앉고	앉아	앉으니
많다	많고	많아	많으니
늙다	늙고	늙어	늙으니
젊다	젊고	젊어	젊으니
넓다	넓고	넓어	넓으니
훑다	훑고	훑어	훑으니
읊다	읊고	읊어	읊으니
옳다	옳고	옳아	옳으니
없다	없고	없어	없으니
있다	있고	있어	있으니

[붙임 1] 두 개의 용언이 어울려 한 개의 용언이 될 적에, 앞말의 본뜻이 유지되고 있는 것은 그 원형을 밝히어 적고, 그 본뜻에서 멀어진 것은 밝히어 적지 아니한다.

① 앞말의 본뜻이 유지되고 있는 것

넘어지다 늘어나다 늘어지다 돌아가다 되짚어가다

들어가다 떨어지다 벌어지다 엎어지다 접어들다

틀어지다 흩어지다

② 본뜻에서 멀어진 것

드러나다 사라지다 쓰러지다

[붙임 2] 종결형에서 사용되는 어미 '-오'는 '요'로 소리나는 경우가 있더라도 그 원형을 밝혀 '오'로 적는다.(ㄱ을 취하고, ㄴ을 버림.)

ㄱ	ㄴ
이것은 책이오.	이것은 책이요.
이리로 오시오.	이리로 오시요.
이것은 책이 아니오	이것은 책이 아니요.

[붙임 3] 연결형에서 사용되는 '이요'는 '이요'로 적는다.(ㄱ을 취하고, ㄴ을 버림.)

ㄱ	ㄴ
이것은 책이요, 저것은 붓이요, 또 저것은 먹이다.	이것은 책이오, 저것은 붓이오, 또 저것은 먹이다.

(제16항) 어간의 끝음절 모음이 'ㅏ, ㅗ'일 때에는 어미를 '-아'로 적고, 그 밖의 모음일 때에는 '-어'로 적는다.

1. '-아'로 적는 경우

나아	나아도	나아서
막아	막아도	막아서
얇아	얇아도	얇아서
돌아	돌아도	돌아서
보아	보아도	보아서

2. '-어'로 적는 경우

개어	개어도	개어서
겪어	겪어도	겪어서

되어 되어도 되어서
베어 베어도 베어서
쉬어 쉬어도 쉬어서
저어 저어도 저어서
주어 주어도 주어서
피어 피어도 피어서
희어 희어도 희어서

(제17항) 어미 뒤에 덧붙는 조사 '-요'는 '-요'로 적는다.

읽어 읽어요
참으리 참으리요
좋지 좋지요

(제18항) 다음과 같은 용언들은 어미가 바뀔 경우, 그 어간이나 어미가 원칙에 벗어나면 벗어나는 대로 적는다.

1. 어간의 끝 'ㄹ'이 줄어질 적

갈다: 가니 간 갑니다 가시다 가오
놀다: 노니 논 놉니다 노시다 노오
불다: 부니 분 붑니다 부시다 부오
둥글다: 둥그니 둥근 둥급니다 둥그시다 둥그오
어질다: 어지니 어진 어집니다 어지시다 어지오

[붙임] 다음과 같은 말에서도 'ㄹ'이 준 대로 적는다.

마지못하다	마지않다	(하)다마다	(하)자마자
(하)지 마라	(하)지 마(아)		

2. 어간의 끝 'ㅅ'이 줄어질 적

긋다:	그어	그으니	그었다
낫다:	나아	나으니	나았다
잇다:	이어	이으니	이었다
짓다:	지어	지으니	지었다

3. 어간의 끝 'ㅎ'이 줄어질 적

그렇다:	그러니	그럴	그러면	그러오
까맣다:	까마니	까말	까마면	까마오
동그랗다:	동그라니	동그랄	동그라면	동그라오
퍼렇다:	퍼러니	퍼럴	퍼러면	퍼러오
하얗다:	하야니	하얄	하야면	하야오

4. 어간의 끝 'ㅜ, ㅡ'가 줄어질 적

푸다:	퍼	펐다	뜨다:	떠	떴다
끄다:	꺼	껐다	크다:	커	컸다
담그다:	담가	담갔다	고프다:	고파	고팠다
따르다:	따라	따랐다	바쁘다:	바빠	바빴다

5. 어간의 끝 'ㄷ'이 'ㄹ'로 바뀔 적

걷다[步]:	걸어	걸으니	걸었다
듣다[聽]:	들어	들으니	들었다
묻다[問]:	물어	물으니	물었다
싣다[載]:	실어	실으니	실었다

6. 어간의 끝 'ㅂ'이 'ㅜ'로 바뀔 적

깁다:	기워	기우니	기웠다
굽다[炙]:	구워	구우니	구웠다
가깝다:	가까워	가까우니	가까웠다
괴롭다:	괴로워	괴로우니	괴로웠다
맵다:	매워	매우니	매웠다
무겁다:	무거워	무거우니	무거웠다
밉다:	미워	미우니	미웠다
쉽다:	쉬워	쉬우니	쉬웠다

다만, '돕-, 곱-'과 같은 단음절 어간에 어미 '-아'가 결합되어 '와'로 소리나는 것은 '-와'로 적는다.

돕다[助]:	도와	도와서	도와도	도왔다
곱다[麗]:	고와	고와서	고와도	고왔다

7. '하다'의 활용에서 어미 '-아'가 '-여'로 바뀔 적

하다:	하여	하여서	하여도	하여라	하였다

8. 어간의 끝음절 '르' 뒤에 오는 어미 '-어'가 '-러'로 바뀔 적

이르다[至]:	이르러	이르렀다
노르다:	노르러	노르렀다
누르다:	누르러	누르렀다
푸르다:	푸르러	푸르렀다

9. 어간의 끝음절 '르'의 '—'가 줄고, 그 뒤에 오는 어미 '-아/-어'가 '-라/-러'로 바뀔 적

가르다: 갈라	갈랐다	부르다: 불러	불렀다
거르다: 걸러	걸렀다	오르다: 올라	올랐다
구르다: 굴러	굴렀다	이르다: 일러	일렀다
벼르다: 별러	별렀다	지르다: 질러	질렀다

(3) 접미사가 붙어서 된 말

(제19항) 어간에 '-이'나 '-음/-ㅁ'이 붙어서 명사로 된 것과 '-이'나 '-히'가 붙어서 부사로 된 것은 그 어간의 원형을 밝히어 적는다.

1. '-이'가 붙어서 명사로 된 것

길이	깊이	높이	다듬이	땀받이	달맞이
먹이	미닫이	벌이	벼훑이	살림살이	쇠붙이

2. '-음/-ㅁ'이 붙어서 명사로 된 것

걸음 묶음 믿음 얼음 엮음 울음
웃음 졸음 죽음 앎 만듦

3. '-이'가 붙어서 부사로 된 것

같이 굳이 길이 높이 많이 실없이
좋이 짓궂이

4. '-히'가 붙어서 부사로 된 것

밝히 익히 작히

다만, 어간에 '-이'나 '-음'이 붙어서 명사로 바뀐 것이라도 그 어간의 뜻과 멀어진 것은 원형을 밝히어 적지 아니한다.

굽도리 다리[髢] 목거리(목병) 무녀리
코끼리 거름(비료) 고름[膿] 노름(도박)

[붙임] 어간에 '-이'나 '-음' 이외의 모음으로 시작된 접미사가 붙어서 다른 품사로 바뀐 것은 그 어간의 원형을 밝히어 적지 아니한다.

① 명사로 바뀐 것

귀머거리 까마귀 너머 뜨더귀 마감
마개 마중 무덤 비렁뱅이 쓰레기

올가미　　주검

② 부사로 바뀐 것

거뭇거뭇　　너무　　도로　　뜨덤뜨덤　　바투
불긋불긋　　비로소　　오긋오긋　　자주　　차마

③ 조사로 바뀌어 뜻이 달라진 것

나마　부터　조차

(제20항) 명사 뒤에 '-이'가 붙어서 된 말은 그 명사의 원형을 밝히어 적는다.

1. 부사로 된 것

곳곳이　　낱낱이　　몫몫이　　샅샅이　　앞앞이　　집집이

2. 명사로 된 것

곰배팔이　　바둑이　　삼발이　　애꾸눈이
육손이　　절뚝발이/절름발이

[붙임] '-이' 이외의 모음으로 시작된 접미사가 붙어서 된 말은 그 명사의 원형을 밝히어 적지 아니한다.

꼬락서니　　끄트머리　　모가치　　바가지　　바깥
사타구니　　싸라기　　이파리　　지붕　　지푸라기　　짜개

(제21항) 명사나 혹은 용언의 어간 뒤에 자음으로 시작된 접미사가 붙어서 된 말은 그 명사나 어간의 원형을 밝히어 적는다.

1. 명사 뒤에 자음으로 시작된 접미사가 붙어서 된 것

값지다　홑지다　넋두리　빛깔　옆댕이　잎사귀

2. 어간 뒤에 자음으로 시작된 접미사가 붙어서 된 것

낚시	늙정이	덮개	뜯게질
갉작갉작하다	갉작거리다	뜯적거리다	뜯적뜯적하다
굵다랗다	굵직하다	깊숙하다	넓적하다
높다랗다	늙수그레하다	얽죽얽죽하다	

다만, 다음과 같은 말은 소리대로 적는다.

① 겹받침의 끝소리가 드러나지 아니하는 것

할짝거리다	널따랗다	널찍하다	말끔하다
말쑥하다	말짱하다	실쭉하다	실큼하다
얄따랗다	얄팍하다	짤따랗다	짤막하다
실컷			

② 어원이 분명하지 아니하거나 본뜻에서 멀어진 것

넙치	올무	골막하다	납작하다

(제22항) 용언의 어간에 다음과 같은 접미사들이 붙어서 이루어진 말들은 그 어간을 밝히

어 적는다.

1.'-기-, -리-, -이-, -히-, -구-, -우-, -추-, -으키-, -이키-, -애-'가 붙는 것

맡기다 옮기다 웃기다 쫓기다 뚫리다
울리다 낚이다 쌓이다 핥이다 굳히다
굽히다 넓히다 앉히다 얽히다 잡히다
돋구다 솟구다 돋우다 갖추다 곧추다
맞추다 일으키다 돌이키다 없애다

다만, '-이-, -히-, -우-'가 붙어서 된 말이라도 본뜻에서 멀어진 것은 소리대로 적는다.

도리다(칼로 ~) 드리다(용돈을 ~) 고치다
바치다(세금을 ~) 부치다(편지를 ~) 거두다
미루다 이루다

2. '-치-, -뜨리-, -트리-'가 붙는 것

놓치다 덮치다 떠받치다 받치다 밭치다
부딪치다 뻗치다 엎치다 부딪뜨리다/부딪트리다
쏟뜨리다/쏟트리다 젖뜨리다/젖트리다
찢뜨리다/찢트리다 흩뜨리다/흩트리다

[붙임] '-업-, -읍-, -브-'가 붙어서 된 말은 소리대로 적는다.

미덥다 우습다 미쁘다

(제23항) '-하다'나 '-거리다'가 붙는 어근에 '-이'가 붙어서 명사가 된 것은 그 원형을 밝히어 적는다.(ㄱ을 취하고, ㄴ을 버림.)

ㄱ	ㄴ	ㄱ	ㄴ
깔쭉이	깔쭈기	살살이	살사리
꿀꿀이	꿀꾸리	쌕쌕이	쌕쌔기
눈깜짝이	눈깜짜기	오뚝이	오뚜기
더펄이	더퍼리	코납작이	코납자기
배불뚝이	배불뚜기	푸석이	푸서기
삐죽이	삐주기	홀쭉이	홀쭈기

[붙임] '-하다'나 '-거리다'가 붙을 수 없는 어근에 '-이'나 또는 다른 모음으로 시작되는 접미사가 붙어서 명사가 된 것은 그 원형을 밝히어 적지 아니한다.

개구리	귀뚜라미	기러기	깍두기	꽹과리
날라리	누더기	동그라미	두드러기	딱따구리
매미	부스러기	뻐꾸기	얼루기	칼싹두기

(제24항) '-거리다'가 붙을 수 있는 시늉말 어근에 '-이다'가 붙어서 된 용언은 그 어근을 밝히어 적는다.(ㄱ을 취하고, ㄴ을 버림.)

ㄱ	ㄴ	ㄱ	ㄴ
깜짝이다	깜짜기다	속삭이다	속사기다
꾸벅이다	꾸버기다	숙덕이다	숙더기다
끄덕이다	끄더기다	울먹이다	울머기다
뒤척이다	뒤처기다	움직이다	움지기다

들먹이다	들머기다	지껄이다	지꺼리다
망설이다	망서리다	퍼덕이다	퍼더기다
번득이다	번드기다	허덕이다	허더기다
번쩍이다	번쩌기다	헐떡이다	헐떠기다

(제25항) '-하다'가 붙는 어근에 '-히'나 '-이'가 붙어서 부사가 되거나, 부사에 '-이'가 붙어서 뜻을 더하는 경우에는 그 어근이나 부사의 원형을 밝히어 적는다.

1. '-하다'가 붙는 어근에 '-히'나 '-이'가 붙는 경우

급히　꾸준히　도저히　딱히　어렴풋이　깨끗이

〔붙임〕 '-하다'가 붙지 않는 경우에는 소리대로 적는다.

갑자기　반드시(꼭)　슬며시

2. 부사에 '-이'가 붙어서 역시 부사가 되는 경우

곰곰이　더욱이　생긋이　오뚝이　일찍이　해죽이

(제26항) '-하다'나 '-없다'가 붙어서 된 용언은 그 '-하다'나 '-없다'를 밝히어 적는다.

1. '-하다'가 붙어서 용언이 된 것

딱하다　숱하다　착하다　텁텁하다　푹하다

2. '-없다'가 붙어서 용언이 된 것

부질없다	상없다	시름없다	열없다	하염없다

(4) 합성어 및 접두사가 붙은 말

(제27항) 둘 이상의 단어가 어울리거나 접두사가 붙어서 이루어진 말은 각각 그 원형을 밝히어 적는다.

국말이	꺾꽂이	꽃잎	끝장	물난리
밑천	부엌일	싫증	옷안	웃옷
젖몸살	첫아들	칼날	팥알	헛웃음
홀아비	홑몸	흙내		
값없다	겉늙다	굶주리다	낮잡다	맞먹다
받내다	벋놓다	빗나가다	빛나다	새파랗다
샛노랗다	시꺼멓다	싯누렇다	엇나가다	엎누르다
엿듣다	옻오르다	짓이기다	헛되다	

[붙임 1] 어원은 분명하나 소리만 특이하게 변한 것은 변한 대로 적는다.

할아버지	할아범

[붙임 2] 어원이 분명하지 아니한 것은 원형을 밝히어 적지 아니한다.

골병	골탕	끌탕	며칠	아재비
오라비	업신여기다	부리나케		

[붙임 3] '이[齒, 虱]'가 합성어나 이에 준하는 말에서 '니' 또는 '리'로 소리날 때에는 '니'로 적는다.

간니　덧니　사랑니　송곳니　앞니
어금니　윗니　젖니　톱니　틀니
가랑니　머릿니

(제28항) 끝소리가 'ㄹ'인 말과 딴 말이 어울릴 적에 'ㄹ' 소리가 나지 아니하는 것은 아니 나는 대로 적는다.

다달이(달-달-이)　따님(딸-님)　마되(말-되)
마소(말-소)　무자위(물-자위)　바느질(바늘-질)
부나비(불-나비)　부삽(불-삽)　부손(불-손)
소나무(솔-나무)　싸전(쌀-전)　여닫이(열-닫이)
우짖다(울-짖다)　화살(활-살)

(제29항) 끝소리가 'ㄹ'인 말과 딴 말이 어울릴 적에 'ㄹ' 소리가 'ㄷ' 소리로 나는 것은 'ㄷ'으로 적는다.

반짇고리(바느질~)　사흗날(사흘~)　삼짇날(삼질~)
섣달(설~)　숟가락(술~)　이튿날(이틀~)
잗주름(잘~)　푿소(풀~)　섣부르다(설~)
잗다듬다(잘~)　잗다랗다(잘~)

(제30항) 사이시옷은 다음과 같은 경우에 받치어 적는다.

1. 순 우리말로 된 합성어로서 앞말이 모음으로 끝난 경우

① 뒷말의 첫소리가 된소리로 나는 것

고랫재 귓밥 나룻배 나뭇가지 냇가
댓가지 뒷갈망 맷돌 머릿기름 모깃불
못자리 바닷가 뱃길 볏가리 부싯돌
선짓국 쇳조각 아랫집 우렁잇속 잇자국
잿더미 조갯살 찻집 쳇바퀴 킷값
핏대 햇볕 혓바늘

② 뒷말의 첫소리 'ㄴ, ㅁ' 앞에서 'ㄴ' 소리가 덧나는 것

멧나물 아랫니 텃마당 아랫마을 뒷머리
잇몸 깻묵 냇물 빗물

③ 뒷말의 첫소리 모음 앞에서 'ㄴㄴ' 소리가 덧나는 것

도리깻열 뒷윷 두렛일 뒷일 뒷입맛
베갯잇 욧잇 깻잎 나뭇잎 댓잎

2. 순 우리말과 한자어로 된 합성어로서 앞말이 모음으로 끝난 경우

① 뒷말의 첫소리가 된소리로 나는 것

귓병 머릿방 뱃병 봇둑 사잣밥
샛강 아랫방 자릿세 전셋집 찻잔
찻종 촛국 콧병 탯줄 텃세
핏기 햇수 횟가루 횟배

② 뒷말의 첫소리 'ㄴ, ㅁ' 앞에서 'ㄴ' 소리가 덧나는 것

곗날　　제삿날　　훗날　　툇마루　　양칫물

③ 뒷말의 첫소리 모음 앞에서 'ㄴㄴ' 소리가 덧나는 것

가욋일　　사삿일　　예삿일　　훗일

3. 두 음절로 된 다음 한자어

곳간(庫間)　　셋방(貰房)　　숫자(數字)　　찻간(車間)

툇간(退間)　　횟수(回數)

(제31항) 두 말이 어울릴 적에 'ㅂ' 소리나 'ㅎ' 소리가 덧나는 것은 소리대로 적는다.

1. 'ㅂ' 소리가 덧나는 것

댑싸리(대ㅂ싸리)　　멥쌀(메ㅂ쌀)　　볍씨(벼ㅂ씨)

입때(이ㅂ때)　　입쌀(이ㅂ쌀)　　접때(저ㅂ때)

좁쌀(조ㅂ쌀)　　햅쌀(해ㅂ쌀)

2. 'ㅎ' 소리가 덧나는 것

머리카락(머리ㅎ가락)　　살코기(살ㅎ고기)　　수캐(수ㅎ개)

수컷(수ㅎ것)　　수탉(수ㅎ닭)　　안팎(안ㅎ밖)

암캐(암ㅎ개)　　암컷(암ㅎ것)　　암탉(암ㅎ닭)

(5) 준 말

(제32항) 단어의 끝모음이 줄어지고 자음만 남은 것은 그 앞의 음절에 받침으로 적는다.

(본말)	(준말)
기러기야	기럭아
어제그저께	엊그저께
어제저녁	엊저녁
가지고, 가지지	갖고, 갖지
디디고, 디디지	딛고, 딛지

(제33항) 체언과 조사가 어울려 줄어지는 경우에는 준 대로 적는다.

(본말)	(준말)
그것은	그건
그것이	그게
그것으로	그걸로
나는	난
나를	날
너는	넌
너를	널
무엇을	뭣을/무얼/뭘
무엇이	뭣이/무에

(제34항) 모음 'ㅏ, ㅓ'로 끝난 어간에 '-아/-어, -았-/-었-'이 어울릴 적에는 준 대로 적는다.

(본말)	(준말)	(본말)	(준말)
가아	가	가았다	갔다
나아	나	나았다	났다
타아	타	타았다	탔다
서어	서	서었다	섰다
켜어	켜	켜었다	켰다
펴어	펴	펴었다	폈다

[붙임 1] 'ㅐ, ㅔ' 뒤에 '-어, -었-'이 어울려 줄 적에는 준 대로 적는다.

(본말)	(준말)	(본말)	(준말)
개어	개	개었다	갰다
내어	내	내었다	냈다
베어	베	베었다	벴다
세어	세	세었다	셌다

[붙임 2] '하여'가 한 음절로 줄어서 '해'로 될 적에는 준 대로 적는다.

(본말)	(준말)	(본말)	(준말)
하여	해	하였다	했다
더하여	더해	더하였다	더했다
흔하여	흔해	흔하였다	흔했다

(제35항) 모음 'ㅗ, ㅜ'로 끝난 어간에 '-아/-어, -았-/-었-'이 어울려 'ㅘ/ㅝ, ㅘㅆ/ㅝㅆ'으로 될 적에는 준 대로 적는다.

(본말)	(준말)	(본말)	(준말)
꼬아	꽈	꼬았다	꽜다
보아	봐	보았다	봤다
쏘아	쏴	쏘았다	쐈다
두어	둬	두었다	뒀다
쑤어	쒀	쑤었다	쒔다
주어	줘	주었다	줬다

[붙임 1] '놓아'가 '놔'로 줄 적에는 준 대로 적는다.

[붙임 2] 'ㅚ' 뒤에 '-어, -었-'이 어울려 'ㅙ, ㅙ'으로 될 적에도 준 대로 적는다.

(본말)	(준말)	(본말)	(준말)
괴어	괘	괴었다	괬다
되어	돼	되었다	됐다
뵈어	봬	뵈었다	뵀다
쇠어	쇄	쇠었다	쇘다
쐬어	쐐	쐬었다	쐤다

(제36항) 'ㅣ' 뒤에 '-어'가 와서 'ㅕ'로 줄 적에는 준 대로 적는다.

(본말)	(준말)	(본말)	(준말)
가지어	가져	가지었다	가졌다
견디어	견뎌	견디었다	견뎠다
다니어	다녀	다니었다	다녔다
막히어	막혀	막히었다	막혔다
버티어	버텨	버티었다	버텼다
치이어	치여	치이었다	치였다

(제37항) 'ㅏ, ㅕ, ㅗ, ㅜ, ㅡ'로 끝난 어간에 '-이-'가 와서 각각 'ㅐ, ㅖ, ㅚ, ㅟ, ㅢ'로 줄 적에는 준 대로 적는다.

(본말)	(준말)	(본말)	(준말)
싸이다	쌔다	누이다	뉘다
펴이다	폐다	뜨이다	띄다
보이다	뵈다	쓰이다	씌다

(제38항) 'ㅏ, ㅗ, ㅜ, ㅡ' 뒤에 '-이어'가 어울려 줄어질 적에는 준 대로 적는다.

(본말)	(준말)	(본말)	(준말)
싸이어	쌔어 싸여	뜨이어	띄어
보이어	뵈어 보여	쓰이어	씌어 쓰여
쏘이어	쐬어 쏘여	트이어	틔어 트여
누이어	뉘어 누여		

(제39항) 어미 '-지' 뒤에 '않-'이 어울려 '-잖-'이 될 적과 '-하지' 뒤에 '않-'이 어울려 '-찮-'이 될 적에는 준 대로 적는다.

(본말)	(준말)	(본말)	(준말)
그렇지 않은	그렇잖은	만만하지 않다	만만찮다
적지 않은	적잖은	변변하지 않다	변변찮다

(제40항) 어간의 끝음절 '하'의 'ㅏ'가 줄고 'ㅎ'이 다음 음절의 첫소리와 어울려 거센소리로 될 적에는 거센소리로 적는다.

(본말)	(준말)	(본말)	(준말)
간편하게	간편케	다정하다	다정타
연구하도록	연구토록	정결하다	정결타
가하다	가타	흔하다	흔타

[붙임 1] 'ㅎ'이 어간의 끝소리로 굳어진 것은 받침으로 적는다.

않다	않고	않지	않든지
그렇다	그렇고	그렇지	그렇든지
아무렇다	아무렇고	아무렇지	아무렇든지
어떻다	어떻고	어떻지	어떻든지
이렇다	이렇고	이렇지	이렇든지
저렇다	저렇고	저렇지	저렇든지

[붙임 2] 어간의 끝음절 '하'가 아주 줄 적에는 준 대로 적는다.

(본말)	(준말)	(본말)	(준말)
거북하지	거북지	넉넉하지 않다	넉넉지 않다
생각하건대	생각건대	못하지 않다	못지않다
생각하다 못해	생각다 못해	섭섭하지 않다	섭섭지 않다
깨끗하지 않다	깨끗지 않다	익숙하지 않다	익숙지 않다

[붙임 3] 다음과 같은 부사는 소리대로 적는다.

결단코	결코	기필코	무심코	아무튼	요컨대
정녕코	필연코	하마터면	하여튼	한사코	

3) 띄어쓰기

(1) 조 사

(제41항) 조사는 그 앞말에 붙여 쓴다.

꽃이	꽃마저	꽃밖에	꽃에서부터	꽃으로만
꽃이나마	꽃이다	꽃입니다	꽃처럼	어디까지나
거기도	멀리는	웃고만		

(2) 의존 명사, 단위를 나타내는 명사 및 열거하는 말 등

(제42항) 의존 명사는 띄어 쓴다.

아는 것이 힘이다.	나도 할 수 있다.
먹을 만큼 먹어라.	아는 이를 만났다.
네가 뜻한 바를 알겠다.	그가 떠난 지가 오래다.

(제43항) 단위를 나타내는 명사는 띄어 쓴다.

한 개	차 한 대	금 서 돈	소 한 마리
옷 한 벌	열 살	조기 한 손	연필 한 자루
버선 한 죽	집 한 채	신 두 켤레	북어 한 쾌

다만, 순서를 나타내는 경우나 숫자와 어울리어 쓰이는 경우에는 붙여 쓸 수 있다.

두시 삼십분 오초	제일과	삼학년
육층	1446년 10월 9일	2대대

16동 502호	제1실습실	80원
10개	7미터	

(제44항) 수를 적을 적에는 '만(萬)' 단위로 띄어 쓴다.

십이억 삼천사백오십육만 칠천팔백구십팔

12억 3456만 7898

(제45항) 두 말을 이어 주거나 열거할 적에 쓰이는 다음의 말들은 띄어 쓴다.

국장 겸 과장	열 내지 스물	청군 대 백군
책상, 걸상 등이 있다	이사장 및 이사들	사과, 배, 귤 등등
사과, 배 등속	부산, 광주 등지	

(제46항) 단음절로 된 단어가 연이어 나타날 적에는 붙여 쓸 수 있다.

그때 그곳　　좀더 큰것　　이말 저말　　한잎 두잎

(3) 보조 용언

(제47항) 보조 용언은 띄어 씀을 원칙으로 하되, 경우에 따라 붙여 씀도 허용한다.(ㄱ을 원칙으로 하고, ㄴ을 허용함.)

ㄱ	ㄴ
불이 꺼져 간다.	불이 꺼져간다.
내 힘으로 막아 낸다.	내 힘으로 막아낸다.
어머니를 도와 드린다.	어머니를 도와드린다.

그릇을 깨뜨려 버렸다.	그릇을 깨뜨려버렸다.
비가 올 듯하다.	비가 올듯하다.
그 일은 할 만하다.	그 일은 할만하다.
일이 될 법하다.	일이 될법하다.
비가 올 성싶다.	비가 올성싶다.
잘 아는 척한다.	잘 아는척한다.

다만, 앞말에 조사가 붙거나 앞말이 합성 동사인 경우, 그리고 중간에 조사가 들어갈 적에는 그 뒤에 오는 보조 용언은 띄어 쓴다.

잘도 놀아만 나는구나!	책을 읽어도 보고…….
네가 덤벼들어 보아라.	강물에 떠내려가 버렸다.
그가 올 듯도 하다.	잘난 체를 한다.

(4) 고유 명사 및 전문 용어

(제48항) 성과 이름, 성과 호 등은 붙여 쓰고, 이에 덧붙는 호칭어, 관직명 등은 띄어 쓴다.

김양수(金良洙)	서화담(徐花潭)	채영신 씨
최치원 선생	박동식 박사	충무공 이순신 장군

다만, 성과 이름, 성과 호를 분명히 구분할 필요가 있을 경우에는 띄어 쓸 수 있다.

남궁억/남궁 억 　　독고준/독고 준

황보지봉(皇甫芝峰)/황보 지봉

(제49항) 성명 이외의 고유 명사는 단어별로 띄어 씀을 원칙으로 하되, 단위별로 띄어 쓸 수

있다.(ㄱ을 원칙으로 하고, ㄴ을 허용함.)

ㄱ	ㄴ
대한 중학교	대한중학교
한국 대학교 사범 대학	한국대학교 사범대학

(제50항) 전문 용어는 단어별로 띄어 씀을 원칙으로 하되, 붙여 쓸 수 있다.(ㄱ을 원칙으로 하고, ㄴ을 허용함.)

ㄱ	ㄴ
만성 골수성 백혈병	만성골수성백혈병
중거리 탄도 유도탄	중거리탄도유도탄

(5) 그 밖의 것

(제51항) 부사의 끝음절이 분명히 '이'로만 나는 것은 '-이'로 적고, '히'로만 나거나 '이'나 '히'로 나는 것은 '-히'로 적는다.

1. '이'로만 나는 것

가붓이	깨끗이	나붓이	느긋이	둥긋이
따뜻이	반듯이	버젓이	산뜻이	의젓이
가까이	고이	날카로이	대수로이	번거로이
많이	적이	헛되이	겹겹이	번번이
일일이	집집이	틈틈이		

2. '히'로만 나는 것

극히	급히	딱히	속히	작히
족히	특히	엄격히	정확히	

3. '이, 히'로 나는 것

솔직히	가만히	간편히	나른히	무단히
각별히	소홀히	쓸쓸히	정결히	과감히
꼼꼼히	심히	열심히	급급히	답답히
섭섭히	공평히	능히	당당히	분명히
상당히	조용히	간소히	고요히	도저히

(제52항) 한자어에서 본음으로도 나고 속음으로도 나는 것은 각각 그 소리에 따라 적는다.

(본음으로 나는 것)	(속음으로 나는 것)
승낙(承諾)	수락(受諾), 쾌락(快諾), 허락(許諾)
만난(萬難)	곤란(困難), 논란(論難)
안녕(安寧)	의령(宜寧), 회령(會寧)
분노(忿怒)	대로(大怒), 희로애락(喜怒哀樂)
토론(討論)	의논(議論)
오륙십(五六十)	오뉴월, 유월(六月)
목재(木材)	모과(木瓜)
십일(十日)	시방정토(十方淨土), 시왕(十王), 시월(十月)
팔일(八日)	초파일(初八日)

(제53항) 다음과 같은 어미는 예사소리로 적는다.(ㄱ을 취하고, ㄴ을 버림.)

ㄱ	ㄴ
-(으)ㄹ거나	-(으)ㄹ꺼나
-(으)ㄹ걸	-(으)ㄹ껄
-(으)ㄹ게	-(으)ㄹ께
-(으)ㄹ세	-(으)ㄹ쎄
-(으)ㄹ세라	-(으)ㄹ쎄라
-(으)ㄹ수록	-(으)ㄹ쑤록
-(으)ㄹ시	-(으)ㄹ씨
-(으)ㄹ지	-(으)ㄹ찌
-(으)ㄹ지니라	-(으)ㄹ찌니라
-(으)ㄹ지라도	-(으)ㄹ찌라도
-(으)ㄹ지어다	-(으)ㄹ찌어다
-(으)ㄹ지언정	-(으)ㄹ찌언정
-(으)ㄹ진대	-(으)ㄹ찐대
-(으)ㄹ진저	-(으)ㄹ찐저
-올시다	-올씨다

다만, 의문을 나타내는 다음 어미들은 된소리로 적는다.

-(으)ㄹ까?　　-(으)ㄹ꼬?　　-(스)ㅂ니까?
-(으)리까?　　-(으)ㄹ쏘냐?

(제54항) 다음과 같은 접미사는 된소리로 적는다.(ㄱ을 취하고, ㄴ을 버림.)

ㄱ	ㄴ	ㄱ	ㄴ
심부름꾼	심부름군	귀때기	귓대기
익살꾼	익살군	볼때기	볼대기
일꾼	일군	판자때기	판잣대기
장꾼	장군	뒤꿈치	뒷굼치
장난꾼	장난군	팔꿈치	팔굼치
지게꾼	지겟군	이마빼기	이맛배기
때깔	땟갈	코빼기	콧배기
빛깔	빛갈	객쩍다	객적다
성깔	성갈	겸연쩍다	겸연적다

(제55항) 두 가지로 구별하여 적던 다음 말들은 한 가지로 적는다.(ㄱ을 취하고, ㄴ을 버림.)

ㄱ	ㄴ
맞추다(입을 맞춘다. 양복을 맞춘다.)	마추다
뻗치다(다리를 뻗친다. 멀리 뻗친다.)	뻐치다

(제56항) '-더라, -던'과 '-든지'는 다음과 같이 적는다.

1. 지난 일을 나타내는 어미는 '-더라, -던'으로 적는다.(ㄱ을 취하고, ㄴ을 버림.)

ㄱ	ㄴ
지난 겨울은 몹시 춥더라.	지난 겨울은 몹시 춥드라.
깊던 물이 얕아졌다.	깊든 물이 얕아졌다.
그렇게 좋던가?	그렇게 좋든가?
그 사람 말 잘하던데!	그 사람 말 잘하든데!

얼마나 놀랐던지 몰라.	얼마나 놀랐든지 몰라.

2. 물건이나 일의 내용을 가리지 아니하는 뜻을 나타내는 조사와 어미는 '(-)든지'로 적는다.(ㄱ을 취하고, ㄴ을 버림.)

ㄱ	ㄴ
배든지 사과든지 마음대로 먹어라.	배던지 사과던지 마음대로 먹어라.
가든지 오든지 마음대로 해라.	가던지 오던지 마음대로 해라.

(제57항) 다음 말들은 각각 구별하여 적는다.

가름	둘로 가름.
갈음	새 책상으로 갈음하였다.
거름	풀을 썩힌 거름.
걸음	빠른 걸음.
거치다	영월을 거쳐 왔다.
걷히다	외상값이 잘 걷힌다.
걷잡다	걷잡을 수 없는 상태.
겉잡다	겉잡아서 이틀 걸릴 일.
그러므로(그러니까)	그는 부지런하다. 그러므로 잘 산다.
그럼으로(써)	그는 열심히 공부한다. 그럼으로(써)

(그렇게 하는 것으로)	은혜에 보답한다.
노름	노름판이 벌어졌다.
놀음(놀이)	즐거운 놀음.
느리다	진도가 너무 느리다.
늘이다	고무줄을 늘인다.
늘리다	수출량을 더 늘린다.
다리다	옷을 다린다.
달이다	약을 달인다.
다치다	부주의로 손을 다쳤다.
닫히다	문이 저절로 닫혔다.
닫치다	문을 힘껏 닫쳤다.
마치다	벌써 일을 마쳤다.
맞히다	여러 문제를 더 맞혔다.
목거리	목거리가 덧났다.
목걸이	금 목걸이, 은 목걸이.
바치다	나라를 위해 목숨을 바쳤다.
받치다	우산을 받치고 간다.
	책받침을 받친다.
받히다	쇠뿔에 받혔다.
밭치다	술을 체에 밭친다.

반드시	약속은 반드시 지켜라.
반듯이	고개를 반듯이 들어라.
부딪치다	차와 차가 마주 부딪쳤다.
부딪히다	마차가 화물차에 부딪혔다.
부치다	힘이 부치는 일이다.
	편지를 부친다.
	논밭을 부친다.
	빈대떡을 부친다.
	식목일에 부치는 글.
	회의에 부치는 안건.
	인쇄에 부치는 원고.
	삼촌 집에 숙식을 부친다.
붙이다	우표를 붙인다.
	책상을 벽에 붙였다.
	흥정을 붙인다.
	불을 붙인다.
	감시원을 붙인다.
	조건을 붙인다.
	취미를 붙인다.
	별명을 붙인다.
시키다	일을 시킨다.
식히다	끓인 물을 식힌다.

아름	세 아름 되는 둘레.
알음	전부터 알음이 있는 사이.
앎	앎이 힘이다.
안치다	밥을 안친다.
앉히다	윗자리에 앉힌다.
어름	두 물건의 어름에서 일어난 현상.
얼음	얼음이 얼었다.
이따가	이따가 오너라.
있다가	돈은 있다가도 없다.
저리다	다친 다리가 저린다.
절이다	김장 배추를 절인다.
조리다	생선을 조린다. 통조림, 병조림.
졸이다	마음을 졸인다.
주리다	여러 날을 주렸다.
줄이다	비용을 줄인다.
하노라고	하노라고 한 것이 이 모양이다.
하느라고	공부하느라고 밤을 새웠다.
-느니보다 (어미)	나를 찾아오느니보다 집에 있거라.
-는 이보다 (의존 명사)	오는 이가 가는 이보다 많다.

-(으)리만큼 (어미) 나를 미워하리만큼 그에게 잘못한 일이 없다.

-(으)ㄹ 이만큼 (의존 명사) 찬성할 이도 반대할 이만큼이나 많을 것이다.

-(으)러 (목적) 공부하러 간다.

-(으)려 (의도) 서울 가려 한다.

-(으)로서 (자격) 사람으로서 그럴 수는 없다.

-(으)로써 (수단) 닭으로써 꿩을 대신했다.

-(으)므로 (어미) 그가 나를 믿으므로 나도 그를 믿는다.

(-ㅁ, -음)으로(써)(조사) 그는 믿음으로(써) 산 보람을 느꼈다.

2. 표준어 규정

현재의 표준어 규정은 1933년 '한글 맞춤법 통일안'의 정신을 살려 조선어학회에서 만든 '사정한 조선어 표준말 모음'(1936)을 대폭 수정한 것이며, 개정이라기보다는 제정에 가까울 정도로 많은 내용을 새로 담고 있다. 이 규정은 크게 두 부문으로 나뉘어 있는데, 제1부는 '표준어 사정 원칙'(3장 26항), 제2부는 '표준 발음법'(7장 30항)으로 구분되어 있으며 각 항에는 모두 대표적인 사례가 제시되어 있다.

1) 표준어 사정 원칙

제1부 '표준어 사정 원칙' 부분은 총 3장 26항으로 구성되어 있다. 제1장은 '총칙'이고 제2장은

'발음 변화에 따른 표준어 규정', 제3장은 '어휘 선택의 변화에 따른 표준어 규정'이다. 제1장 총칙은 두 개의 항으로 구성되어 있는데, 제1항에서는 표준어를 사정하는 원칙이 명시되어 있다.

(제1항) 표준어는 교양 있는 사람들이 두루 쓰는 현대 서울말로 정함을 원칙으로 한다.
(제2항) 외래어는 따로 사정한다.

제2장은 '발음 변화에 따른 표준어 규정'은 제1절 '자음', 제2절 '모음', 제3절 '준말', 제4절 '단수 표준어', 제5절 '복수 표준어'로 구분되어 있고, 제3장 '어휘 선택의 변화에 따른 표준어 규정'은 제1절 '고어', 제2절 '한자어', 제3절 '방언', 제4절 '단수 표준어', 제5절 '복수 표준어'로 세분화되어 있다. '표준어 규정' 전문은 그 항목에 따른 용례가 너무 많아, 여기서는 그 내용을 간단히 정리하기로 한다.

(1) 발음의 변화가 심해 종래의 표준어를 그대로 고수할 수 없는 것을 정리하였다. 표준 어 개정은 표기의 개정도 수반하기 때문에 언어의 변화를 모두 표준어 개정에 반영하는 일은 쉽지도 않고 바람직하지도 않다. 그렇지만 그 차이가 너무 심해 도저히 고형을 더 이상 유지하기 어려운 것들은 새 형태를 표준어로 삼았다.(제3항) 예: 끄나풀, 나팔-꽃, 녘, 부엌, 살-쾡이, 칸 등. 이와 달리 발음 변화의 방향이 반대인 것들은 그것을 표준어로 삼았다.(제4항) 예: 거시기, 가을-걸이, 분침 등

(2) 어원에서 멀어진 형태로 굳어져서 널리 쓰이는 것은, 그것을 표준어로 삼았다.(제5항) 예: 강낭-콩, 사글-세, 울력-성당 등 다만 어원적으로 원형에 더 가까운 형태가 아직 쓰이고 있는 경우에는 그것을 표준어로 삼았다. 예: 갈비, 갓모, 굴-젓, 말-곁, 물-수리, 밀-뜨리다. 적이, 휴지 등

(3) 용법의 차이가 있는 것으로 규정해온 것 가운데 그 구별이 어려워 혼란을 일으켰던 단어들은 의미를 구별함이 없이 한 가지 형태만을 표준어로 삼았다.(제6항) 예: 돌, 둘-째, 셋-째,

넷-째, 빌리다 등. 다만, '둘째'는 십 단위 이상의 서수사에 쓰일 때는 '두째'로 한다. 예: 열두-째, 스물두-째.

(4) 수컷을 이르는 접두사는 모두 '수-'로 통일했다.(제7항) 예: 수-꿩, 수-나사, 수-놈, 수-사돈, 수-소, 수-은행나무등. 다만 다음의 단어에서는 접두사 다음에서 나는 거센소리를 인정한다. 예: 수-캉아지, 수-캐, 수-컷, 수-키와 수-탉, 수-퇘지, 수-평아리 등. 그러나 다음의 단어의 접두사는 '숫-'으로 정한다. 예: 숫-양, 숫-염소, 숫-쥐

(5) 양성모임이 음성모음으로 바뀌어 굳어진 경우에는 현실 발음을 받아들여 음성모음 형태를 표준어로 삼았다.(제8항) 예: 깡충-깡충, 발가-숭이, 보퉁이, 봉죽, 뻗정-다리, 오뚝-이, 아서라 등. 다만 어원 의식이 강하게 작용하는 경우에는 양성모음 형태를 그대로 표준어로 삼았다. 예: 부조(扶助), 사돈(查頓), 삼촌(三寸).

(6) 'ㅣ' 역행동화 현상에 의한 발음은 원칙적으로 표준 발음으로 인정하지 않지만 일부 단어에 한해서 그러한 동화가 적용된 형태를 표준어로 삼았다.(제9항) 예: -내기, 냄비, 동댕이-치다. 또 기술자에게는 '-장이', 그 외에는 '-쟁이'가 붙는 형태가 표준어로 삼았다. 예: 미장이, 유기장이, 멋쟁이, 소금쟁이, 골목쟁이, 발고쟁이, 담쟁이-덩굴.

(7) 모음의 발음 변화를 인정하여 발음이 바뀌어 굳어진 형태를 표준어로 삼았다.(제11항) 예: -구려, 깍쟁이, 나무라다, 바라다, 상추, 시러베-아들, 주책, 지루-하다, 허드레, 호루라기 등.

(8) '웃-' 및 '윗-'은 명사 '위'에 맞추어 '윗-'으로 통일하고, 된소리나 거센소리 앞에서는 '위-'로 한다.(제12항) 예: 윗-넓이, 윗-눈썹, 윗-니, 윗-도리, 윗-목, 윗-수염, 윗-입술, 윗-자리, 위-층 등. 다만 '아래, 위'의 대립이 없는 단어는 '웃-'으로 발음되는 형태를 표준어로 삼는다. 예: 웃-국, 웃-돈, 웃-어른, 웃-옷 등.

(9) 준말이 널리 쓰이고 본말이 잘 쓰이지 않는 경우에는, 준말만을 표준으로 삼았다.(제14항) 예: 귀찮다, 똬리(또아리×), 무(무우×), 뱀(배암×), 생-쥐(새앙-쥐×), 솔개(소리개×), 장사-치(장사-아치×) 등.

(10) 방언이던 단어가 표준어보다 더 널리 쓰이게 된 것은 그것을 표준어로 삼고, 원래의 표준어는 그대로 표준어로 남겨 두는 것을 원칙으로 한다.(제23항) 예: 멍게/우렁쉥이, 물-방개/선두리, 애-순/어린-순. 반면 방언이던 단어가 널리 쓰이게 됨에 따라 표준어이던 단어가 안 쓰이게 된 것은 방언이던 단어를 표준어로 삼는다.(제24항) 예: 귀밑-머리/귓-머리×, 빈대-떡/빈자-떡×, 역-겹다/역-스럽다×, 코-주부/코-보×, 생인-손/생안-손× 등.

(11) 한 가지 의미를 나타내는 형태 몇 가지가 널리 쓰이며 표준어 규정에 맞으면 모두 표준어로 삼는다.(복수 표준어)(제26항) 예: 가뭄/가물, 고깃-간/푸줏-간, 꼬까/때때/고까, 넝쿨/덩굴, 눈-대중/눈-어림/눈-짐작, 딴-전/딴-청, -뜨리다/-트리다, 만큼/만치, 민둥-산/벌거숭이-산, 볼-따구니/볼-퉁이/볼-때기, 심술-꾸러기/심술-쟁이, 어저께/어제, 여태-껏/이제-껏/입때-껏, 우레/천둥, 일찌감치/일찌거니, 철-따구니/철-딱서니/철-딱지, 구린-내/쿠린-내 등.

2) 표준 발음법

'표준 발음법'이란 표준어를 어떻게 발음해야 하는가를 규정해 놓은 것이다. 이는 표준어를 글로 적을 때 어떻게 표기할 것인가를 규정해 놓은 '한글 맞춤법'과는 조금 다르다고 할 수 있다. '표준 발음법'은 '한글 맞춤법'이 공포된 뒤 50여 년이 지나서야 만들어졌다. 즉 종래에 없었던 규정을 새로이 마련한 것이다. 전체 7장 30항으로 이루어진 '표준 발음법'은 혼동을 보이는 발음 생활에 한 규범을 제시하기 위해 제정된 것이다.

우리의 어문 생활에 있어서 글을 올바로 쓰는 것만 중요한 것이 아니라 말을 올바로 하는 것도 중요하다면 '한글 맞춤법' 못지않게 '표준 발음법'도 우리에게 중요한 어문 규정이라고 할 수 있다. 따라서 우리가 글 쓸 때에 '한글 맞춤법'을 지켜서 글을 쓰는 것과 마찬가지로 말을 할 때는 '표준 발음법'을 지켜서 말을 해야 한다.

한편 '표준 발음법'은 총 7장으로 구성되어 있다. 제1장은 '총칙', 제2장은 '자음과 모음', 제3장은 '소리의 길이', 제4장은 '받침의 발음', 제5장은 '소리의 동화', 제6장은 '된소리되기', 제7장은 '소리의 첨가'이다.

총칙 제1항에는 '표준 발음법은 표준어의 실제 발음을 따르되, 국어의 전통성과 합리성을 고려하여 정함을 원칙으로 한다'라고 밝혀, 표준어 발음의 대원칙을 제시하고 있다. '표준어의 실제 발음을 따른다'라는 근본 원칙에 '국어의 전통성과 합리성을 고려하여 정한다'는 조건이 붙어 있는 형식이다. 표준어의 실제 발음에 따라 표준 발음법을 정한다는 것은 표준어의 규정과 직접적인 관련이 있다. 표준어 사정 원칙 제1장 1항에서 '표준어는 교양 있는 사람들이 두루 쓰는 현대 서울말로 정함을 원칙으로 한다'고 규정하고 있다. 이에 따라 표준 발음법은 교양 있는 사람들이 두루 쓰는 현대 서울말의 발음을 표준어의 실제 발음으로 여기고서 일단 이를 따르도록 원칙을 정한 것이라 볼 수 있다.

그런데 현대 서울말에서조차 실제의 발음에서는 여러 형태로 발음하는 경우가 있어서 그러한 경우에는 국어의 전통성과 합리성을 고려하여 표준 발음법을 정한다는 부대조건을 제시하였다. 또한 표준 발음법에는 국어의 전통성을 고려하여 정한다는 조건 이외에 합리성을 고려하여 정한다는 조건이 하나 더 붙어 있다. 이것은 한글 맞춤법의 규정에서 어법에 맞춘다는 것과 상통하는 조건이다. 즉 국어의 규칙 내지는 법칙에 따라서 표준 발음을 합리적으로 정한다는 것을 의미한다. 물론 이 전통성과 합리성 사이에는 서로 충돌하는 경우도 있을 수 있는데, 그럴 때에는 복수 표준어를 허용하던 것과 마찬가지로 어느 한 쪽을 원칙으로 삼고, 다른 한 쪽을 허용하는 방법을 취하고 있다.

우리가 언어생활에서 자주 틀리고 또 혼동하기 쉬운 예들을 중심으로 표준 발음법의 중심 사항을 살펴보도록 한다.

(1) 'ㅑ ㅒ ㅕ ㅖ ㅘ ㅙ ㅛ ㅝ ㅞ ㅠ ㅢ'는 이중 모음으로 발음한다. (제5항) 다만 용언의 활용형에 나타나는 'ㅕ'는 'ㅓ'로 발음한다. 예: 찌+어->쪄[쩌], 가지+어->가져[가저], 다치+어->다쳐[다처]. 그리고 '예, 례' 이외의 'ㅖ'는 [ㅔ]로도 발음한다. 예: 계집[계집~게집], 시계[시계~시게], 지혜

[지혜~지헤], 연계[연계~연게], 혜택[혜택~헤택] 등. 자음을 첫소리로 가지고 있는 음절의 'ㅢ'는 [ㅣ]로 발음한다. 예: 늴리리[닐리리], 무늬[무니], 희망[히망], 틔어[티어] 등. 단어의 첫음절 이외의 '의'는[ㅣ]로, 조사 '의'는 [ㅔ]로 발음함도 허용한다. 예: 주의[주의/주이], 협의[혀븨/혀비], 우리의[우리의/우리에], 강의의[강의의/강의에].

(2) 받침소리로는 'ㄱ, ㄴ, ㄷ, ㄹ, ㅁ, ㅂ, ㅇ'의 7개 자음만 발음한다.(제8항) 그리고 받침의 발음 가운데 특히 주의해야 할 것들을 다양하게 제시하고 있는데, 여기서는 중요한 몇 가지만 제시한다. 넓다[널따], 핥다[할따], 밟고[밥꼬], 넓죽하다[넙쭈카다], 흙과[흑꽈], 늙지[늑지], 맑게[말게], 읊다[읍따], 좋던[조턴], 닳지[달치], 밝히다[발키다], 낮 한때[나탄때], 닿소리[다쏘], 쌓네[싼네], 뚫는[뚤른], 낳은[나은], 싫어도[시러도], 꽃을[꼬츨], 넋이[넉씨], 밭 아래[바다래], 꽃 위[꼬뒤], 닭 앞에[다가페], 값있는[가빈는], 디귿이[디그시], 히읗을[히으슬] 등

(3) 소리의 동화(구개음화, 비음화)에 관한 여러 규정을 제시하고 있다. (제17항~제22항) 중요한 몇 가지 예를 제시하면 다음과 같다. 곧이듣다[고지듣따], 닫히다[다치다], 긁는[궁는], 꽃망울[꼰망울], 밥 먹는다[밤멍는다], 강릉[강능], 협력[혐녁], 대관령[대괄령], 물난리[물랄리], 닳는[달른], 의견란[의견난], 꽃밭[꼳빧], 되어[되어/되여] 등.

(4) 된소리로 발음되는 현상이 일어나는 경우에 대해 규정해 놓았다.(제23항~제28항) 중요한 몇 가지 예를 제시하면 다음과 같다. 국밥[국빱], 낯설다[낟썰다], 닮고[담꼬], 떫지[떨찌], 발동[발똥], 갈 데가[갈떼가], 할수록[할쑤록], 신-바람[신빠람], 굴-속[굴쏙], 그믐-달[그믐딸], 등-불[등뿔], 강-줄기[강쭐기]

(5) 합성어 및 파생어에서 'ㄴ'소리가 첨가되어 나타나는 경우를 규정하여 놓았다.(제29항) 예: 솜-이불[솜니불], 삯-일[상닐], 신-여성[신녀성], 늑막-염[능망념], 밤-윷[밤뉻], 금융[금늉/그뮹], 솔-잎[솔립], 물-약[물략], 옷 입다[온닙따], 3·1절[사밀쩔], 송별-연[송벼련]

(6) 사이시옷이 붙는 단어의 발음에 관해서도 규정해 놓았다.(제30항) 예: 냇가(내까/낻까], 햇살[해쌀/핻쌀], 고갯짓[고개찓/고갣찓], 콧날[콘날], 뱃머리[밴머리], 나뭇잎[나문닙], 베갯잇[베갠닏]

3. 외래어 표기법

1) 외래어 표기법의 필요성

외래어란 외국어였던 것이 국어의 체계에 동화되어 사회적으로 그 사용이 허용된 단어를 말한다. 쉽게 말하면 외국에서 들어온 국어 어휘이다. 그러나 외래어라고 해서 그 성격이 동일한 것은 아니다. 외국에서 들어온 지 너무 오래되었기 때문에 고유어로 인식되는 말이 있는가 하면 (남포, 담배 등), 들어온 지 얼마 되지 않아 아직 외국어의 느낌이 강한 말(인터넷, 컴퓨터 등)까지 여러 부류가 존재한다. 또한 우리말의 반 이상을 차지하고 있는 한자어는 중국에서 들어온 말이나 우리말화하였기 때문에 언중의 인식 속에는 외래어라는 생각이 별로 없다. 이를 통해 외래어와 외국어의 차이란 그것이 소속된 언어체계에서의 사회적 허용의 유무로 결정되는 것이지만 실제로는 언중의 국어의식에 따라 주관적으로 결정되는 것임을 알 수 있다.

따라서 넓은 의미의 외래어는 한자어까지 포함하나, 좁은 의미로는 주로 서양에서 들어온 말로 한자어는 배제된다. 한자어가 들어온 지가 오래 되었기 때문에 외국에서 온 말이라는 느낌이 별로 없고 어형 또한 흔들림 없이 고정되어 있기 때문이다. 반면에 서양을 비롯한 그 이외의 언어에서 들어온 외래어는 어형이 매우 불안정한 특징이 있다. '텔레비전'말 하더라도 표준형인 '텔레비전' 외에 '텔레비젼, 텔레비죤' 등이 함께 사용되는 것을 쉽게 찾아볼 수 있고, '가스'는 오히려 표준형인 '가스'보다 '깨스, 까스'등이 더 널리 사용되는 형편이다.

외래어는 최근에 들어온 말일수록 어형이 더 분한정하다. 즉 여러 가지 다른 형태로 쓰이는 경우가 매우 많다. '슈퍼마켓'의 경우, '수퍼마켓, 수퍼마킷, 슈퍼마켇, 슈퍼마킷'등 다양한 표기가 사용되고 있으며, '초콜릿'도 '초컬릿, 초콜렛, 초코렛, 쵸콜릿'등의 매우 다양한 어형으로 쓰이고 있다. 고유 명사인 경우도 마찬가지다. New York에 대한 표기는 '뉴욕, 뉴우요오크, 뉴우욕, 뉴요크, 뉴욕'등 아주 다양하게 나타난다. 이는 외래어의 기원이 되는 외국어의 음운체계가 국어의 음운체계와 달라서, 낯선 외국어 발음에 가장 가까운 우리말 발음이 무엇인지에 대해 사람마다 의견이 다르기 때문이다.

이와 같이 사람마다 제각각 표기하고 있는 외래어를 그대로 둔다면 국민 언어생활에 큰 불편을 초래하게 된다. 이는 외래어만의 문제는 아니며 고유어나 한자어에서도 같은 개념을 지시하는 말의 표기가 각각이라면 글을 쓰거나 말을 할 때 큰 혼란을 가져올 것이다. '외래어 표기법'은 이렇게 다양하게 나타난 외래어의 표기를 통일하고 어형을 고정하여 국민언어생활의 표준을 제공하려는 의도를 지닌다. 다시 말하면 외래어 표기법은 다양한 어형이 존재할 가능성이 있는 외래어에 대해 표준어를 정해주기 위한 규정인 것이다.

2) 외래어 표기법의 구성과 기본 원칙

현행 '외래어 표기법'(문교부 고시 제85-11호, 1986. 1. 7)은 총 4장으로 구성되어 있다. 제 1장은 외래어 표기의 기본 원칙을 제시한 것이고, 제 2장은 표기일람표로 국제 음성기호, 에스파냐어, 이탈리아어, 일본어의 가나, 중국어의 주음부호 등과 한글을 대조하는 대조표가 제시되어 있다. 제 3장은 각 언어의 구체적인 표기 세칙을 제시한 것으로 영어, 독일어, 프랑스어, 에스파냐어, 이탈리아어, 일본어, 중국어, 덴마크어 등의 표기에 관한 항목이 열거되어 있다. 제 4장은 '인명, 지명 표기의 원칙'을 밝히고 있는데, 제 1절에는 표기 원칙이, 제 2절에는 동양의 인명, 지명 표기가, 제 3절에는 바다, 섬, 강, 산 등의 표기 세칙이 각각 제시되어 있다.

현행 외래어 표기법의 기본 원리는 제1장 '외래어 표기의 기본 원칙'에 제시되어 있다.

제 1항 외래어는 국어의 현용 24 자모만으로 적는다.

제 2항 외래어의 1음운은 원칙적으로 1기호로 적는다.

제 3항 받침에는 'ㄱ, ㄴ, ㄹ, ㅁ, ㅂ, ㅅ, ㅇ'만을 쓴다.

제 4항 파열음 표기에는 된소리를 쓰지 않는 것을 원칙으로 한다.

제 5항 이미 굳어진 외래어는 관용을 존중하되, 그 범위와 용례는 따로 정한다.

제 1항은 외래어의 표기를 위해 특별한 기호나 글자를 만들지 않고 기존의 자모만으로 적는다는 의미이다. 따라서 음성 전사 방식과 같은 철저한 원음주의는 아닌 것이다.

제 2항은 이른바 '일문자 일음소주의'의 원리에 충실한 것으로, 문자와 음소의 일대일 대응에 의한 표음주의 표기를 의미한다. 그러나 '원칙적으로'이란 말을 사용하여 두 언어 사이의 불일치에 따라 이러한 원칙의 적용이 철저할 수 없음을 인정하고 있다. 실제로 '국제음성 기호와 한글 대조표'에 보면 많은 외래어 음소들이 둘 이상의 한글 자모에 대응되어 있는 것을 확인할 수 있다.

제 3항은 국어의 말음규칙을 적용한 것인데, 현대 국어의 7종성체계와 관련된다. 여기서 'ㄷ'을 쓰지 않고 'ㅅ'을 쓰는 것은 외래어의 현실 발음을 존중하는 태도라고 볼 수 있다.

제 4항은 파열음으로서의 된소리 표기, 즉 'ㅃ, ㄲ, ㄸ'은 외래어 표기에 사용되지 않는다는 것이다. 따라서 'ㅂ/ㅍ, ㄷ/ㅌ, ㄱ/ㅋ'의 2원 체계로 표기됨을 의미한다. 이것은 원음에 충실하려는 것보다는 규칙성과 간결성을 살리기 위한 하나의 방편으로 이해된다. 그러나 경음으로 쓰는 것이 이미 굳어져 사용되는 것은 예외로 두어 '빵, 껌, 삐라, 빨치산, 히로뽕'의 다섯 단어는 경음 표기를 허용하고 있다.

제 5항은 관용화된 표기를 인정한다는 것이다. 이런 관용을 인정하는 대표적인 예가 '라디오'이다. 영어 radio의 발음은 [reidiou]이므로 표기법에 따르면 '레이디오'가 될 것이다. 그러나 이 경우는 오래전부터 '라디오'로 쓰고 있는 관용을 존중하여 '라디오'를 옳은 표기로 인정하였다. 그러나 이러한 관용적 표기의 한계를 어떻게 정할 것인가가 여전히 문제로 남는데 이에 대해서는 따로 규정을 마련한다는 것이다.

3) 로마자 표기법

새로운 국어의 로마자 표기법이 2000년 7월 7일 고시(문화관광부고시 제2000-8호)되었다. 새롭게 개정된 로마자 표기법을 중심으로 개정의 의의와 새 표기법의 특징을 간략하게 살펴보도록 한다.

(1) 과거 로마자 표기법 (1984)

1984년 고시된 종전의 로마자 표기법은 1934년에 만들어진 매큔라이샤워 표기법과 사실상 같다. 매큔라이샤워 표기법은 한국어를 로마자로 표기하기 위한 체계적 방법으로 1939년 미국인 매큠과 라이샤워가 공동으로 만든 것으로 세계적으로 널리 사용되고 있는 방식이다. 이 방식은 영어 사용자들에게는 비교적 만족스런 표기법이었으나, 한국인에게는 그렇지 못했다. 여러 가지 심각한 문제점을 가지고 있었기 때문이다.

한국어의 파열음은 예사소리, 거센소리, 된소리의 대립을 이루고 있다. 따라서 로마자 표기법은 이 세 가지 대립을 표기에 반영했어야 했는데, 종전의 표기법은 예사소리 중심의 로마자 표기법이었다. 한국어의 음운대립을 로마자에 충분히 반영하지 못했던 것이다.

종전의 로마자 표기법에서는 가령 '다달'은 tadal로 표기하면서 '달, 탈'은 tal, t'al로 표기하였다. 즉 'ㄷ'과 'ㅌ'은 똑같은 t로 하되, 'ㅌ'은 t에 어깻점을 적었을 뿐이었다. 그런데 반달표와 어깻점은 생략되기 쉬워 사실상 'ㄱ, ㄷ, ㅂ, ㅈ'과 'ㅋ, ㅌ, ㅍ, ㅊ'의 구별이 어려웠던 것이 그동안의 형편이었다. 이밖에도 발음에 따라 로마자 표기를 함으로써 국어의 철자를 복원할 수 없고 따라서 한글-로마자 간의 기계적인 호환이 불가능하다는 점 등이 큰 단점이다. 반달표와 어깻점 등의 특수 부호에 대한 불만도 개정의 필요성을 증대시켰던 요인 가운데 하나였다.

(2) 새로운 로마자 표기법 (2000)

개정된 국어의 로마자 표기법은 종전의 로마자 표기법과 같은 표음 방식을 채택하였다. 다시 말하면 국어의 실제 표준 발음을 로마자로 옮기는 전사(轉寫)방식이다. '신라, 속리산'과 같은 말을 글자대로 적지 않고 실제 발음인 [실라, 송니산]에 따라 Silla, Songnisan으로 적는 것이다. 현실적으로 로마자 표기를 보고 발음을 시도한다는 점을 고려할 때, 한글 철자로의 복원성이나 한글-로마자 간의 기계적 호환성에는 문제가 있으나 실제 발음형을 보여주는 것이 중요하다고 생각했기 때문이다.

발음에 따라 표기하되 일부 발음 현상은 로마자 표기에 반영하지 않는다. 된소리되기 현상이 대표적인 예인데, '압구정'은 [압꾸정]으로 발음되지만 Apkkujeong으로 적지 않고 Apgujeong으로 적는다. 된소리되기 형상을 표기에 반영하지 않는 이유는 이 현상이 예측 가능한 현상이 아니라 많은 경우에 있어 예측 불가능하기 때문이다.

거센소리되기 현상도 마찬가지로 발음을 반영하지 않는데, '묵호'의 경우 발음은 [무코]이기 때문에 Muko로 적어야 맞다. 그러나 '호'의 'ㅎ'부분의 표기가 없어지는 것은 일반인들에게는 이해하기 어려운 현상이다. 따라서 'ㅎ'을 살려 Mukho로 적기로 한 것이다.

종전의 로마자 표기법과 가장 두드러지게 달라진 것은 'ㄱ, ㄷ, ㅂ, ㅈ'이 어두에 왔을 때 k, t, p, ch가 아니라 g, d, b, j로 표기한다는 것이다. 'ㅋ, ㅌ, ㅍ, ㅊ'은 k, t, p, ch로 표기되어 어깻점이 ㅇ벗어졌다. 또한 'ㅅ'이 종전에는 뒤에 'ㅣ' 모음이 왔을 때만 sh로 표기하던 것을 s로 표기하였고, 'ㅉ'을 tch에서 jj로 바꾸었다.

외형적인 면에서는 반달표와 어깻점이 없어진 것을 새로운 로마자 표기법의 특징으로 볼 수 있지만, 개정의 이면에는 영어 사용자들 청작 인상 중심의 로마자 표기법을 한국어의 특징이 제대로 반영된 로마자 표기법으로 바꾸고자 하는 동기가 숨어 있는 것이다.

새로운 로마자 표기법은 총 3장, 즉 표기의 기본 원칙, 표기의 일람, 표기상의 유의점과 부칙으로 구성되어 있다. 전체가 12개 항목으로 열거되어 있다.

표기 일람

제1항모음은 다음 각호와 같이 적는다.

1. 단모음

ㅏ	ㅓ	ㅗ	ㅜ	ㅡ	ㅣ	ㅐ	ㅔ	ㅚ	ㅟ
a	eo	o	u	eu	i	ae	e	oe	wi

2. 이중 모음

ㅑ	ㅕ	ㅛ	ㅠ	ㅒ	ㅖ	ㅘ	ㅙ	ㅝ	ㅞ	ㅢ
ya	yeo	yo	yu	yae	ye	wa	wae	wo	we	ui

[붙임 1] 'ㅢ'는 'ㅣ'로 소리 나더라도 ui로 적는다.

(보기)

광희문Gwanghuimun

[붙임 2] 장모음의 표기는 따로 하지 않는다.

제2항자음은 다음 각호와 같이 적는다.

1. 파열음

ㄱ	ㄲ	ㅋ	ㄷ	ㄸ	ㅌ	ㅂ	ㅃ	ㅍ
g, k	kk	k	d, t	tt	t	b, p	pp	p

2. 파찰음

ㅈ	ㅉ	ㅊ
j	jj	ch

3. 마찰음

ㅅ	ㅆ	ㅎ
s	ss	h

4. 비음

ㄴ	ㅁ	ㅇ
n	m	ng

5. 유음

ㄹ
r, l

[붙임 1] 'ㄱ, ㄷ, ㅂ'은 모음 앞에서는'g, d, b'로, 자음 앞이나 어말에서는 'k,t, p'로 적는다.([ ] 안의 발음에 따라 표기함.)

(보기)

구미 Gumi영동 Yeongdong백암 Baegam

옥천 Okcheon합덕 Hapdeok 호법 Hobeop

월곶[월곧] Wolgot 벚꽃[벋꼳] beotkkot

한밭[한받] Hanbat

[붙임 2] 'ㄹ'은 모음 앞에서는 'r'로, 자음 앞이나 어말에서는 'l'로 적는다. 단, 'ㄹㄹ'은 'll'로 적는다.

(보기)

구리 Guri설악 Seorak칠곡 Chilgok

임실 Imsil울릉 Ulleung

대관령[대괄령]Daegwallyeong

제3장 표기상의 유의점

제1항 음운 변화가 일어날 때에는 변화의 결과에 따라 다음 각호와 같이 적는다.

1. 자음 사이에서 동화 작용이 일어나는 경우

(보기)

백마[뱅마] Baengma 신문로[신문노] Sinmunno

종로[종노] Jongno 왕십리[왕심니] Wangsimni

별내[별래] Byeollae 신라[실라] Silla

2. 'ㄴ, ㄹ'이 덧나는 경우

(보기)

학여울[항녀울] Hangnyeoul 알약[알략] allyak

3. 구개음화가 되는 경우

(보기)

해돋이[해도지] haedoji 같이[가치] gachi

맞히다[마치다] machida

4. 'ㄱ, ㄷ, ㅂ, ㅈ'이 'ㅎ'과 합하여 거센소리로 소리나는 경우

(보기)

좋고[조코] joko 놓다[노타] nota

잡혀[자펴] japyeo 낳지[나치] nachi

다만, 체언에서 'ㄱ, ㄷ, ㅂ' 뒤에 'ㅎ'이 따를 때에는 'ㅎ'을 밝혀 적는다.

(보기)

묵호 Mukho 집현전 Jiphyeonjeon

[붙임] 된소리되기는 표기에 반영하지 않는다.

(보기)

압구정 Apgujeong 낙동강 Nakdonggang

죽변 Jukbyeon 낙성대 Nakseongdae

합정 Hapjeong 팔당 Paldang

샛별 saetbyeol 울산 Ulsan

제2항 발음상 혼동의 우려가 있을 때에는 음절 사이에 붙임표(-)를 쓸 수 있다.

(보기)

중앙 Jung-ang 반구대 Ban-gudae

세운 Se-un 해운대 Hae-undae

제3항 고유 명사는 첫 글자를 대문자로 적는다.

(보기)

부산 Busan 세종 Sejong

제4항 인명은 성과 이름의 순서로 띄어 쓴다. 이름은 붙여 쓰는 것을 원칙으로 하되 음절 사이에 붙임표(-)를 쓰는 것을 허용한다.(( ) 안의 표기를 허용함.)

(보기)

민용하 Min Yongha (Min Yong-ha)

송나리 Song Nari (Song Na-ri)

(1) 이름에서 일어나는 음운 변화는 표기에 반영하지 않는다.

(보기)

한복남 Han Boknam (Han Bok-nam)

홍빛나 Hong Bitna (Hong Bit-na)

(2) 성의 표기는 따로 정한다.

제5항 '도, 시, 군, 구, 읍, 면, 리, 동'의 행정 구역 단위와 '가'는 각각 'do, si, gun, gu, eup, myeon, ri, dong, ga'로 적고, 그 앞에는 붙임표(-)를 넣는다. 붙임표(-) 앞뒤에서 일어나는 음운 변화는 표기에 반영하지 않는다.

(보기)

충청북도 Chungcheongbuk-do 제주도 Jeju-do

의정부시 Uijeongbu-si 양주군 Yangju-gun

도봉구 Dobong-gu 신창읍 Sinchang-eup

삼죽면 Samjuk-myeon 인왕리 Inwang-ri

당산동 Dangsan-dong 봉천 1동 Bongcheon 1(il)-dong

종로 2가 Jongno 2(i)-ga

퇴계로 3가 Toegyero 3(sam)-ga

[붙임] '시, 군, 읍'의 행정 구역 단위는 생략할 수 있다.

(보기)

청주시 Cheongju 함평군 Hampyeong

순창읍 Sunchang

제6항 자연 지물명, 문화재명, 인공 축조물명은 붙임표(-) 없이 붙여 쓴다.

(보기)

남산 Namsan 속리산 Songnisan

금강 Geumgang 독도 Dokdo

경복궁 Gyeongbokgung 무량수전 Muryangsujeon

연화교 Yeonhwagyo 극락전 Geungnakjeon

안압지 Anapji 남한산성 Namhansanseong

화랑대 Hwarangdae 불국사 Bulguksa

현충사 Hyeonchungsa 독립문 Dongnimmun

오죽헌 Ojukheon 촉석루 Chokseongnu

종묘 Jongmyo 다보탑 Dabotap

제7항 인명, 회사명, 단체명 등은 그동안 써 온 표기를 쓸 수 있다.

제8항 학술 연구 논문 등 특수 분야에서 한글 복원을 전제로 표기할 경우에는 한글 표기를 대상으로 적는다. 이 때 글자 대응은 제2장을 따르되 'ㄱ, ㄷ, ㅂ, ㄹ'은 'g, d, b, l'로만 적는다. 음가 없는 'ㅇ'은 붙임표(-)로 표기하되 어두에서는 생략하는 것을 원칙으로 한다. 기타 분절의 필요가 있을 때에도 붙임표(-)를 쓴다.

(보기)

집 jib 짚 jip

밖 bakk 값 gabs

붓꽃 buskkoch 먹는 meogneun

독립 doglib 문리 munli

물엿 mul-yeos 굳이 gud-i

좋다 johda 가곡 gagog

조랑말 jolangmal 없었습니다 eobs-eoss-seubnida